盐城工学院学术著作基金资助

经济转型与劳动份额

——基于江苏数据的实证研究

李 琦 著

中国社会科学出版社

图书在版编目（CIP）数据

经济转型与劳动份额：基于江苏数据的实证研究/李琦著 . —北京：
中国社会科学出版社，2015.6
ISBN 978 - 7 - 5161 - 6424 - 2

Ⅰ. ①经… Ⅱ. ①李… Ⅲ. ①转型经济—关系—劳动—报酬—
研究—江苏省 Ⅳ. ①F249. 275. 3

中国版本图书馆 CIP 数据核字（2015）第 146934 号

出 版 人	赵剑英
责任编辑	卢小生
特约编辑	林　木
责任校对	周晓东
责任印制	王　超
出　　版	中国社会科学出版社
社　　址	北京鼓楼西大街甲 158 号
邮　　编	100720
网　　址	http：//www.csspw.cn
发 行 部	010 - 84083685
门 市 部	010 - 84029450
经　　销	新华书店及其他书店
印　　装	北京君升印刷有限公司
版　　次	2015 年 6 月第 1 版
印　　次	2015 年 6 月第 1 次印刷
开　　本	710×1000　1/16
印　　张	14.25
插　　页	2
字　　数	237 千字
定　　价	55.00 元

摘　　要

改革开放 30 多年来，中国经济快速发展，但在总量增长的同时，收入分配问题也日趋严重，特别是劳动在初次分配中的状况呈不断恶化之势，已经成为全面推进高水平小康建设必须解决的一个重大而紧迫的问题。本书在已有研究基础上，从中国经济双重转型背景出发，提出了双重转型经济劳动份额及其决定的理论分析框架，对我国劳动份额动态演进及其变化发展进行解释。研究发现，由于受结构转型、体制转型和由投资驱动增长方式决定的资本体现型技术进步影响，我国劳动份额在双重转型过程中会出现阶段性下降，各种影响在特定时期形成叠加，导致劳动份额在短期大幅下降。随着体制与结构因素对劳动份额影响的减弱以及经济增长方式转变，未来我国劳动份额将逐步上升并收敛到发达国家平均水平。

在对数据质量问题进行适当处理并重新估计有关数据的基础上，本书通过多种实证方法运用江苏数据对理论框架进行了检验。结果显示，统计部门公布的数据一方面低估了劳动者报酬，另一方面也低估了劳动份额的下降幅度。根据所提出的理论分析框架，本书从产业结构变化、所有制结构调整和资本体现型技术进步三个方面，对导致江苏劳动份额大幅下降的主要原因及其机理进行了实证分析，发现个体经济发展滞后、结构转型较为剧烈、私营经济发展迅速等是江苏劳动份额下降的重要原因，但大幅下降要由经济的重化工业化加深、伴随着投资增长而产生的资本体现型技术进步和资本对劳动的更快替代来解释。特别是国有经济，其影响远远高于非公有制经济。

基于对双重转型期劳动份额变化的主要因素及其机理的认识，本书认为，尽管劳动份额的回升可以预期，但仍需通过各种经济政策和公共政策加以扭转，主要包括尽快摆脱过分依赖工业的发展模式，大力发展劳动份额较高的第三产业；尽快跨越依靠资本扩张的重化工业化发展阶段，更多地通过提升劳动者素质来推动经济增长；优化公共财政支出结构，尽快在政策导向上实现由重视"投资者"向重视"创业者"转变；着力清除市场壁垒，尽快在各种垄断行业引入竞争机制，改变部分行业劳动份额过低的现状；加强劳动力市场制度建设，尽快改变劳动者工资谈判地位弱势现象和重视经济统计特别是第三产业统计，尽快提高数据质量，为二次分配提供全面准确的决策依据等。

Abstract

China has got an impressive achievement in economic growth since 1978. With a rapid economic growth and transition, the decline of labor share in China has become an outstanding structural problem for promoting the well-off building. This book put forward a theoretic explain for the dynamic evolution of labor share in a dual transition society, based on many former studies. The model shows that a periodic decline of Chinese labor share appeared in the period of the dual transition, which resulted in the industrial structural change, system transition and technical progress embodied in capital by the investment driven growth mode. This book still points out that various effects can add up to make a sharp decline of labor share in the short run. With the weakening of effects above and the transformation of economic growth mode, the labor share in China will rise and converge to level the rich-country in the future.

Using several empirical methods, the theoretical model has empirically tested on the data of Jiangsu province, which data quality problems have been appropriate handled and some data have been estimated. The result shows that the official data underestimated the labor remuneration on one hand, on other hand, underestimated the decline of labor share in Jiangsu province. With theoretical framework put forward in this book, the main causes and mechanism of the decline in labor share have been clarification, and the effects on labor share from the change of industry structure, the adjustment of ownership structure and capital embodied technical progress are evaluated. We find that individual economic development, the sharply change of industry structure and rapidly development of privately owned economy in Jiangsu province are the important causes of the labor share decline, and the sharp decline of labor share can be explained by the significant capital-biased technical change. The result also shows that the effect on labor share by state-owned economy is far higher than the effect by non-public-owned economy.

According to the finding in this book, although the rise of labor share in China will be expected in future, but many economic policies and public policies should be taken by government, including to develop the third industry, improve the quality of workers, optimize the structure of public finance expenditure, accelerate the development of the labor market and improve the quality of statistical data, and so on.

目　　录

导　　论

改革开放 30 多年来，我国经济蓬勃发展，经济总量快速提升。据初步核算，2014 年，我国实现国内生产总值 636463 亿元，按平均汇率折算，首次突破 10 万亿美元。但在总量快速增长的同时，各种结构性矛盾也开始凸显，其中之一就是国民收入初级分配中劳动分配份额不断下降问题。根据国家统计局报告的地区生产总值构成项目数据计算，2012 年，我国劳动者报酬占 GDP 的比重仅为 45.6%，较 1995 年出现了明显下降。

事实上，自 20 世纪 80 年代起，全球很多国家和地区的劳动分配份额也出现不同幅度的下降，但中国是社会主义国家，初次分配中各种生产要素的分配差距过大，将会对建设中国特色社会主义并最终实现"两个一百年"奋斗目标构成较大挑战。当前，我国既处在改革与发展的转型期，更处在全面调整利益关系的关键期，由分配问题引致的利益诉求和群体性事件也呈不断上升和强化的趋势。在这种情况下，合理调整分配关系、优化分配结构，更好地凝聚各个阶层的力量，对于建设高水平小康社会进而实现现代化，具有特别重要的意义。

第一节　文献回顾与评述

劳动份额，是指劳动收入在国民收入分配中的比重。从 2005 年开始，一些经济学家就开始呼吁各界关注我国劳动份额出现大幅下降、国民收入分配向资本倾斜现象。2008 年以后，随着劳动份额的下降从被认为是一种暂时现象演变成持续趋势，对初次分配问题的研究逐渐成为热点，各类文献大量涌现。梳理已有研究的主要脉络，可分为三类：一是对劳动份额进行重新估计并进行国际横向比较；二是分析劳动份额下降的成因；三是探讨劳动份额未来变化的趋势和规律。下面将对上述三类文献进行回顾，并就文献的研究思路、研究方法和主要结论进行简要评述。

一 劳动份额估计和横向比较

截至目前，我国国家统计局并没有提供全国范围的初次分配结构数据，同时在劳动者报酬界定以及核算方法上，与联合国国民账户体系（SNA）存在区别，文献依据对劳动份额的不同界定，根据不同数据来源对我国劳动份额进行估计并进行横向国际比较。

（一）劳动份额估计

在已有研究中，关于劳动报酬进而劳动份额的界定大致有三类：一是直接使用国家统计局的劳动者报酬界定，将劳动份额定义成劳动者报酬占 GDP 比重，这是大部分研究所采用的定义。二是对自雇者收入进行调整，将劳动份额定义成雇员收入与自雇者劳动收入之和占 GDP 比重，此类研究包括张车伟、张士斌（2010）、李琦（2012）、李清华（2013）等。三是将劳动份额定义成劳动者报酬占净 GDP 即 GDP 除去间接税后净额的比重，此类研究包括白重恩、钱震杰（2009）、罗长远、张军（2009）等。此外，也有少数研究将劳动份额定义成工资占增加值的比重。

使用第二种劳动份额定义的研究文献，通常需要单独估算雇员报酬和自雇者收入并将自雇者收入在资本与劳动间分配，将属于劳动收入的部分重新加到劳动者报酬中去。华生（2010）使用了农村居民农林牧渔业经营纯收入数据，将它直接从劳动者报酬中减掉估计雇员报酬占 GDP比重。张车伟、张士斌（2010）用城镇居民经营净收入作为城镇自雇者收入，将自雇者收入的 2/3 归结为劳动收入，另 1/3 归结为资本收入。此外，赵宝（2013）利用城乡住户调查微观数据构建收入决定模型，对自雇者混合收入进行拆分。但李琦（2012）认为，将自雇者收入的 2/3 归结为劳动收入并不符合我国国情，她根据第一次经济普查资料中个体经营户财务结构数据，利用 2010 年后公布的私营企业工资数据进行推算，发现我国个体经营户劳动收入比重为 0.59，低于2/3。

在国家统计局公布的正式数据来源中，分省收入法 GDP 核算资料、资金流量表和投入产出表是可用于估计劳动份额的主要数据来源。由于分省收入法 GDP 核算资料提供较为详细的分省和分行业收入法 GDP 核算数据，所以最受研究者青睐，是大部分研究使用的主要数据来源。但也有少数研究使用了资金流量表，如李扬和殷剑峰（2007）、华生（2010）、吕光明（2011）、吕冰洋、郭庆旺（2012）等。个别研究以投入产出表为主要数据来源，如闫锐、田志伟（2012）。由于我国的统计制度还不完善，数据质量问题在所难免，但大部分研究并未对此进行分析，仅少数文献进行了不同程度的的讨论。白重恩、钱震杰（2009）最早发现了 2004 年劳动者报酬统计口径的变化对估算劳动份额的影响，认为口径问题在 1995—2004 年期间我国劳动份额下降中贡献了 59% 的降幅。在另外一篇文章中，白重恩、钱震杰（2009）讨论了资金流量表数据质量问题，指出其劳动者报酬的推算方法趋于高估劳动者报酬。华生（2010）也认为，我国收入法 GDP 核算资料存在较为严重的数据质量问题，表现为劳动者报酬被严重低估。此后，大部分文献借鉴白重恩、钱震杰（2009）的做法估算劳动份额。对数据质量问题分析得最为深入的是李琦（2012）。她通过对各种数据来源进行对比后发现，用于劳动份额研究的主要数据来源，不论是分省收入法 GDP 核算资料，还是资金流量表，都存在较严重的数据质量问题。

（二）对劳动收入分配状况的总体判断

基于不同的估计结果，文献对我国劳动份额进行了国际横向比较，主要观点有四个：一是认为我国劳动份额较低并自 2003 年以来呈恶化趋势；二是认为国际横向比较我国劳动份额并不低但有恶化的趋势；三是认为我国劳动份额的国际横向比较较高并呈上升趋势；四是认为我国劳动份额总体上变化不大，但陷入低水平均衡陷阱。

大部分文献认为我国劳动份额偏低且呈恶化趋势。肖红叶、郝枫（2009）通过国际比较后发现，我国初次分配中劳动份额偏低并与人均实际 GDP 呈反向变动关系。李清华（2013）采用窄口径劳动者报酬概念进行横向比较后发现，我国劳动份额不仅比发达国家平均水平低 15—20 个百分点，也比发展中国家平均水平低 4 个百分点。李琦（2012）指出，我国劳动份额国际同口径比较低并且其下降幅度远大于根据国家统计局报告的数据计算结果。周明海（2014）的研究则发现，考虑价格因素后我国实际劳动收入份额估算值比名义估算值低 6—14 个百分点，其下降幅度更大、下降持续期更长。持此类看法的研究还有李扬和殷剑峰（2007）、白重恩、钱震杰（2009）、罗长远、张军（2009）等。

也有一些研究认为，我国劳动份额的国际横向比较并不低但有恶化趋势。贾康等（2010）认为，同口径比较的我国劳动者报酬占比处于世界中等偏上水平，高于"金砖四国"其他三国10—23个百分点。他们认为，我国国民收入分配中居民收入占比的确在下降，但下降幅度并不如直观数据显示的那样大。梁季（2012）对英国、美国和日本长周期（30—50年）数据分析发现，劳动报酬占国民收入比重在经济快速发展阶段呈上升趋势，之后便呈现出相对稳定态势，近年来有微降趋势，我国劳动报酬占比远高于经济发展阶段相近的日本（1955—1975年），与同时期OECD国家相比处于中等水平，但持续下降的趋势应引起重视。

钱震杰、朱晓冬（2013）利用工业统计数据库（INDSTAT）和中国工业企业年度调查数据库（CASI），用CASI生产法增加值计算方法计算了中国劳动份额，在控制了结构性因素后发现，我国工业部门的劳动份额并没有下降，而是在持续上升。华生（2010）根据资金流量表数据，将劳动者报酬剥离了农户经营性纯收入后计算雇员报酬占GDP比重，进行横向对比后发现，我国雇员报酬占GDP比重自20世纪90年代起总体上是上升的，虽然低于发达国家，但远高于发展中国家。据此他认为，一直在下降的观点其实是受了错误统计口径的误导。华生的结论与贾康等（2010）有类似之处，但由于他们使用了对劳动者报酬明显高估的资金流量表数据，研究结论并没有得到太多响应。

张车伟、张士斌（2010，2012）提出了另外一种观点，认为我国劳动份额总体上变化不大，但陷入了低水平均衡陷阱，即所谓的"非典型"特征。通过对自雇者收入进行处理，张车伟、张士斌发现劳动份额在1978—1990年出现了轻微上升，1991—1996年呈现加速上升，1996年之后出现轻微下降，2002年之后则加速下降。直到2006年，中国劳动份额仍约等于1978年水平。通过国际同口径比较，他们认为中国劳动份额远低于相似发展阶段的国家和地区，似乎陷入了"低水平均衡陷阱"。

二　我国劳动份额下降的成因

2008 年之后，讨论我国劳动份额下降成因及其机理的文献开始增多，大量文献从产业结构变迁、经济全球化、技术进步和产品及要素市场的非竞争性以及制度因素等视角展开研究。

（一）产业结构变迁

一些研究从产业结构变迁角度解释我国劳动份额下降现象，这也是国外文献普遍采用的做法。由于不同产业的劳动份额存在差异，当劳动份额较低的产业在经济中比重上升，结构变化会导致总劳动份额出现下降。一些研究沿着这一思路解释我国劳动份额下降的成因。罗长远、张军（2009）发现，产业结构的变化和不同产业劳动收入占比以正相关性同时变化，加剧了劳动收入占比的波动。他们认为，2003 年劳动收入占比下降主要与第一产业比重下降有关。白重恩、钱震杰（2009）的研究则发现，产业结构逐渐从劳动收入份额较高的农业部门转向较低的非农部门是劳动份额下降的主要原因。肖文、周明海（2010）对工业部门劳动收入份额进行分解，发现产业结构变动是近年来我国劳动收入份额特别是工业部门劳动份额下降的重要原因。基于这样的思想，姜磊、郭玉清（2012）通过一个二元经济中劳动收入份额影响因素的理论框架，对中国劳动收入份额趋降原因进行了解释。

尽管大部分文献认同产业结构变迁是导致我国劳动份额下降的重要原因，但它是否构成主要成因仍存在争议。比如，白重恩、钱震杰（2009）将劳动份额下降分解成产业结构变化而引致的结构影响和产业内劳动份额下降的产业影响，发现结构影响是产业影响的 1.6 倍。罗长远、张军（2009）的研究也持有相同看法，指出 2003 年我国劳动份额下降主要由结构变化所致。但翁杰、周礼（2010）的结论相反，他们的研究发现，1997—2008 年我国工业部门劳动收入份额的变动主要是由行业本身的劳动收入份额下降所致，行业结构变动影响很小。

（二）国有企业改制和民营经济发展

自 20 世纪 90 年代开始，我国劳动份额较高的国有企业被大量改制重组，劳动份额较低的非国有企业比重迅速上升，所有制结构变化导致劳动份额出现较大幅度的下降。部分文献从这一角度解释我国劳动份额的下降。白重恩等（2008）的实证研究发现，国有企业的资本收入份额明显低于非国有企业，各类经济性质企业的资本收入份额从高到低依次为外商投资企业、港澳台商投资企业、法人投资企业、集体企业、私营企业和国有企业。在另一项研究中，白重恩、钱震杰（2009）发现，国有企业平均劳动收入份额明显高于非国有企业，国有企业改制导致工业部门劳动收入份额下降达 4.7 个百分点。翁杰、周礼（2010）也发现，国有企业改革深化是导致我国工业部门劳动收入份额下降的主要原因之一，但邵敏、黄玖立（2010）则持相反的观点，认为国有企业改制、地方政府间经济绩效竞争弱化和贸易开放会促进行业劳动报酬份额提高。

（三）经济全球化

经济全球化是国外文献解释发达国家劳动份额下降的主要线索，很多研究发现，经济全球化也是导致我国劳动份额下降的重要原因，但不同文献给出了不同的影响机理。

杨泽文、杨全发（2004）的经验研究发现，外商直接投资（FDI）对东道国实际工资水平有正效应这一被普遍认同的结论，在中国只有在1997 年以后才适用，并且 FDI 这种效应主要通过劳动生产率间接地实现，同时 FDI 份额对实际工资的影响比贸易依存度对实际工资的影响小。邵敏、黄玖立（2010）的研究发现，1998—2003 年期间我国工业行业劳动份额平均降低了约 5 个百分点，其中外资进入对该降幅具有相当解释力，主要原因是其负向的"工资溢出"效应，即外资进入会引致内资企业工资水平被压低。唐东波、王洁华（2011）研究发现，进出口贸易显著提高了中国劳动收入份额，但由于劳动力市场的双重工资弹性条件难以满足，导致中国劳动收入份额总体上呈现逆周期性特征。张杰等（2012）发现出口显著抑制了中国制造业劳动收入份额增长，但主要体现在民营企业和港澳台企业中，在国有企业、集体企业和非港澳台外资企业中表现并不显著。赵秋运等（2012）的经验研究发现，国际贸易会提高世界水平的劳动与资本之间的替代弹性，使国际贸易对劳动收入份额具有显著的负面影响，工资刚性进一步恶化了这种影响。余淼杰（2014）对中国制造业贸易企业 1998—2007 年间的微观面板数据进行实证研究，发现在劳动力成本不断上升的背景下，中国的贸易自由化过程通过降低资本品成本、中间投入品价格和技术引进的成本，显著地降低了企业层面的劳动收入份额。

（四）产品与要素市场的非竞争性

产品和要素市场的非竞争性对要素相对分配份额也会构成影响。如果存在垄断，企业就会获得超出其边际收益的超额利润，从而资本收入份额上升；当劳资双方谈判地位不对等时，具有支配地位一方将获得超过其边际贡献的收入。部分研究按照这一思路解释我国劳动份额下降现象。任太增（2010）认为，劳动份额偏低是劳动者缺乏讨价还价能力的表现，而此种能力取决于一系列制度因素，包括劳动力市场结构、工人的选择权、第三方力量、工资的历史传统和有关最低工资的规定。我国的制度环境具有明显的资方偏向，造成了劳动份额过低的格局。孙慧文（2011）认为，计划经济时代低工资制度的形成和市场经济条件下低工资制度的延续以及由此形成的以低工资制度为核心的其他一系列厂商偏向的制度环境，是我国劳动者缺乏讨价还价能力、劳动份额持续下降的主要原因。王丹枫（2011）对1998—2009年我国A股上市公司数据的实证研究发现，从生产函数的估计结果来看，劳动者所得低于其对产出的贡献，产品市场的竞争程度、劳动者的谈判能力以及经济波动，是导致我国劳动份额偏离劳动贡献的重要因素。

（五）技术进步

技术进步是解释劳动份额变化的重要视角。根据阿西莫格鲁（Ace-moglu，2002）的研究，当技术进步出现资本偏向时，劳动份额将下降。部分研究从技术进步角度对我国劳动份额的下降进行解释。黄先海、徐圣（2009）研究发现，劳动节约型技术进步是劳动收入比重下降的最主要原因。王永进、盛丹（2010）认为，由于机器设备与技能劳动互补，技能偏向型技术进步在提高技能劳动者工资的同时也会提高资本的收益，进而导致劳动收入占比下降。石磊、姚惠泽（2012）利用剩余法对江苏1994—2009年数据进行分析，发现除1998年外，其余年份均出现了劳动节约型技术进步，导致多数年份江苏劳动份额下降。傅晓霞、吴利学（2013）的研究发现，1978年以来中国技术进步总体上呈劳动节约倾向，但改革初期资本节约倾向比较明显，致使劳动份额略有上升后相对稳定；近十多年来资本配置效率的改进速度明显放缓，同时技术进步过于依赖引进与模仿，导致要素效率改进的劳动节约倾向过于强烈，成为劳动份额持续大幅下降的主要原因。钟世川、雷钦礼（2013）利用CES生产函数考察了技术进步偏向与资本劳动收入份额之间的关系，发现资本深化、技术进步偏向、外商直接投资以及国际贸易是我国工业部门资本收入份额持续上升、劳动收入份额持续下降的主要原因，其中劳动节约型技术进步对要素收入份额失衡的影响最大。陈宇峰等（2013）认为，技术进步偏向型是决定劳动份额长期运行水平的关键因素，中国劳动份额长期低位运行的主要原因是，占有大量资源的国有企业选择了资本偏向型技术，长期的"逆资源禀赋"技术偏向降低了经济增长的就业吸纳能力，使劳动力工资长期处于低增长状态，进一步恶化了劳动收入份额状况。

除上述文献外，也有小部分研究从税收（郭庆旺、吕冰洋，2011）、政府规模（方文全，2011）、财政分权（吴岩，2011；祁毓、李祥云，2011）、工会的影响（魏下海等，2013）等角度展开研究。

三　劳动份额变化的规律

从发达国家初次分配的历史经验看，其工资占国民收入的份额经历了一个由低到高的过程。那么，我国劳动份额在经历了10多年的下降后，能否像发达国家那样重新回升，部分文献对此提出了自己的观点。李稻葵等（2009）的研究发现，在世界各国经济发展过程中，初次分配中劳动份额的变化趋势呈现 U 形规律，即劳动份额先下降后上升，转折点约为人均 GDP6000 美元（2000 年购买力平价）。他们认为，中国初次分配中劳动份额的变动趋势基本符合这一规律，劳动份额将很快进入上升通道。罗长远、张军（2009）也认为，经济发展水平与劳动收入占比之间存在 U 形关系，但中国目前还处在曲线的下行区间上。郝枫（2012）基于国际与历史比较视角，发现劳动份额具有"$\sqrt{}$ 形"演进规律，水平形和 U 形规律均可视为其阶段性特例。王永进、盛丹（2010）通过将技术进步方向内生化，认为技能劳动对工资差距的影响呈"驼峰形"特征，技能劳动与劳动收入占比之间呈 U 形关系，进而解释为何在技能劳动供给不断增加的条件下，劳动收入占比呈现 U 形演变规律。蒋为、黄玖立（2014）的经验研究发现，国际生产分割的上升导致了劳动收入份额的下降，且这种负向效应随中国资本积累进程不断减小，呈现明显的 U 形趋势。

四　简要评述

已有文献为我们理解劳动份额及其变化的成因提供了非常坚实的理论和经验基础，但以下几个方面的工作仍然需要进一步深入：

第一，如何准确估算劳动份额？现有研究过多地注意了概念和方法，但对数据质量问题关注不够。事实上，数据质量直接影响实证分析的结果，依据存在严重数据质量问题的数据进行实证研究，有时会得到相反的结论，进而产生政策误导。我们注意到，除早期的少数几项研究外，对数据质量问题进行深入分析的文献并不多见，这影响了研究成果的质量。

第二，如何在更为微观的层次上考察我国国民经济初次分配问题？已有实证研究大多基于省际数据样本或行业数据样本进行经济计量分析，由于样本选择、分析模型、计量方法等问题，其结论通常有一定局限性，在更为微观层次上进行实证研究和分析显得尤为必要。比如，利用可以获得的数据考察细分行业的劳动收入或工资收入占比；再如，单独考察省级甚至市县级行政区劳动份额变化及成因。我们认为，通过微观层次分析来印证宏观层次的判断，才能对我国劳动份额变化机理及未来趋势有一个很好的理解和把握。

第三，如何在众多影响因素中找到主要因素？在影响劳动份额的众多因素中，既有经济因素，也有政治因素；既有现有因素，也有历史性因素。各种因素相互影响、相互作用形成了我国目前的初次分配格局。那么，在各种政治经济因素中，哪些因素对劳动收入分配构成决定性影响？它们是否随着政治经济环境的变化而变化？这是我们研究国民收入分配必须首先解决的问题。如果不能抓住主要原因并对其影响机理有一个较为准确的把握，要通过有效制度安排和政策引导来调整优化初次分配结构，是难以取得预期效果的。

第四，如何发现我国劳动份额变化的阶段性规律？已有的研究对劳动份额变化与经济发展之间规律的探讨，无疑为我们认识我国劳动份额变化的历史及未来趋势，提供了很好的分析视角。但是，与西方发达国家不同的是，我国经济发展和制度变迁明显具有阶段性特征，不同阶段有不同的制度环境和经济特征，只有立足我国国情、找到劳动份额变化的阶段性规律，才能有效解决我国收入分配问题。

第二节　思路和方法

一　研究视角

2005 年以来，伴随着总量快速增长的劳动收入分配状况不断恶化现象受到学术界越来越多的关注，形成了一大批具有建树性的理论成果，一些成果还被中央采纳，体现在收入分配调节的具体政策之中。但是，我国的劳动收入分配状况并未因此得到根本转变，这提示我们，当前对劳动份额下降的原因与机制的认识可能并不全面，寻找新的视角进行研究仍然是摆在理论界面前的一个重大课题。

从已有的文献来看，几乎所有的研究主要侧重于分析导致劳动份额下降的原因是什么，但很少有研究分析这些影响因素是否具有动态性，即是否会随着经济发展和制度变迁而发生变化。众所周知，我国的转型采取的是一种渐进式转型方式，改革开放以来的中国经济增长具有明显的阶段性特征。基于这样的转型特点，一个很自然的逻辑是，我国劳动份额也应该具有阶段性特征，引致其变化和发展的主要因素和基本机理也会随着发展阶段的变化而变化。因此，研究经济转型不同阶段劳动份额及其变化是研究的主要切入点。

当然，即使把握了劳动份额变化的阶段性特征，也不能说我们对我国初次分配的基本规律有了彻底的把握。基于中国的渐进转型尚未结束和中国地区发展差距较大的现实，我们选择了江苏作为实证研究对象来检验我国劳动份额阶段性演进规律。我们认为，江苏作为我国经济发展的领先省份，人均 GDP 已经超过 1 万美元，其劳动份额的发展变化及其成因，对于把握我国未来初次分配结构的演进趋势具有特别的意义。

对于劳动份额的研究来说，任何有效的理论和实证分析都必须建立在对劳动份额的准确估计上。由于我国的国情，需要花费大量精力进行数据资料的收集整理，对于可能影响实证分析结论的数据质量问题，还需要运用经济原理和统计核算的一般原则对数据进行适当调整和处理。这就要求我们将数据质量问题放到一个应有的高度来对待。已有研究并没有对这一问题给予更多关注，这非常缺乏严肃性。所以，我们在研究中将解决数据质量问题作为一个重要工作，力求最大限度地降低数据质量对实证分析结论的影响。

二　研究思路

基于上述研究视角，在做好理论方法和数据方面的准备后，我们按照以下步骤展开研究：

首先，建立一个基于双重转型经济劳动份额研究的理论分析框架。已有文献大多数借鉴了国外研究发达国家劳动份额的分析框架，但我们认为，运用国外的成熟分析框架必须考虑其对我国经济的适用性问题，否则即使研究结论非常丰富，据此导出政策含义的实际价值也是值得商榷的。基于这样的考虑，发展一个适合中国经济特点的分析框架就显得尤为重要。我们认为，对于像中国这样的经历着由二元结构向一元结构转型、由计划经济向市场经济转型的双重转型经济来说，经济增长伴随较为剧烈的结构变动和体制变迁。在这样的经济背景下，运用基于发达国家经济环境的分析框架，尽管能在一定程度上捕获到劳动份额的影响因素，但框架本身并不能很好说明其影响机理。因此，我们将通过一个"两个产业三个部门"模型刻画处于双重转型中的中国经济，研究双重转型经济劳动份额变化的阶段性特征及其演进机理。

其次，从中国经济投资驱动型增长特征出发，将体现型技术进步引入双重转型经济劳动份额分析框架。粗放型增长是中国经济增长的一个显著特征，在研究技术进步对劳动份额影响时，需要更多地考虑粗放型增长模式本身可能产生的技术进步性质及途径。已有研究尽管发现了技术进步对我国劳动份额变化的重要影响，但并没有很好地揭示出技术进步产生的渠道、途径、性质和影响机理。事实上，早在20世纪60年代经济学家就发现，资本积累与技术进步两者之间并不是独立的，伴随着资本积累会产生所谓的资本体现型技术进步。改革开放以来，中国是世界上投资率最高的国家，如果不考虑资本体现型技术进步对劳动份额的影响，就不能很好地理解和把握我国劳动份额变化和发展。

最后，我们基于上述的理论框架，以江苏为研究对象对劳动份额变化及其成因进行实证分析。在充分评估我国统计资料数据质量的基础上，针对可能存在的数据质量问题，按照我国国内生产总值核算的总体原则和基本方法，对相关数据进行调整。在此基础上，从结构转型、体制转型和技术进步三个角度，对导致江苏劳动份额变化的主要原因及机理进行实证分析。

三　技术路径

图1是本书研究的技术路径。

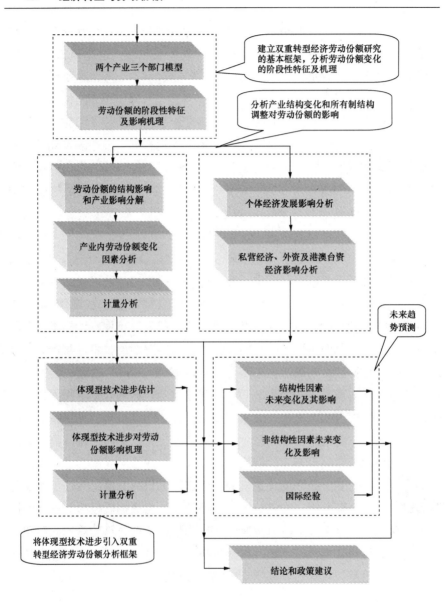

图 1 研究的技术路径

第三节　内容体系和结构安排

本书除导论外共分为八章四个部分，第一章和第二章提供理论和方法的准备并提出理论分析框架；第三章和第四章对江苏劳动份额进行重新估计并进行横向比较；第五、第六、第七章利用江苏数据检验本书所提出的理论分析框架；第八章对劳动份额的变化发展进行预测并给出相应的政策建议。

导论：详细分析了选题的现实意义和理论意义，回顾了已有研究的主要思路、方法和结论并进行简要评述，阐述了研究的主要思路和方法路径，概要介绍本书的内容体系、结构安排以及可能的主要创新。

第一章：概念和方法。首先，在联合国国民核算体系的基础上，对劳动份额估计所要涉及的主要概念进行辨析；第二节介绍劳动份额的各种度量方法，并就其优劣进行讨论。其次，介绍我国劳动者报酬统计口径及收入法 GDP 核算方法。最后，对本书所使用的概念、术语及指标进行界定。

第二章：双重转型经济中的劳动份额。本章提出研究的理论分析框架。第一节回顾相关理论；第二节通过一个"两个产业三个部门"双重转型经济模型分析劳动份额的决定及其变化的阶段性特征、机理；第三节建立一个简单模型分析产业内劳动份额变化的主要因素和机理；第四节具体分析资本体现型技术进步对劳动份额的影响；最后是本章总结。

第三章：江苏劳动份额再估计。本章首先分析了相关统计资料的数据质量问题，提出数据调整方法；接着具体估算了 1993—2012 年江苏总劳动份额、三次产业劳动份额以及主要行业劳动份额。为方便横向比较，本章还估算了考虑自雇者收入调整后的劳动份额和雇员报酬占 GDP 比重。

第四章：比较分析。在第三章对劳动份额重新估计基础上，本章进行了同口径劳动份额横向比较。第一节与全国劳动份额进行比较分析；第二节进行省际横向同口径比较；第三节进行国际横向同口径比较；最后总结比较分析的主要结论。

第五章：结构转型与劳动份额。本章重点讨论双重转型经济结构变化对劳动份额的影响及机理。首先，运用结构分解的方法对产业结构变化和产业内劳动份额变化对江苏劳动份额变化的影响进行分解；其次，对产业内劳动份额变化的影响进行进一步分解；最后，对 2005—2007 年期间江苏第二产业劳动份额下降的主要原因进行计量分析。本章的主要发现是，产业结构变化并不能完全解释江苏劳动份额的变化，产业内（行业内）劳动份额变化是总劳动份额变化的主要原因。

第六章：体制转型与劳动份额。本章重点讨论双重转型经济所有制结构变化对劳动份额的影响及机理。首先，分析了个体经济发展对总劳动份额的影响，发现其发展状况的好坏将对第三产业劳动份额构成重大影响；接着，考察私营经济和外资及港澳台资经济发展对总劳动份额的影响，具体分析了工业部门不同所有制类型企业工资占增加值比重及其变化趋势；再接下来，考察由于体制转型而导致的垄断、劳资工资谈判地位的变化对劳动份额的影响。最后是简短的总结。

第七章：技术进步与劳动份额。第一节具体估计了1995—2012年江苏体现型技术进步速度。在此基础上，第二节具体分析了资本体现型技术进步对产业内劳动份额变化的影响机理，发现资本体现型技术进步对不同所有制经济的影响，不但存在影响程度上的差异，同时存在影响方向上的差异；第三节通过面板数据模型进行计量分析；最后概括了本章的主要发现。

第八章：初次分配格局的未来展望。本章对江苏劳动份额的未来变化进行了概略性判断。就现阶段结构性因素和非结构性因素对江苏劳动份额影响及其机理来看，未来随着双重转型速度的不断减缓，结构性因素对劳动份额的负面影响将越来越小，同时非结构性因素对劳动份额的影响将由负转为正，推动江苏劳动份额在未来呈现短期小幅振荡下降、中期缓慢回升的总体态势。从长期来看，理论与经验都支持包括江苏在内的中国劳动份额将不断上升并最终赶上当前发达国家平均水平。最后，就尽快扭转劳动分配的不利地位、优化收入分配结构提出政策建议。

第四节　主要创新

与其他探讨初次分配问题的文献相比，以下几个方面可能构成本书的主要创新：

第一，提出了改进数据质量问题的具体方法，对劳动份额进行了重新估计，发现江苏劳动者报酬占 GDP 比重尽管比正式公布的数据略高，但下降幅度却更大，反映出江苏初次分配结构问题更为严重的现实。利用这一方法还估计了全国的劳动份额。我们所提出的观点、方法和结论对相关研究具有较强的借鉴意义，同时也为调整和优化我国初次分配结构提供了有力的数据支撑。

　　第二，立足把握我国劳动份额变化的阶段性特征，分析不同阶段导致劳动份额变化的主要因素及机理，提出由结构转型导致的产业结构剧烈变迁和由体制转型所导致的所有制结构快速调整构成我国劳动份额下降的重要原因，而技术进步等非结构性因素正越来越成为影响劳动份额变化的主要因素。关于劳动份额变化呈现阶段性特征的判断尽管在不少文献中也被提及，但根据我国双重转型的特点全面分析劳动份额的动态变化及其阶段性特征形成机理的研究文献，目前尚不多见。

　　第三，根据我国双重转型实际，提出了一个分析我国劳动份额决定的理论框架，并根据我国经济投资驱动型增长特征以及与此相关的技术进步可能的渠道和方式，具体研究了资本体现型技术进步对产业内劳动份额影响及机理。基于江苏数据的实证分析支持了我们提出的理论分析框架。我们认为，这是本书的一个最重要创新，不但有助于我们理解江苏劳动份额出现大幅下降的主要原因，同时也为我们研究江苏以至全国劳动份额的未来变化趋势提供理论支撑。据我们所掌握的国内文献，目前尚没有类似的研究。

　　第四，对劳动份额的长期变化趋势进行了理论探讨，首次提出劳动份额存在长期振荡上升并收敛的观点。目前，对劳动份额动态变化与经济发展关系的研究仍存在着争议，这一观点的提出，为经济发展中初次分配演进规律的研究拓展了空间。

　　限于我们的理论功底以及可以获得的数据资料，研究还存在很多不足之处。比如，尽管一定程度上解释了我国劳动份额及其变化机理，但微观层面的分析还不够；对理论模型动态特征的数理分析深度不够，也影响了研究的理论深度；限于可以获得的数据，实证分析做得还不够丰富。同时，在本书的研究中，转型主要作为一个外生因素纳入分析框架，但经济基础与上层建筑是相互联系、相互作用的，初次收入分配结构的变化会对中国的转型过程产生什么样的影响，又如何进一步影响收入分配，这一问题值得进一步研究。另外，对劳动份额长期变化规律的研究，也是一个值得研究的重要方向。

第一章　概念和方法

在实证研究中，研究劳动份额及其决定因素所遇到的一个最为棘手问题，就是如何界定并准确估计劳动份额。从理论上讲，劳动报酬是指劳动者从事生产活动的补偿，劳动份额是劳动报酬在国民收入中的份额，但在实证研究中，如何定义和估计劳动份额仍然存在较大争议。本章将对劳动份额估计所涉及的概念和方法进行讨论，为后续研究提供较为全面的方法准备。

第一节　劳动份额的概念

一般来说，劳动份额被定义为一个国家或地区生产总值中劳动报酬所占的份额。在经验研究中，劳动份额通常被定义成名义 GDP 中劳动报酬的比例，可以用下式表示：

$$S_L = \frac{WL}{PY} \tag{1.1}$$

式中，W 为工资，L 为劳动力，Y 为实际增加值，P 为 GDP 价格指数。上式的含义非常明确，即劳动份额是名义工资总额与名义 GDP 之比。[①] 但是，正如克鲁格（Krueger，1999）所指出的，上述定义在实证研究中并不是足够直观的，因为在计算劳动报酬的过程中，哪一部分收入应纳入劳动报酬计算难以被准确界定。比如，在工资报酬中，有时会包含像股权这样的利润收益，也可能包含了自雇者收入以及健康保险之类的退休福利。为了理解这一点，需要理解以下几个概念的内涵及外延。

---

① 国外研究文献中，通常用劳动报酬比上 GDP 减去间接税计算劳动份额，其意义是除去间接税后的净增加值中劳动分配份额。国内研究一般用劳动者报酬比 GDP 代表劳动份额。

一　劳动者

在实证研究中，估算劳动份额通常要使用国民收入核算账户（SNA）。根据联合国统计署（2008）《国民账户体系2008》（SNA2008），一个国家的总人口可细分为就业人口、失业人口和非劳动力人口三类。就业是指所有从事SNA所定义之生产范畴内的、由某个常驻机构单位实施的生产活动的人群，这些人群包括雇员和自雇者两类。

所谓雇员，是指按合约要求为一个常驻机构单位工作并获得雇员报酬的人群。SNA将这类报酬记录为雇员报酬。根据SNA2008，雇员包含（但不局限于）以下类别：（1）在雇佣合同下，由雇主雇佣的人（体力劳动者或非体力劳动者、管理人员、家政人员以及在雇佣项目下开展有偿生产活动的人）；（2）公务员以及其他政府雇员，其就业期限和身份由法律规定；（3）武装部队，包括那些已经在服役的短期和长期军人，以及被征者（包括为民事目的而征召者）；（4）由政府或者非营利机构直接支付薪水的牧师；（5）公司或准公司所有者，且其在这些公司里工作；（6）与公司签有正式契约的学生，其为公司的生产过程提供劳动投入，从而获得相应的报酬或教育服务；（7）存在正式或非正式雇主—雇员关系的残疾工人；（8）在某一机构暂时工作的人，他们隶属于其雇佣机构所在的行业，而非实际工作企业所在的行业。

所谓自雇者，是其工作的非法人企业的唯一所有者或者联合所有者。此处的非法人企业不包括归类为准公司的非法人企业。如果为非法人企业工作人员的雇员报酬不是其收入的主要来源，应将其归入自雇者；反之，则将其归为雇员。SNA2008将自雇者划分成以下三种类型：（1）为非法人企业工作的家庭成员；（2）外包者，其收入取决于所承担生产过程的产出价值，而不管投入了多少劳动；（3）从事的生产活动完全用于个人或集体性自用最终消费或资本形成（如社区建设）的人员。

将劳动者区分为雇员和自雇者非常必要。就其定义来看，雇员与自雇者之间的最大区别是，他（她）是否作为所有者从事与商业有关的经营活动。尽管从统计的可操作性出发，SNA将在公司或准公司工作取得雇员报酬的所有者纳入雇员统计，但这种区分还是较为明确的。作为所有者的自雇者通常会从事一些与雇员类似的工作，但与雇员不同的是，他（她）会承担市场活动风险并取得风险收益，因而其收入必然会包含作为雇员的雇员报酬与作为所有者的风险收益。一般来说，公司或准公司根据工商会计的要求进行财务核算，在相应的会计账户将会区分和记录这两类收入，因此在公司或准公司工作的所有者，只要从事与雇员类似的工作，其收入将被记入雇员工资账户。但非法人企业由于没有完整或准确的工商会计记录，因而其所有者被视为自雇者，其收入在国民收入账户中被记录为混合收入。简言之，在国民经济核算账户中，雇员报酬并没有包括自雇者劳动收入，自雇者劳动收入与资本收入不加区分地纳入混合收入账户处理（联合国统计署，2008）。

尽管在理论上可以对雇员与自雇者非常清晰地加以界定，但实际上进行准确测度是非常困难的。我们可以大量观察到一名雇员为多个雇主工作，或者在为多个雇主工作的同时还作为自雇者为自己工作，故其有可能拥有一种以上的收入来源。因此，在统计过程中是作为自雇者还是作为雇员，如何测度其收入，难以处理。同时，任何一个国家都存在难以观察的非正规经济，上述就业形式在非正规经济中广泛存在，在大多数情况下，这些经济活动并没有很好被测度。对于发展中国家，非正规部门的规模更大，忽略相关的统计就可能导致对劳动份额的错误估计。

表 1 - 1 简要地总结了 SNA2008 关于雇员和自雇者的定义和核算要点。

表 1 - 1　　　　　　　SNA 雇员和自雇者的定义和核算

	雇员	自雇者
雇主与雇员关系	包含一个企业与个人之间的协议，个人为企业工作（自愿）并获得企业给予的报酬（现金或实物）	不存在雇主与雇员关系，而是人们自雇为他们自己工作，是他们工作的非法人企业的唯一或共同的所有者
报酬的依据	基于他们的工作量，而与他们生产的产品无关。劳动投入通常按照工作时间或其他工作量的指标度量	基于通过生产而生产的产品价值，而不管他们在生产中投入多少工作量
SNA 收入账户的分类	雇员报酬	混合收入

二　劳动报酬

由于现实经济的复杂性，准确地核算劳动报酬相当困难。

第一，什么样的收入可以归结为劳动收入？除自雇者由于其所有者和劳动者双重属性，其劳动收入与资本收入难以区分外，即使是雇员报酬，做出准确区分也存在很大困难。比如在现代企业中，存在着大量职业经理人，其收入组成既包括作为工资的劳动报酬，也包括风险补偿收益，有时还包括股权收益。此外，在现代企业的工资合约中，"底薪＋提成"的合约形式普遍存在着。从理论上讲，这些人员的工资合约属于分成合约，其风险补偿收益和股权收益并不应该纳入劳动报酬统计，但在企业实际账务处理上，部分风险收入通常纳入工资收入进行核算，这意味着国民收入账户中雇员报酬的统计数据可能存在高估。

第二，自雇者收入如何进行处理？一致的观点是，自雇者收入包含了资本收入与劳动收入两个部分，但对这两部分收入做出区分相当困难。下面我们将看到，研究者提出了多种方法对此做出区分，但由于国家间分配结构的差异，很难有一种方法能够普遍适用。特别是对发展中国家来说，由于存在大量自雇者，如何处理，其结果差异很大。

第三，人力资本报酬如何处理？劳动报酬是仅包含简单劳动的劳动报酬，还是将人力资本回报包含在内，显然是一个值得探讨的问题。文献中通常将劳动者分为高技能劳动力和低技能劳动力，高技能劳动力具有较高的人力资本存量，其收入包含了人力资本收益，但这部分收入是归结为所有者还是劳动者自身，不同投资主体的分配份额如何确定，难以界定。

第四，缺乏资本收入或劳动收入部门的劳动报酬如何确定？戈姆和鲁珀特（Gomme and Rupert, 2004）认为，政府部门的增加值仅包含固定资本消费和雇员报酬两部分，如果将政府部门纳入统计，经济总劳动报酬可能被高估。同样，自住房屋通常要估计虚拟租金价值并纳入 GDP 统计，抛开虚拟租金价值的计量标准不谈，自住房屋的增加值核算并没有将所有者对房屋投入的劳动单独计量，这显然又会低估总劳动份额。

三 增加值

在 SNA2008 中，总增加值被定义为按基本价格估价的产出减去按购买者价格估价的中间消耗。虽然产出和投入按不同价格标准估价，但为了简洁起见，SNA 用估价产出的价格来描述增加值。从生产者的角度看，估价投入的购买者价格和估价产出的基本价格代表了实际的收付价格，使用这些价格得到的总增加值特别适合于生产者角度的测算。然而，从收入法角度来看就存在不少问题，体现在特殊类型的产出和名义增加值各组成部分的计算方法上。

（一）特殊类型的产出

按照 SNA2008，产出包含了市场产出、为自身最终使用的产出和非市场产出。市场产出是指准备以有显著经济意义的价格予以销售的产出，其概念容易理解，但在事实上仍然存在核算困难。按照 SNA 的要求，需要在账户中核算所有非法或隐藏的生产活动（地下经济或隐藏经济）以及被称为非正规经济活动的产值，并且此类工人的报酬或应计入雇员报酬，或应计入混合收入。但是，从成本考虑，对非正规部门创造的增加值进行较为准确的核算显然是不现实的。同时，大量非法或隐藏生产活动的价格及交易信息很难取得，这意味着国民收入核算对上述经济活动的核算并不完全，这对于存在大量非正规部门和非法或隐藏生产活动的发展中国家来说，GDP 的核算数据有可能被严重低估。

作为生产者为自身最终消费或资本形成而留用的产品通常也存在较大的核算困难，如自有住房服务的虚拟价值。按 SNA 的解释，对所居住的房屋拥有所有权的住户，形式上被看作为自身消费提供住房服务的非法人企业所有者。如果存在规范的房屋租赁市场，可以使用市场上同类服务的销售价格对自给性住房服务产出进行估价，但实际上大多数国家并没有一个规范的房屋租赁市场，因而难以对自给性住房服务的产出进行估价。因此，大多数国家的住房服务价值要么没有被纳入统计，要么最终核算数据存在较大偏差。

非市场产出是指由为住户服务的非营利机构（NPISH）或政府生产的、免费或以没有显著经济意义的价格提供给其他机构单位或全社会的货物和个人/公共服务。SNA 认为，由于市场失灵或出于经济、社会政策的考虑，政府单位或 NPISH 可能从事非市场生产，所以不能采用为自身最终使用或自身资本形成而生产的货物或服务的估价方法来估算非市场产出的价值。同时，公共服务，比如公共管理和国防是没有市场的，即便是提供给住户个人的非市场教育、卫生或其他服务也缺少合适的价格。因此，准确估计政府单位或 NPISH 生产的货物和服务以及所提供的公共产品的价值相当困难。

（二）名义增加值各组成部分计算方法

在 SNA 中，中间投入在其进入生产过程时进行估价和记录，而产出则在它们从生产过程中出现时进行估价和记录。中间投入通常按购买者价格计算，而产出按基本价格计算，当基本价格无法获得时按生产者价格计算。中间投入价值与产出价值之差就是总增加值，总增加值在扣除固定资本消耗、生产税（减补贴）和雇员报酬后的余值（可正可负）后便是营业盈余净额或混合净收入。这种核算方法存在以下两个问题：

第一，按照生产要素分配理论，生产中资本和劳动的分配应该是实物量而不是价值量，但 SNA 中记录的是价值量而不是实物量。测度 GDP 一般使用的是基本价格，而劳动报酬主要是以现金支付的报酬，并且大部分用于消费支出，因此劳动报酬换算成实物量会使用消费者价格指数。在大多数情况下，消费者价格指数与基本价格指数存在差异，个别时期差异会相当大。这样即使其实际地按实物量进行的分配相同，但反映到价值量上也会不同。

第二，在大部分使用较多中间投入的部门，如制造业，通常主要使用生产法核算其增加值。而在其他一些部门，如较少使用中间投入或不使用中间投入的服务业部门，其增加值通常使用收入法进行核算。对于采用生产法核算的部门来说，一个难以回避的问题是存货的计价。SNA 要求存货中提取的货物必须按照货物出库而非入库时的市场价格进行估价，但这种记录存货变动方法并没有在工商会计中被普遍使用，这使得中间投入的历史价格波动会被反映到当期增加值核算中，尤其在存货水平随价格上升而发生剧烈波动时更为突出。同样，SNA 中固定资本消耗根据资产使用时的机会成本来计算，这与该资产获得时的价格不同，即使在核算期间已经用尽的固定资产，有时实际上并未被重置，而作为生产成本提取的固定资本消耗额可能已经足以更换该资产。当出现持续通货膨胀时，即使 SNA 和工商会计对资产使用寿命及其磨损和淘汰的速度做出相同的假设，固定资本消耗的价值也可能远大于按照历史成本计算的折旧（联合国统计署，2008）。

第三，对雇主来说，在生产中使用的货物和服务是作为中间消耗，还是作为雇员报酬进行记录并不重要。因为从雇主的角度来看，两者都是生产成本，其营业盈余不会发生变化。比如，企业为雇员提供的免费午餐或者午休场所，在理论上应作为劳动报酬统计，但实际上企业有可能将它们划入了中间消耗。相反方向的操作，即将事实的中间消耗纳入劳动报酬进行处理也会出现，这显然会改变增加值和原始收入。

第二节　劳动份额的度量方法

一直以来，经济学家在劳动份额测度方面存在诸多争论。在早期一些研究中（如凯恩斯，1939），劳动报酬计量范畴较窄，通常仅指普通工人工资，既不包括自雇者收入，也不包括技术工人和管理者薪水。进入20世纪90年代，随着对收入分配问题的研究深入，同时劳动统计技术和制度的不断完善，经济学家提出了一系列度量劳动份额的方法。本节在对SNA账户体系进行简要介绍的基础上，介绍文献所使用的几种主要方法并进行简要评述。

一　SNA

SNA是一套按照基于经济原理的严格核算规则进行经济活动测度的国际公认的标准建议。SNA要测度经济中各主体之间出于各种目的所发生的一切交易、货物服务，或者可以获得货物服务以备未来时期进行消费。SNA刻画此类经济流量模式的途径是：分别经济体中的机构单位，针对货物服务在生产和最终消费过程中从一个阶段到另一个阶段的相关交易来构造各个账户，由此对相关活动予以识别。①

（一）活动和交易

SNA旨在以有利于分析的形式提供有关机构单位行为及其所从事诸如生产、消费和资产积累之类活动的信息。为达到此目的，要记录机构单位之间以交易形式发生的货物、服务和资产交换。同时也要记录体现交换支付形式的其他交易，这些支付可能是货物、服务或具有类似价值的资产，但更常见的是包括纸币和硬币在内的某种金融债权。

（二）经济中的机构部门

SNA对如下两类主要机构单位或交易者进行了区分：住户和法律实体。法律实体既包括以生产为目的而创立的实体，比如公司和非营利机构，也包括政治过程创立的实体，尤其是政府单位。机构单位本质是能够拥有货物和资产、承担负债、从事经济活动并有权与其他单位进行交易的单位。SNA把经济体中的常驻机构单位分成五个互不包容的部门：

①　详细介绍参见联合国统计署（2008）。

（1）非金融公司；（2）金融公司；（3）政府单位，包括社会保障基金；（4）为住户服务的非营利机构（NPISH）；（5）住户。每个部门还可进一步分为若干个子部门。

（三）账户序列

详细的 SNA 包括以下两个部分：一套与一定时期内各类经济活动有联系的、相互关联的流量账户序列；一套记录机构单位和部门在该时期期初、期末持有资产和负债存量价值的资产负债表。每个流量账户都涉及一类特定的活动，如生产、收入的形成、分配、再分配或使用。每个账户都分别显示各机构单位可利用的来源以及这些来源的使用。账户通过一个平衡项实现平衡，该平衡项被界定为账户两侧所记录的总来源和总使用之间的差额。一个账户的平衡项结转为下一个账户的初始项，从而使账户序列形成一个环环相扣的整体。平衡项通常会概括该账户所覆盖活动的净成果，因此这些平衡项中就包含了那些具有重要经济意义和分析意义的项目，如增加值、可支配收入和储蓄。

二　生产账户和收入分配账户

（一）生产账户

生产账户与生产的概念相关。在 SNA 中，生产被理解为在机构单位负责、控制和管理下，利用劳动、资本、货物和服务投入而生产货物和服务的活动，在此过程中，劳动和资产用于将货物服务投入转换为另一些货物服务产出。作为产出的所有货物和服务都必须能够在市场出售，或者至少能够有偿或无偿地由一个单位提供给另一个单位。因此，SNA 将实际上注定要进入市场的全部生产，无论是用于销售还是用于以货易货均列入生产范围。

生产账户反映了生产活动的产出和各项投入。它的平衡项是总增加值，被定义为产出价值减去中间消耗价值，是衡量各个生产者、产业部门或机构部门对 GDP 所做贡献的指标。总增加值是原始收入的来源，要转入收入初次分配账户。增加值也可以按总增加值减去固定资本消耗后的净额计算，固定资本消耗反映生产过程中所使用固定资本的消耗价值。但是，该账户并没有覆盖与生产过程相关的所有交易，而仅仅覆盖了生产的成果（产出）和生产产出过程中所用掉的货物和服务（中间消耗）。中间消耗不包括固定资本的逐渐磨损，后者作为一项单独的交易（固定资本消耗）来记录，形成了平衡项总额和净额之间的差异。所有的机构部门都设有生产账户。基本的生产账户可以用表 1-2 表示。

表 1-2　　　　　　　　　　　　　　　　生产账户

使用	来源
中间消耗	产出
增加值	

（二）收入分配账户

收入分配和使用账户由一套环环相扣的账户组成，它们反映与收入有关的以下问题：（1）怎样在生产中形成的；（2）怎样分配给那些对生产所创造增加值有贡献的机构单位的；（3）怎样在机构单位之间，主要由政府单位通过社会保障缴款、社会福利以及税收进行再分配的；（4）怎样被住户、政府单位或为住户服务的非营利机构出于最终消费或储蓄目的而使用的；（5）怎样形成用于财富积累储蓄的。

收入账户本身具有重要的内在经济意义。由于收入分配和收入再分配过程非常重要，因此有必要区分收入分配的不同步骤，并在不同的账户中分别反映这些步骤。收入分配被分解为初次分配、再分配以及实物再分配三个主要的步骤，相应形成初次分配账户、再分配账户以及实物再分配账户。

基于研究的目的，下面主要介绍初次分配账户。收入初次分配账户表述了总增加值是如何被分配给劳动力、资本和政府的，此外，必要时还会显示来自国外的流量和流向国外的流量。收入初次分配通常被分解为两个子账户。第一个子账户是收入形成账户，如表 1-3 所示。该账户表述增加值如何分配给劳动（雇员报酬）、政府（生产和进口税减去生产和进口补贴）。分配给资本的收入出现在该账户的平衡项中，即营业盈余或混合收入。

表 1-3　　　　　　　　　　　　　　　　收入形成账户

使用	来源
雇员报酬 生产和进口税与生产和进口补贴（-）	增加值
营业盈余 混合收入	

收入初次分配账户如表1-4所示，它表述了收入初次分配的其余部分。它把营业盈余或混合收入作为来源。对每个部门，该账户记录了应收和应付的财产收入，对于住户部门还要记录应收的雇员报酬，对于政府部门还要记录应收的生产和进口税减去生产和进口补贴。收入初次分配账户（以及整个收入初次分配账户）的平衡项是初始收入。对于非金融公司和金融公司而言，收入初次分配账户还可以作进一步的细分，以便显示出一个附加的平衡项，即业主收入，它比较接近工商会计中的税前当期利润概念。

表1-4 收入初次分配账户

使用	来源
	营业盈余
	混合收入
	雇员报酬
	生产和进口税与生产和进口补贴（-）
财产收入	财产收入
初始收入	

三　劳动份额的度量方法

（一）杨格方法

杨格（Young，1995）在研究中国香港、新加坡、韩国和中国台湾四个东亚国家和地区快速增长决定因素时，提出了劳动份额一个估算方法。杨格假定：雇主、未付酬家庭工人、自雇者与部门、性别、年龄和教育程度相同的雇员具有同样的小时工资。依据这一假定，杨格通过一个面板数据模型估计了上述国家和地区分部门、性别、年龄、教育程度和级别工人的小时工资，进而通过这一估计结果估算不同部门、性别、年龄、教育程度和级别的雇主、未付酬家庭工人、自雇者的劳动收入，将其与国民收入账户报告的雇员报酬相加，得到总劳动报酬。杨格方法的最大优点在于，它考虑了职业、性别、年龄和教育程度差异对劳动报酬的影响，最大限度地减少自雇者的个体差异和行业差异对自雇者收入中劳动与资本份额的影响，但这一方法的缺陷也是明显的。

第一，杨格方法是建立在劳动力充分流动和劳动市场充分竞争的基础上的。杨格假定，部门、性别、年龄、教育程度和级别相同的劳动者，受雇与自雇没有区别，这隐含着劳动力市场充分竞争的假定。当劳动力市场分割严重，自雇者的收入函数与雇员的收入函数差异较大，进而自雇者与性别、年龄和教育等相同的雇员收入存在较大差距时，使用这种方法有可能产生较大的误差。在中国，由于户口制度和垄断等方面的原因，行业差异、个体经营与正规就业的差异很大，利用这种方法可能会导致对劳动份额的估计出现系统性偏差。

第二，杨格方法还隐含假定自雇者进行生产或提供服务时劳动的边际生产率与雇员相等。我们认为，这同样不现实。即使劳动力市场竞争充分，但由于自雇者不但能够获得劳动收入，还能够占有作为所有者的生产净剩余，所以尽管其实际的劳动收入可能低于雇员报酬，但只要包含净剩余在内的总收入高于雇员报酬，自雇者可能并不会选择作为雇员进入劳动力市场。同时，考虑经济周期的影响，当经济处于衰退阶段时，自雇者的收入无论是劳动收入还是总收入可能会低于雇员报酬，而由于工资黏性，雇员的劳动报酬有可能高于其边际生产率，所以存在雇员与自雇者劳动边际生产率并不相同的现象，采用这一方法估计劳动份额出现偏差难以避免。

第三，杨格方法需要详尽的微观数据资料，限制了这一方法应用的范围。杨格方法使用的数据包括劳动者（雇员和自雇者）的收入、所在行业、性别、年龄、经验、受教育程度和工作时间等，绝大多数国家或地区并不提供相应的数据。

（二）戈林方法

戈林（Gollin，2002）利用私人非法人企业盈余（OSPUE）来调整国民生产与收入账户中的劳动报酬数据。OSPUE 是《国民经济核算体系1968》（SNA1968）中的一个账户，总体上与《国民经济核算体系1993》（SNA1993）以及 SNA2008 中的混合收入账户的核算范围相当接近。戈林认为，大多数自雇者收入被归结到这一分类。戈林发现，由于忽略了自雇者劳动收入，发展中国家按照国民收入账户报告的劳动报酬（即雇员报酬）所计算的劳动份额与发达国家相比差距很大。为此，戈林给出了三种调整方法：

第一种调整方法是将所有的 OSPUE 都作为劳动收入来处理。这样做的好处是简单直接。戈林认为，对于大多数穷国来说，这种方法实际上假定了自雇者在从事生产与提供服务时，几乎提供的是纯劳动。但这一方法的缺点也比较明显，因为即使在穷国，自雇者在从事生产或提供服务时会或多或少地使用资本，而在富国，则有可能出现资本密度高于行业平均水平的现象，比如 IT 行业。因此，这一调整方法肯定会高估经济的劳动份额，并且相对于发展中国家，发达国家的高估会更为严重。在大多数年份，中国国家统计局对于个体经营户和农业从业人员收入的处理，与这一调整方法非常接近，这意味着根据官方数据计算的我国劳动份额，可能比实际的劳动份额高得多。这一方法可以用以下公式表示：

$$劳动份额 = \frac{雇员报酬 + OSPUE}{(GDP - 间接税)} \tag{1.2}$$

第二种调整方法假定自雇者收入中劳动收入份额与整个经济的资本与劳动分配比例相同，来分拆 OSPUE 中资本和劳动收入。这种方法的优点是简单透明，因为它没有简单地像第一种方法那样将 OSPUE 全部视为劳动收入，而是回归了自雇者收入的资本与劳动兼具的双重属性。尽管如此，这一方法的缺陷也是明显的：

第一，这一方法简单假定了自雇者收入中资本与劳动之间的分配关系与经济规模、发展阶段和经济政策无关。我们看到，大多数自雇者所处的市场环境几乎接近于充分竞争，但由于一些国家可能采取低工资政策，劳动者工资报酬可能低于其劳动的边际产品；一些国家由于工会等组织的影响力比较强大，工人的工资报酬可能会高于劳动的边际产品。

第二，这一方法简单地假定整个经济的就业结构与自雇者就业结构相同。对于大多数发展中国家来说，自雇者主要在农业部门、城市手工业部门，在制造业、现代服务业中极其罕见，而农业与手工业由于较少使用资本，其劳动收入在全部收入中的比例相当高，用整个经济的劳动份额代替自雇者收入中的劳动收入份额，显然会产生低估。

第三，正如我们对杨格方法所批评的那样，在一些部门中，自雇者的生产技术相比私人法人企业可能更趋于劳动密集（当然，在一些特定情况下是资本密集的），两者之间收入份额的差异会较大。这一方法的计算公式是：

$$劳动份额 = \frac{雇员报酬}{(GDP - 间接税 - OSPUE)} \tag{1.3}$$

第三种调整方法是假定自雇者工资与在法人企业、政府等机构就业的雇员工资相同，根据雇员工资与自雇者人数计算自雇者劳动收入。这一方法实际上是杨格方法的简化版，优点是比杨格方法的计算更加简便，所需要的统计资料更少，但缺点是比较粗糙，同时忽略了自雇者与法人企业、政府等机构劳动者之间的个体差异和生产技术差异，通常会高估经济的劳动份额。这一方法的计算公式如式（1.4）所示。

$$劳动份额 = \frac{（雇员报酬/雇员人数）\times 总劳动力}{（GDP - 间接税）} \tag{1.4}$$

（三）克鲁格方法

克鲁格（Krueger，1999）方法区分了工人收入中人力资本收入与简单劳动收入，它将劳动份额定义成简单劳动收入占增加值的比重。克鲁格假定，每个工人的收入包括两个部分：简单劳动收入与人力资本收入，基于这一假定，克鲁格使用以下回归方程估计工人收入中简单劳动部分和人力资本收益部分的决定系数：

$$\ln(W_i) = b_0 + b_1 S_i + b_2 X_i + b_3 X_i^2 + e_i \tag{1.5}$$

式中，W 为工人的平均收入，S 为受教育年限，X 为度量工作经验，等于工人的年龄减去受教育年限再减去6，e 为误差项。给定回归方程的均方差 σ^2，收入中属于简单劳动的收入为 $W_0 = e^{b_0 + 0.5\sigma^2}$。克鲁格方法的最大优点是区分了简单劳动收入份额，这一方面为在更长一个历史阶段分析研究劳动份额的变化与演进提供了一种较为逻辑一致的处理方法。但这种方法的缺陷也是明显的，首先，它的人力资本度量仅仅依赖受教育年限这一简单的代理变量，由于遗漏解释变量问题，参数估计可能是有偏的。其次，对于受教育年限来说，它相对于工资并不完全是一个外生变量，如果受教育程度与工资水平存在正相关关系，受到高工资的吸引，劳动力会理性地选择接受更长时期的教育。

（四）G&R方法

戈姆和鲁珀特（2004）讨论了美国劳工统计署的统计数据和国民收入账户增加值核算之间的差异问题。在他们看来，除收入具有劳动与资本收入双重属性的业主收入即自雇者收入外，由于增加值核算包括缺乏资本收入的政府部门和缺乏劳动收入的房屋租赁部门，会导致劳动份额出现高估和低估。据此，戈姆和鲁珀特给出了如下劳动报酬计算公式：

劳动报酬 = 雇员报酬 - 政府雇员报酬 - 非营利机构雇员报酬 - 业主收入 - 农场雇员报酬 + 归结为自雇者的劳动报酬 　　　　　（1.6）

相应的增加值也仅包括与劳动报酬定义相对应部门的增加值。应该说，戈姆和鲁珀特提出的观点规避了 SNA 中可能导致劳动份额估计产生偏差的一些重要因素，所计算的劳动份额就其所代表的部门来说，更符合其理论含义。但是，G&R 方法的缺陷也是相当严重的，他们的处理实际上属于在倒掉洗澡水的同时也倒掉了孩子。因为对于许多国家和地区来说，政府是国民经济的重要部门，其占 GDP 的份额之大并不容忽视，这样的处理方法，一方面不利于进行跨国比较研究，另一方面也不利于分析一个国家和地区国民经济初次分配的整体情况。

第三节　我国劳动报酬的界定和核算

一　劳动者报酬统计口径

在我国，劳动报酬在统计上被称为劳动者报酬。就其英文译意看，它与 SNA 的雇员报酬没有区别。国家统计局对劳动者报酬这一统计指标的解释中，将劳动者报酬定义成劳动者因从事生产活动所获得的全部报酬，包括劳动者获得的各种形式的工资、奖金和津贴，既包括货币形式的，也包括实物形式的，还包括劳动者所享受的公费医疗和医药卫生费、上下班交通补贴、单位支付的社会保险费、住房公积金等（国家统计局国民经济核算司，2008）。

从理论上讲，国家统计局关于劳动者报酬的定义并没有什么不妥。但是，由于统计制度的不完善，特别是对于自雇者即个体劳动者收入的处理上，不同年度国家统计局的处理方法并不相同，导致统计口径的混乱，使得不同时期的统计数据并不可比。下面，我们根据国家统计局正式发布的各类文件具体分析劳动者报酬统计口径的变迁。

（一）第一次经济普查前

1984—1992 年，国家统计局会同有关部门在总结我国当时的国民经济核算实践经验和理论研究成果的基础上，制定了《中国国民经济核算体系（试行方案）》。该方案采纳了 SNA1968 的基本核算原则、内容和方法，保留了物质产品平衡表体系（MPS）的部分内容。1992 年 1 月，国务院组织有关方面专家进行论证，通过了这个方案。同年 8 月，国务院办公厅发出《关于实施新国民经济核算体系方案的通知》，要求在全国范围内实施这一体系。在 2002 年公布《中国国民经济核算体系（2002）》（国家统计局，2003）之前，我国一直采用 1992 年的试行方案进行国民经济核算。

1992 年试行方案将劳动者报酬定义成常驻单位在生产过程中支付给劳动者的全部报酬。它包括三部分：一是货币工资，为生产单位直接支付给劳动者的各种工资、奖金、津贴、补贴等；二是实物工资，即生产单位以免费或低于成本价提供给劳动者的各种物品和服务，以及居民自产自用的消费品等；三是社会保险，指单位为劳动者直接向政府和保险部门支付的待业、退休、养老、人身、医疗、家庭财产等保险金，这些付款不论何时实际支付给劳动者，都应记入本期的劳动者报酬。

2002 年，为了与 SNA1993 接轨，国家统计局等八部门对 1992 年公布的试行方案进行修订，制定了《中国国民经济核算体系（2002）》。明确规定劳动者报酬指的是劳动者从事生产活动而获得的各种形式的报酬，包括工资、奖金、福利、实物报酬，各种补贴、津贴以及单位为劳动者缴纳的社会保险费等。个体劳动者和农户生产经营获得的纯收入全部视为劳动者报酬，包括个人所得的劳动报酬和经营获得的利润。根据上述描述，2004 年第一次经济普查前，对照 SNA1993，我国统计的劳动者报酬包括雇员收入和自雇者收入两部分，其中自雇者收入即个体经营户和农户的收入并不区分劳动收入与资本收入，统一归并到劳动者报酬中统计。

（二）第一次经济普查

2004 年我国进行了第一次经济普查，根据事后出版的《中国经济普查年度国内生产总核算方法》（国家统计局国民经济核算司，2007），劳动者报酬被定义为劳动者从事生产活动所应得的全部报酬，包括劳动者应得的工资、奖金和津贴，既有货币形式的，也有实物形式的，还包括劳动者享受的公费医疗和医药卫生费、上下班交通补贴和单位为职工缴纳的社会保险费等。对于个体经济来说，业主的劳动报酬和经营利润不易区分，这两部分都视为营业盈余，劳动报酬只包括雇员报酬。考虑农户特点，把劳动报酬和经营利润全部作为劳动者报酬。

这一界定与《中国国民经济核算体系（2002）》相比发生了重要变化，即个体经营户的业主收入从劳动收入变为营业盈余，此外，对农业不再计营业盈余。2004 年的经济普查中，国家统计局国民经济核算司明确提出，"由于国有和集体农场的财务资料难以收集，应将营业盈余与劳动者报酬合并，统一作为劳动报酬"。就上述的变化来看，如果不考虑农户收入，所定义的劳动者报酬与 SNA1993 定义的雇员报酬非常接近，这显然有利于中国的收入法 GDP 核算与国际接轨。但是，这种处理方法带来了一系列问题。后面我们将分析这一新的劳动者报酬统计口径导致2004 年之前的收入法增加值构成结构数据与 2004 年无法在口径上保持一致。同时，国民收入账户并没有完全接轨 SNA1993，个体经营户的收入在归并到营业盈余后并没有通过混合收入账户单独处理，也导致了口径处理上的极大困难以及 2005—2007 年期间非普查年份劳动者报酬核算上的混乱。

（三）第一次经济普查后的非普查年份

第一次经济普查后的 2005—2007 年属于非经济普查年份，根据《中国统计年鉴》（2006）对劳动者报酬的指标解释是：劳动者报酬指的是劳动者因从事生产活动所获得的全部报酬。包括劳动者获得的各种形式的工资、奖金和津贴，既包括货币形式的，也包括实物形式的，还包括劳动者所享受的公费医疗和医药卫生费、上下班交通补贴、单位支付的社会保险费、住房公积金等。对于个体经济来说，其所有者所获得的劳动报酬和经营利润不易区分，这两部分统一作为劳动者报酬处理。2008 年出版的《中国非经济普查年度国内生产总值核算方法》也沿袭了这一定义（国家统计局国民经济核算司，2008）。

除增加住房公积金等个别项目外，劳动者报酬定义又回归到第一次经济普查前《中国国民经济核算体系（2002）》的定义。就定义来看，这样的回归保证了非经济普查年份在劳动者报酬统计口径上的连续性，但由于实际统计处理方法上的问题，这样的回归给劳动者报酬的核算带来了非常严重的后果，我们将在第三章中进行详细讨论。

（四）第二次经济普查及之后

2008 年是我国第二次经济普查年份。《中国统计年鉴》（2009）对劳动者报酬的指标解释是：劳动者报酬是指劳动者因从事生产活动所获得的全部报酬。包括劳动者获得的各种形式的工资、奖金和津贴，既包括货币形式的，也包括实物形式的，还包括劳动者所享受的公费医疗和医药卫生费、上下班交通补贴、单位支付的社会保险费、住房公积金等。对于个体经济来说，其所有者所获得的劳动报酬和经营利润不易区分，这两部分统一作为劳动者报酬处理。2009 年之后的非普查年度的 GDP 核算，延续了这一处理方法。

二 增加值和劳动者报酬核算方法

表1-5给出了国家统计局不同行业的 GDP 核算方法。由表1-5看到，通过调查数据进行核算的，主要是工业企业中的规模以上企业、建筑业中的资质以内企业以及批发零售业中的限额以上企业，其他企业的增加值数据包括个体经营户的增加值数据，要么通过抽样调查资料推算，要么通过其他部门统计资料推算；其收入法构成数据或者利用规模以上企业、资质以内企业、限额以上企业收入法构成结构数据进行推算，或者根据经济普查资料确定的构成结构数据推算。

表1-5　　　　国家统计局非普查年度收入法 GDP 核算方法

产业	部门	总产出	中间投入	增加值	雇员报酬	固定资产折旧	生产税净额	营业盈余
第一产业		■	■	▲	▲	●	◆	▲
第二产业 其中： 工业	规模以上成本费用调查工业企业	■	■	■	■	■	■	■
	规模以上非成本费用调查工业企业	■	●	●	●	●	●	●
	规模以下工业企业	●	●	●	●	●	●	●
	个体工业	★	▲	▲	★	★	★	★
建筑业	资质以内	■	■	■	■	■	■	■
	资质以外	★	▲	▲	★	★	★	★
第三产业	A	■	■	■	■	■	■	■
	B	★	▲	▲	★	★	★	★
	C	◆	◆	◆	◆	◆	◆	◆

注：■根据调查资料核算；▲根据公式计算；◆根据部门数据计算；●根据抽样调查数据推算；★根据普查资料推算。第三产业核算方法比较复杂，总体上可分为三类：A类是有调查资料的企业，如交通运输、仓储和邮政业中的国家邮政企业、批发与零售业限额以上批发与零售业企业；B类是根据部门资料进行计算，如信息传输、计算机服务和软件业、金融业等；C类主要根据普查资料进行推算。

由于通过推算所取得增加值和劳动者报酬数据的行业很多，存在统计误差不可避免。同时，第一次经济普查将个体业主的收入全部纳入营业盈余处理，劳动者报酬仅包含雇员报酬。但根据表 1 - 5，常规年份 2005—2007 年期间个体经济的劳动者报酬，是根据 2004 年经济普查资料计算的个体经济收入法构成结构数据进行推算的，根据这样的结构数据，2005—2007 年个体经营户劳动者报酬尽管在定义上包含了营业盈余，但由于使用了根据普查资料的结构数据进行推算的方法，其推算结果可能仅包含了雇员报酬，而不是指标解释所表述的包含了个体经营户的全部收入。在第三章，我们将通过对数据的深入分析来验证上述判断。

三 主要资料来源

在国家统计局报告的官方数据中，估计劳动份额有三个主要的数据来源：分省收入法 GDP 核算资料、资金流量表和投入产出表。

（一）分省收入法 GDP 核算资料

国内生产总值核算有生产法、收入法和支出法三种核算方法。三种方法从不同的角度反映国民经济生产活动成果。收入法也称分配法，是从常驻单位从事生产活动形成收入的角度来计算生产活动最终成果的方法。在我国，国民经济各产业部门的收入法增加值由劳动者报酬、生产税净额、固定资产折旧和营业盈余四个部分组成。

（二）资金流量表

我国各级统计部门编制的资金流量表主要以收入分配和资金运动为核算对象，反映了一定时期各机构部门收入的形成、分配、使用和资金筹集与运用以及各机构部门之间资金流入和流出的情况。与收入法 GDP 按国民经济行业进行分类核算增加值以及增加值中劳动者报酬、生产税净额、固定资产折旧和营业盈余构成不同的是，资金流量表将经济活动主体分成了五个机构部门，即非金融企业部门、金融机构部门、政府部门、住户部门和国外部门，较为详细地核算各机构部门的收入分配和资金运动过程。部分省份并没有正式公布资金流量表数据，如江苏。

（三）投入产出表

投入产出表又称部门联系平衡表，是反映一定时期各部门间相互联系和平衡比例关系的一种平衡表。表中第 I 象限反映部门间的生产技术联系，是表的基本部分；第 II 象限反映各部门产品的最终使用；第 III 象限反映了国民收入的初次分配；第 IV 象限反映了国民收入的再分配。投入产出表根据不同的计量单位，分为实物表和价值表；按不同的范围，分为全国表、地区表、部门表和联合企业表；按模型特性，分为静态表、动态表。

第四节　本书使用的术语

由于实证研究中劳动份额相关指标的定义与估计方法存在较大差异，同时中国国家统计局对于劳动者报酬的界定与 SNA 所定义的劳动报酬（雇员报酬）存在不小差异，各个不同阶段的统计口径也不一致，在进行横向比较时很容易造成混乱，鉴于此，本书对相关指标进行统一的界定，具体使用以下几个术语：

一　雇员与自雇者

按照 SNA，劳动者被分为雇员与自雇者。在中国国家统计局的指标解释中，存在雇员这一术语，但没有使用 SNA 的自雇者概念，劳动者包括雇员、个体经营户和农户。尽管国家统计局对于个体经营户的界定与 SNA 的非法人企业在内涵上有微小区别，但由于统计资料的限制，我们无法对此做出区分。因此在本书中，我们将不加区分地使用自雇者和个体经营户（农户）这两个概念，并且视个体经营户所有者和农户为自雇者。

二　劳动报酬

国家统计局的劳动者报酬就其英文和译意看，与 SNA 的雇员报酬相同，但其统计口径并不相同。为了便于区别，我们将统一使用"劳动报酬"这一术语，它由以下两部分组成：

$$劳动报酬 = 雇员报酬 + 自雇者劳动报酬 \qquad (1.7)$$

其中，自雇者劳动报酬是指自雇者全部收入中属于劳动的那部分收入。与劳动报酬的区别是，本书仍沿用国家统计局劳动者报酬这一概念，它由以下两个部分组成：

$$劳动者报酬 = 雇员报酬 + 自雇者全部收入（混合收入） \qquad (1.8)$$

三　劳动份额

在本书中，劳动份额指的是劳动报酬占 GDP 的比重，这与国外经验研究通常使用的劳动报酬占除去间接税后的增加值比重有所区别。其计算公式是：

$$劳动份额 = 劳动报酬/GDP \qquad (1.9)$$

在本书中，有时还会使用另外一种劳动份额的概念，即国家统计局定义的劳动者报酬占 GDP 比重。当然，如果使用时与式（1.9）定义的劳动份额产生混乱，我们将在使用时做出特别的说明。由于统计资料存在数据质量问题，我们还将对劳动者报酬数据进行相应的调整，我们在引用时通常会使用劳动者报酬调整数这一术语，将它与各级统计部门所正式发布的劳动者报酬报告数相区别。

四　国内（地区）生产总值（GDP）

中国国家统计局所公布的 GDP 核算数据包括初步核算数、初步核实数、最终核实数和历史修订数，为了行文方便，我们在使用时并不作出特别声明，但如果会引起混乱，我们将在引用相关数据时做出说明。

五　行业分类

目前各级统计部门执行的国民经济行业分类标准是《国民经济行业分类》（GB/T 4754—2011），这一标准参照 2008 年联合国新修订的《国际标准行业分类》四版标准制定。但在 2012 年之前，各级统计部门使用的是《国民经济行业分类》（GB/T 4754—2002）和（GB/T 4754—1994）。由于我们研究的时期主要是在 2012 年之前，因此本书所采用的行业分类是 GB/T 4754—2002 标准。当然，由于 2012 年之后和 2004 年之前的部分数据按照 GB/T4754—2011 和 GB/T 4754—1994 标准统计，所以在使用相关数据时，将尽可能按照 GB/T 4754—2002 标准进行调整或做出特别说明。

第二章 双重转型经济中的劳动份额

功能性收入分配曾经是政治经济学的基本问题。进入 20 世纪以后，经济学家发现，就特定历史阶段来看，劳动份额是相对固定的，这一度成为经济增长的六个"程式化"事实之一（Kaldor，1961）。从 20 世纪 90 年代开始，经济学家发现全球劳动份额的演进并不是恒定的，特别是美国，可以显著观察到劳动份额的下降现象。那么，哪些因素影响了生产要素的分配？劳动份额的动态演进具有什么特征？其背后的原因有哪些？经济学家从不同角度给出了富有争议的答案。本章针对我国经济转型所特有的结构转型与体制转型双重特征，提出一个分析双重转型经济劳动份额的理论分析框架，据此研究中国劳动份额的变化规律。

第一节 理论基础

古典政治经济学把经济活动分为生产、交换、分配和消费四大部分，分配问题居于关键地位。李嘉图认为，土地的边际生产力递减使社会总产品的增速递减，由于单位土地地租和每个工人的工资都是固定的，所以当社会发展到一定程度之后，社会总产品的增速赶不上地租总额和工资总额的增速，将导致社会总产品中地租性收入和劳动性收入所占比例越来越大，利润所占比例越来越小。与李嘉图相反，马克思认为，资本家为了获得超额利润将会提高生产技术，大量资本作为不变资本用以购买机器设备，用于工资的可变资本所占比例会越来越小，工资性收入占国民收入比例会越来越低，工人阶级将陷入相对贫困甚至绝对贫困。

与古典经济学不同的是，在现代经济学中收入分配问题并不是其研究重点，但不同理论体系前提与结论都或多或少地具有收入分配含义。其中，经济增长理论、新古典理论、技术进步理论、国际贸易理论对收入分配问题涉及较多。

一 新古典理论：短期观点

新古典理论的基础是边际生产力理论，这一理论基于以下几个重要假设来研究生产要素相对份额的短期决定问题。第一，厂商是利润最大化者；第二，生产要素市场完全竞争；第三，生产要素边际收益递减。

假定代表性厂商有以下生产函数：

$$Y = F(K, L) \tag{2.1}$$

式中，Y 代表产出，K 和 L 为生产中所使用的资本与劳动。根据新古典理论，生产满足以下条件：$F_K > 0$，$F_L > 0$，$F_{KK} < 0$，$F_{LL} < 0$，即劳动与资本服从边际生产力下降规律。在完全竞争条件下，给定资本与劳动的价格 r 和 w，厂商最大化利润：

$$\max_{K,L} F(K, L) - rK - wL \tag{2.2}$$

上式的一阶条件为：

$$F_K(K, L) = r \tag{2.3}$$

$$F_L(K, L) = w \tag{2.4}$$

记 σ 为生产要素的替代弹性，根据其定义，有：

$$\sigma = \frac{d(K/L)/(K/L)}{d(F_L/F_K)/(F_L/F_K)} \tag{2.5}$$

要素替代弹性是新古典生产理论的一个重要概念，它表示生产要素之间可替代程度的高低，其具体含义是：一种生产要素价格变化以后，如果保持产出不发生变化，它与另一种生产要素相互替代率的变化。一般来说，要素替代弹性在 0 与 ∞ 之间变化，当 $\sigma = 0$ 时，说明两种要素之间完全不能互相替代，生产中要素配置为固定投入比例，即所谓的里昂惕夫生产技术；当替代弹性 $\sigma > 1$ 时，说明两种要素之间替代程度较高；$\sigma < 1$，表明要素的相互替代程度较低。在完全竞争的假定下，$d(F_L/F_K)/(F_L/F_K) = d(w/r)/(w/r)$，所以，如果 $\sigma > 1$，则表明如果劳动相对资本的价格上升，厂商将更多地用资本替代劳动，并且资本劳动比的变化幅度将超过要素相对价格的变化幅度，资本收入份额将升高。如果 $\sigma < 1$，当劳动相对资本的价格上升时，厂商将用资本替代劳动但资本劳动比的变化幅度要小于要素相对价格的变化幅度，资本收入份额将趋于减小。$\sigma = 1$，表明资本劳动比的变化幅度与要素相对价格的变化幅度相同，此时，要素收入份额将保持不变。

下面，我们通过一个常替代弹性的 CES 生产函数来展示要素份额与要素替代弹性的关系。假如经济具有以下生产函数：

$$Y = \left[\gamma K^{\frac{\sigma-1}{\sigma}} + (1-\gamma) L^{\frac{\sigma-1}{\sigma}} \right]^{\frac{\sigma}{\sigma-1}} \tag{2.6}$$

式中，Y 为产出，L 为劳动，K 为资本，γ 为分配系数，σ 为要素替代弹性。根据新古典理论的假设条件，可以得到 CES 生产函数的劳动份额 S_L 为：

$$S_L = \frac{wL}{Y} = (1-\gamma)^{\sigma} w^{1-\sigma} \tag{2.7}$$

将式（2.7）对 w 求导，得：

$$dS_L/dw = (1-\sigma)(1-\gamma)^{\sigma} w^{-\sigma} \tag{2.8}$$

式（2.8）表示了工资的相对变化所导致的劳动份额的变化。由式（2.8）可知，当 $\sigma = 1$，$dS_L/dw = 0$，表明工资变化对劳动分配份额没有影响；当 $\sigma > 1$ 时，$dS_L/dw < 0$，表明工资相对提高将会降低劳动分配份额；当 $\sigma < 1$ 时，$dS_L/dw > 0$，表明工资提高将会提高劳动分配份额。

新古典理论是研究短期要素分配份额变化的一个很好的分析框架，但在这个分析框架中，要素相对价格的变化、要素替代弹性等均作为外生变量存在，而这些因素通常都是驱动要素收入分配格局变化的深层次因素，这是新古典收入分配理论的最大不足。

二　经济增长理论：长期观点

经济增长理论研究的是经济长期增长的机制与源泉，对这一问题的探讨至少可以追溯到斯密、里卡多、马克思、马尔萨斯等古典经济学家以及扬格、熊彼特等学者，他们提出的一系列重要思想，包括劳动分工、要素报酬递减、人口增长与人均收入的相互关系、新产品及新生产方式的创新机制等，在各种现代经济增长模型中均有体现。在这一理论体系中，关于要素份额的假定是不同理论解释经济长期变化的一个重要前提，二元经济增长模型、新古典增长理论、内生增长理论，都有长期经济变化的分配含义。

（一）二元经济发展理论

刘易斯（Lewis，1954）认为，在发展中国家中并存着农村中以传统生产方式为主的农业和城市中以制造业为主的现代化部门，这就是所谓的二元结构或二元经济。相对有限的土地而言，发展中国家农业存在着大量劳动力，以至于这些劳动力转移出来，农业的产出也不会因此而减少。由于城市现代部门的劳动生产率远高于传统的农业部门，因此现代部门的资本家可以以高于农业平均劳动产品的不变工资获得无限供给的劳动力并持续获取剩余，这一过程直到不再有剩余劳动力时停止。

　　刘易斯的思想经过一些发展经济学家的不断补充和完善，形成了较为系统的理论体系。根据这一理论体系，一个经济的二元结构转变过程可以分为三个阶段：第一阶段农业的劳动边际生产率等于或接近于零，第二阶段农业的劳动边际生产率大于零但小于费景汉、拉尼斯（Ranis and Fei，1961）所称的"不变制度工资"，第三阶段为工资决定的市场化阶段。在二元结构转变的前两个阶段，由于城市部门工资高于从事农业的收入，农村劳动力会源源不断涌向城市，并且由于劳动力近乎无限供给，城市部门的工资率在这一时期并不发生变化。随着劳动力的不断流出，一旦到了二元结构转变的第三阶段，由于劳动的边际生产率高于不变制度工资，工资水平就会由市场决定。这时的劳动力供给不再是近似于无限供给，而是有弹性的供给。上述过程可以用图2-1表示。①

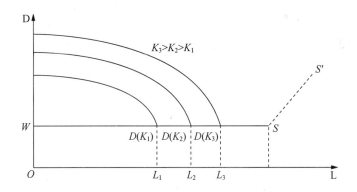

图2-1　二元结构转变不同阶段的工资率

　　注：图中纵轴为劳动边际生产率和工资率，横轴为劳动量，K为资本，D（·）为生产函数，W为"不变制度工资"，SS'为工资市场化决定阶段，即劳动力转移的第三阶段。

　　抛开由农业与现代工业劳动分配份额差异以及由总量中农业与现代工业的相对份额变化所导致的总劳动份额变化不谈，在城市现代部门，由于

————————

　　①　这里主要介绍古典二元经济模型，它与新古典二元经济模型（如乔根森模型）的主要区别在于传统部门的劳动边际生产率是否为零。

"不变制度工资"的存在，利润率是不变甚至是上升的。因为当经济存在技术进步时，由于工资率不变，资本家将获得技术进步的全部收益。这将导致劳动收入份额不断下降。事实上，二元经济理论对于经济增长的意义就在于，能否使资本收入份额不断扩大进而保持一个较高的储蓄率和投资率，推动投资的不断扩大和现代部门的不断扩张。相反，如果经济资本收入份额趋于下降，以至于资本积累的速度随着资本家获得剩余份额的下降而减缓，二元结构转变也将减缓甚至停滞。

当然，当二元经济结构转换进入工资水平由市场决定的第三阶段时，劳动力供给的增加必须以工资率增加为前提，劳动份额的变化不再像"不变制度工资"阶段那样呈现出持续的下降趋势，而是由经济的生产函数的性质和技术进步的方向所决定。

（二）新古典增长理论

与二元经济发展理论主要关注发展中国家经济增长问题不同的是，新古典增长理论的研究对象是发达国家经济。索洛（Solow，1956）和斯旺（Swan，1956）通过一个可以加总的、具有常规报酬、每一要素边际报酬递减和正的、具有平滑替代弹性的新古典型生产函数，在假定经济具有不变储蓄率前提下，构造了一个简单却又十分精致的分析框架，阐述经济增长的机制与过程，形成新古典增长理论最基本的分析框架。在早期索洛—斯旺模型中，经济增长表现为资本积累，而资本积累又由投资的收益率所决定。在规模收益不变的条件下，人均收入及其增长唯一取决于资本劳动比及其增长。由于投资的收益率取决于资本的边际收益率，而后者同样唯一地取决于资本劳动比，在要素边际收益递减规律作用下，资本的边际收益率将随着资本劳动比的上升而不断下降。当资本的边际收益率趋近于零或低于某一贴现值时，资本积累的速度将不会超过劳动力投入的增长速度，资本劳动比趋于稳定，人均收入趋于某一固定水平。

从本质上讲，新古典微观理论是新古典增长理论的微观基础。本节前面所介绍的新古典收入分配理论的基本结论完全适用于新古典增长理论，特别是经济增长过渡过程中要素相对份额的决定问题。但在稳态或平衡增长路径则不同。在新古典增长理论中，稳态是一个很重要的概念，它指的是在资本边际报酬递减规律的作用下，人均资本的增长速度在长期趋于一个定值，通常等于外生劳动力与技术进步的增长率。当一个经济处于稳态增长时，其经济系统的各个变量包括资本与劳动份额不再发生变化，劳动份额在长期也是一个常数。

（三）内生增长理论

在新古典增长理论中，人均收入的长期增长完全取决于模型外的因素，模型解释了一切但无法解释长期增长。正是因为新古典增长理论这一缺陷，经济学家寻求各种方法解决技术进步的内生决定问题，推动了20世纪80年代经济增长理论的研究出现高潮，形成内生增长理论。早期的内生增长模型，如罗默（Romer，1986）、卢卡斯（Lucas，1988）、Rebelo（1991），并没有真正将技术进步引入增长模型。在这些模型中，因为广义的资本品（包括物质资本和人力资本）在经济发展过程中其边际报酬并不必然递减，因而增长是不确定的。同时，生产过程中的知识溢出和人力资本正的外部性，有助于减缓资本积累过程中资本边际报酬不断下降趋势。

从20世纪90年代开始，一些经济学家抛弃了完全竞争假设，开始在垄断竞争的框架下考察经济增长。罗默（1990）、阿吉翁和霍伊特（Aghion and Howitt，1992）、格罗斯曼和赫尔普曼（Grossman and Helpman，1991）等将不完全竞争与研发活动（R&D）纳入经济增长框架中研究。在这些模型中，技术进步来自有目的的R&D活动，这种活动以事后垄断权力的形式作为回报。假设知识是无止境的，那么通过这一机制就可以使经济保持一个正的长期增长率。

由于不完全竞争的假定，创新活动的数量并不是帕累托最优的，所以内生增长理论一个重要的理论含义是长期增长依赖于政府的政策，如税收、法律与秩序、公共基础设施的供给、知识产权的保护、国际贸易规制、金融市场的发展等，这使得内生增长理论相比新古典增长理论而言，具有较强的收入分配含义。给定政府的政策导向，对内生生产要素的政策激励会导致某一生产要素摆脱规模收益递减规律约束，进而使得收入分配向这一生产要素倾斜，最终改变收入分配格局。

绝大部分内生增长模型并没有像新古典增长模型那样的转移动态，经济增长总是处于平衡增长路径之上，经济的各个变量以同样速度恒定增长。从这个角度来看，尽管内生增长理论具有较强的收入分配含义，但就其收入分配的动态演进来看，除非技术进步的机制发生改变，使得经济增长由原平衡增长路径跳跃到新平衡增长路径，劳动份额在长期也是固定不变的。

三　中期影响因素

（一）产业结构

大量研究发现，产业结构变化是导致劳动份额在中期发生变化的一个重要因素。由于产业间劳动份额存在差异，产业结构的变化导致了总量层次的劳动份额发生趋势性改变。特别地，如果一个劳动份额较低的产业，其增长快于总量增长，给定其他产业劳动份额保持不变，整个经济的劳动份额将趋于下降。相反的情况也可能出现，即结构变化提高了劳动份额较高的产业比重，使总量层次的劳动份额趋于上升。

德塞雷斯等（De Serres et al. , 2002）检验了 5 个欧洲国家和美国劳动份额的产业结构变化影响，发现法国、意大利和美国的劳动份额变化大部分要由制造业比重的下降和服务业比重上升来解释，而德国的劳动份额变化几乎完全可以用结构变化进行解释。鲁伊斯（Ruiz, 2006）对西班牙的研究发现了同样的规律。但是，阿帕亚等（Arpaia et al. , 2009）对欧洲 15 个国家的研究发现，20 世纪 70 年代后欧洲国家劳动份额的变化，产业结构变化有着显著影响的结论与特定时期相关联，例如对于德国，产业结构对于劳动份额变化的完美解释仅限于 1995 年之前，之后产业内劳动份额变化是总量层次劳动份额变化的主要因素。

结构变化有助于理解劳动份额的变化原因，但这种解释的最大问题在于：为什么结构变化会朝着劳动份额较低或较高的行业发展，决定产业结构变化的内在动因是什么？事实上，传统的结构主义经济发展理论对这一问题曾经有过深入探讨。这一理论认为，经济发展的过程，是产业结构不断高度化的过程，表现为产业结构由第一产业占较大份额向第二、第三产业占较大份额变化；生产技术由劳动密集型产业占较大份额向资金密集型、技术知识密集型占较大份额变化；产品形态由制造初级产品向制造中间产品、最终产品变化。这一过程背后的动因是比较劳动生产率的差异和随经济增长而变化的要素禀赋结构。因此，对于发展中国家来说，在经济发展早期，由于经济呈现出二元经济特征，随着传统部门在总量中的比重相对缩小，现代部门在总量中的比重不断上升，产业结构的变化将使劳动份额呈现出不断下降的趋势。当传统部门在总量中的份额逐渐缩小，产业工人的工资逐渐由市场决定时，由二元经济结构所形成的部门间劳动生产率的差异，就不再是结构变化的主要动因。这时，基于经济发展的结构主义观点解释劳动份额变化就会遇到很大的困难。因此，在运用结构变化说明劳动份额的变化时，需要分析结构变化的内在机理。

（二）技术进步

劳利斯和惠兰（Lawless and Whelan，2011）认为，自 1970 年开始，欧洲国家产业内劳动份额的变化开始出现并变得越来越显著，结构变化已不能完全解释这一现象，技术进步已经成为驱动欧洲劳动份额下降的极其重要因素。经济学家发现，当发生技术进步时，生产函数被改变，同样的要素投入将生产更多的产出，技术进步在长期表现出来的特征对于要素收入分配会产生重大影响。

希克斯根据劳动对资本的边际技术替代率在保持资本劳动比不变的情况下是下降、上升还是不变，将技术进步分为资本节约型技术进步、劳动节约型技术进步和中性技术进步三种。劳动节约型技术进步是指在资本劳动比保持不变的情况下，使技术替代率下降的那类技术进步，资本节约型技术进步是指在资本劳动比保持不变的情况下，使技术替代率上升的那类技术进步。而中性技术是指在资本劳动比保持不变的情况下，劳动对资本的边际技术替代率保持不变的那类技术进步。可以证明，希克斯中性技术进步的生产函数的形式可以被写为：

$$Y = T(t) \ F(K, \ L),\tag{2.9}$$

式中，$T(t)$ 是一个技术进步的状态指数，且 $dT(t)/dt \geqslant 0$。

在希克斯之后，哈罗德、索洛分别提出不同的技术进步分类。哈罗德这样定义中性技术进步，即如果对于给定的资本产出比，相对投入的份额即 KF_K/LF_L 保持不变。同样可以证明，这种技术进步意味着生产函数具有以下形式：

$$Y = F \ [K, \ A(t) \ L],\tag{2.10}$$

式中，$A(t)$ 是一个技术指数，且 $dA(t)/dt \geqslant 0$。哈罗德中性技术进步又被称为劳动增强型技术进步，因为它和劳动存量的增加所起的作用一样提高了产出。当保持投入份额不变时，资本产出比上升，被称为哈罗德劳动节约型技术进步；相反，当保持投入份额不变时，资本产出比下降，被称为资本节约型技术进步。

索洛将技术进步定义成中性技术进步，如果给定劳动产出比相对投入份额保持不变。同样可以证明，这一定义意味着如下的生产函数形式：

$$Y = F \ [B(t) \ K, \ L],\tag{2.11}$$

式中，$B(t)$ 是一个技术指数，且 $dB(t)/dt \geqslant 0$。索洛中性技术进步又被称为资本增强型技术进步技术进步，因为它和资本存量的增加对产出的作用是一样的。根据这个定义，在劳动的边际产品保持不变的情况下，技术进步导致劳动产出比上升，则称为资本节约型技术进步；相反，如果在劳动的边际产品保持不变的情况下，技术进步导致劳动产出比下降，则被称为劳动节约型技术进步。

由定义可以看出，不论是希克斯定义、哈罗德定义，还是索洛定义，其中性技术进步对要素分配份额没有影响，而有偏技术进步均对要素分配份额产生影响。其中，劳动节约型技术进步将推动劳动份额下降，资本节约型技术进步将推动劳动份额上升。很多经验研究发现，最近几十年来发达国家的技术进步呈现出的是资本增强型技术进步而不是劳动增强型技术进步（Berman et el.，1994；Jacobson and Occhino，2012）。阿帕亚等（Arpaia et al.，2009）讨论了资本增强型技术进步对收入分配变化的影响，他将劳动力分为两类：技能劳动力和非技能劳动力。他们发现，两类劳动力与资本之间替代弹性的差异是导致要素分配份额差异的主要原因。他们认为，非技能劳动力与资本是相互替代的，但技能劳动力与资本是相互补充的，总的影响需要具体分析。

在上述研究中，技术进步是一个外生因素。在一系列论文中，阿西莫格鲁等（Acemoglu，2000，2002；Acemoglu and Guerrieri，2008）将技术进步内生化，讨论有偏技术进步对要素分配的影响。阿西莫格鲁根据要素相对分配份额的变化区分了两类技术进步，当资本相对分配份额上升时，技术进步被称为资本偏向的；而当劳动相对分配份额上升时，技术进步被称为劳动偏向的。阿西莫格鲁坚持认为，尽管由于要素替代弹性的影响，技术进步在一定时期可能是资本增强型的，但在平衡增长路径，技术进步一定是劳动增强型的。克伦普等（Klump et al.，2007）提供了经验证据支持了阿西莫格鲁的观点。

尽管有偏技术进步思想给我们提供了分析中长期劳动份额变化的理论分析框架，但这一理论对于有偏技术进步产生机理的讨论仍显不足。对发展中国家来说，技术进步产生的渠道与机理与发达国家存在较大的差异，对这些国家技术进步对要素相对分配份额影响进行研究就需要专门提出分析框架。

（三）国际贸易

研究国际贸易对要素收入分配影响的文献，大部分是基于经典国际贸易分析框架即赫克歇尔—俄林（Heckscher-Ohli）模型开展研究，这一框架分析了要素禀赋和由此产生的国际贸易对各国福利的影响（Heckscher and Ohlin, 1933）。该理论认为，通过国际贸易，各国将专业化生产其具有比较优势的产品。对于资本丰裕国家，将专业化生产资本密集型出口产品，而劳动丰裕的国家将专业化生产劳动密集型出口产品。斯托尔帕和萨缪尔森（Stolper and Samuelson, 1941）证明，按照比较优势进行专业化生产并参加国际贸易，会在提高丰裕要素收入的同时减少稀缺要素收入，因此，赫克歇尔—俄林模型预测了国际贸易将降低发达国家的劳动分配份额。

由于开放度不同，国际贸易对不同产业的影响并不相同。作为资本丰裕的发达国家来说，会倾向于更多地生产和出口资本密集型产品。这样，国际贸易促进了那些贸易份额较高的产业份额在总量中的提升，产业结构就出现由较高劳动份额的产业向较低劳动份额的产业变化，总的劳动份额将趋于下降。同时，贸易还会影响生产要素的相对价格。对于发达国家来说，国际贸易趋于降低劳动价格，进而降低发达国家的劳动份额。从总的效应来看，国际贸易对发达国家的劳动份额具有负效应，一些经验研究支持了上述结论，如 Guscina（2007）、Jaumotte 和 Tytell（2008）等。

（四）工资决定的非市场因素

20 世纪 60 年代开始，大多数研究劳动份额的文献在继续假定劳动需求边际主义观点的同时，放弃了工资由劳动边际产品决定的边际主义假设。比如，将工会因素引入分析模型后，假定工资高于劳动的边际产品讨论劳动份额的决定及变化。布兰查（Blanchard, 1997, 2006）发现，自 1980 年后，欧洲大陆国家的资本收入份额与失业同步增加，但欧洲盎格鲁—撒克逊国家的资本收入份额和失业之间的关系却保持稳定。布兰查分别分析了不同国家劳动力市场制度的变化，发现资本份额上升与失业增加是这些国家工会力量出现下降所引起的劳动工资讨价还价能力下降，进而企业减少超额雇佣的劳动或减少工资加成所致。

事实上，早在二百多年前马克思就指出，由于大量产业劳动力后备军的存在，资本主义经济中的劳动分配份额总体上将趋于下降，除非工人获得了足够的讨价还价能力。对于发达国家来说，随着经济发展和劳动相对资本讨价还价能力的加强，出现工资超过劳动边际产品的可能性并不能被否认。然而，这种现象并不能长期存在，因为工资加成现象可以通过生产技术的调整来消除，所以工资的非市场决定因素主要在短期影响劳动份额。

第二节 两个产业三个部门模型

本节将提出一个分析框架来研究我国劳动份额的变化与未来发展。我们的分析框架基于结构转型和体制转型的"双重转型"特征，即表现为工业化和城市化加速的经济结构转型和由市场化和国际化深化的体制结构转型。我们认为，双重转型是研究中国经济现象的最大背景。

一 两个产业三个部门经济

根据萨克斯、胡永泰（Sachs and Woo，1994），像中国这样的双重转型经济可以用一个两个产业、三个部门经济模型来描述。如图2-2所示，双重转型经济包括两个产业：一个是传统产业，主要是劳动生产率较低、产品的收入需求弹性随着人均收入水平提高而下降的传统农业；另一个是现代产业，其劳动生产率较高，产品的收入需求弹性随着人均收入水平的提高而提高。现代产业根据所有制性质的不同，又可分为现代公有制部门和现代非公有制部门。这两个部门尽管都使用现代生产技术，但现代非公有制部门的生产要素供给由市场决定，现代公有制部门的生产要素供给可以不由市场来决定。这样，这个经济包含传统农业部门、现代非公有制部门和现代公有制部门三个部门。

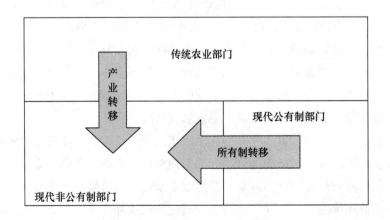

图2-2 两个产业三个部门经济

　　由于传统部门的生产率较低并且其产品的收入需求弹性随收入水平的提高而下降，因而在保证经济的传统产品需求后，传统部门的劳动力与经济剩余会转移到生产率较高的现代部门。而在另一方面，由于现代非公有制部门的生产要素供给由市场决定，现代公有制部门的生产要素供给可以不由市场来决定，因而传统部门的剩余劳动力将主要流向现代非公有制部门，同时部分经济剩余也将流入这一部门。所以，这样的一个两个产业三个部门经济随着经济发展将出现双重转型过程，一方面表现为现代非公有制部门的经济规模由于生产要素的不断流入而逐渐扩大的体制转型过程；另一方面又表现为传统农业部门因生产要素和剩余的不断流出，其规模与就业份额不断下降的结构转型过程（唐文健，2009）。

二　三个部门劳动份额的总体特征

（一）传统农业部门

　　三个部门中，农业是传统部门，使用的资本量较少，因而相对城市现代部门通常具有较高的劳动份额。

（二）城市现代非公有制部门

　　由于中国农村剩余劳动力数量过于庞大，1978 年以来结构转型的大部分时间是处于二元结构转变的"不变制度工资"阶段。在工资率水平固定不变的情况下，现代非公有制部门可以在不变的利润率下快速扩张。同时工资率的固定不变，又会使企业可以获得全部的技术进步收益，城市部门的利润率甚至是递增的。因此，在实际工资没有出现明显上升之前，现代非公有制部门的劳动份额是下降的。

（三）城市现代公有制部门

　　唐文健（2009）研究表明，自改革开放以来，国有经济部门一直存在比较明显的资本深化过程，在 20 世纪 90 年代之后更为明显。国有经济部门快速资本深化特征意味着，农村转移劳动力主要是流入了现代非公有制部门。同时，国有企业的改制使得大量国有部门的劳动力向非公有制部门转移。由于统计资料的限制，我们无法全面估计现代公有制部门的劳动份额及其随时间演进的规律，但从广泛观察到的现象可以看出，现代公有制部门至少有以下两个特点：第一，在工资的决定上，存在非市场的决定机制；第二，在技术进步的特征上，存在资本增强型技术进步特征。

三　双重转型经济劳动份额演进的阶段性特征

　　根据上述分析，在两个产业三个部门经济中，由于不同部门和产业劳动份额存在差异，即使不考虑部门内劳动份额变化影响，双重转型的特点也将决定着劳动份额在不同时期呈现出不同的阶段性特征。下面根据双重转型经济的特点，通过一个简单的模型说明不同时期劳动份额变化的阶段性特征及其决定机理。

令三部门经济中传统农业部门产出占总产出的份额为 γ_N，劳动份额为 α_N，现代公有制部门产出占总产出的份额为 γ_G，劳动份额为 α_G，现代非公有制部门产出占总产出的份额为 γ_P，劳动份额为 α_P，则总的劳动份额 S_L 可以用下式计算：

$$S_L = \gamma_N \alpha_N + \gamma_G \alpha_G + \gamma_P \alpha_P \tag{2.12}$$

式中，$\gamma_N + \gamma_G + \gamma_P = 1$。不考虑产业内劳动份额变化，假定 α_N、α_G 和 α_P 为一个大于零的正常数。给定 α_P，$\alpha_G < \alpha_N$，即城市现代部门的劳动份额，不论是公有制经济还是非公有制经济，均小于传统农业部门。由于传统农业部门与城市现代部门之间比较劳动生产率的差异，只要现代部门的工资高于传统部门，工资率的差异将引导传统农业部门的劳动力向现代部门转移。由于现代公有制部门劳动力需求非市场决定特征，劳动力流动主要是由传统部门向现代非公有制部门流动。随着传统部门比重的逐渐缩小和现代部门比重的逐渐扩大，这种由就业结构变化而导致的产业结构变化，一方面使传统部门和现代部门在总量中相对份额发生变化，另一方面也使现代公有制部门和非公有制部门在总量中的相对比重发生变化。根据双重转型的上述阶段性特征，劳动份额的动态演进可以分为三个阶段：

（一）第一阶段

这一阶段的主要特征是劳动份额持续下降，劳动份额的变化主要由结构转型效应所决定。在这一阶段，传统部门和现代部门相对份额的变化所导致的总劳动份额变化，大于现代部门中公有制部门与非公有制部门相对份额变化对劳动份额的影响，用公式表示：

$$| d\gamma_P \alpha_P + d\gamma_G \alpha_G | < | d\gamma_N \alpha_N | \tag{2.13}$$

式中，$d\gamma_N \alpha_N$ 为传统农业部门的结构转型效应。$d\gamma_N \alpha_N$ 的含义很简单：当传统部门劳动份额保持不变的情况下，其在总量中比重变化所导致的总劳动份额变化幅度。由于结构转型是传统部门在总量中比重不断下降的过程，所以，$d\gamma_N \alpha_N$ 始终为负。$d\gamma_P \alpha_P + d\gamma_G \alpha_G$ 为城市现代公有制部门与非公有制部门在总量中相对比重变化所产生的影响，为体制转型效应。体制转型效应方向并不明确，主要取决于公有制部门与非公有制部门劳动份额的高低和两部门在总量中相对比重的变化。由于体制转型中非公有制部门的比重会逐渐提高，公有制部门的比重会逐渐降低，所以，一般来说，$d\gamma_P > 0$，$d\gamma_G < 0$。这样，如果非公有制部门劳动份额高于公有制部门，体制转型效应总体上将为正；反之，体制转型的总效应为负。

式（2.13）成立，表明结构转型效应大于体制转型效应，劳动份额的变化方向主要由结构转型效应所决定。由于体制转型效应在方向上并不明确，当体制转型效应为正时，将部分抵消结构转型效应所导致的总劳动份额下降；当结构转型效应为负时，将加大总劳动份额的下降幅度，强化总劳动份额的下降趋势。

（二）第二阶段

在我国双重转型过程中，结构转型先于体制转型。我们看到，早在20世纪80年代早期，尽管户籍制度仍然严格制约着城乡间劳动力流动，但脱胎于社办工业的乡镇企业在这一阶段却得到较快发展，吸引了大量原来从事农业的农村劳动力转移到乡镇企业，一度成为中国东部地区工业化的重要力量。而体制转型尽管始于20世纪80年代，但是，真正实现突破是在20世纪90年代初，以宣布建立社会主义市场经济为标志，体制转型全面启动。

当双重转型进入体制转型效应大于结构转型效应阶段，即$d\gamma_P\alpha_P + d\gamma_G\alpha_G$的绝对值大于$d\gamma_N\alpha_N$的绝对值后，劳动份额的演进将进入第二阶段。在这一阶段，由于$d\gamma_P$为正，$d\gamma_G$为负，所以当城市现代非公有制部门的劳动份额低于现代公有制部门时，总劳动份额将下降；当城市现代非公有制部门的劳动份额高于现代公有制部门时，总劳动份额将上升。从理论上讲，由于传统农业部门的劳动力主要转移到城市非公有制部门，在劳动力转移的早中期阶段，城市现代非公有制部门的劳动份额将趋于下降，所以这一阶段的总劳动份额总体上也趋于下降。当然，如果现代公有制部门的劳动份额趋于上升，将减缓总劳动份额的下降速度；反之，将提高总劳动份额的下降速度。所以，这一阶段的劳动份额变化方向并不明确，但由于非公有制部门的劳动份额低于公有制部门的劳动份额，所以这一阶段劳动份额总体上也表现出下降的趋势。

（三）第三阶段

随着双重转型进程的进一步深入，结构转型与体制转型速度开始放缓，对劳动份额影响变得越来越小，现代非公有制经济与公有制经济内部劳动份额的变化构成了总劳动份额变化的主要因素。假设各部门的比重和传统部门的劳动份额保持不变，对式（2.12）两边求导，我们有：

$$dS_L = \gamma_G d\alpha_G + \gamma_P d\alpha_P \tag{2.14}$$

上式的含义很简单：当双重转型趋于完成时，总劳动份额将由现代公有制部门与非公有制部门内劳动份额的变化所决定。特别地，如果非公有制部门劳动份额得到持续提升，由于其在总量中的比重较高，经济总劳动份额将呈现上升趋势。

需要注意的是，上述三个阶段的划分主要是基于其影响劳动份额变化的主要因素而言，在不同阶段，这些因素可能同时存在。我们在进行研究时，不但要关注不同阶段的阶段性因素影响，同时也要关注过渡阶段劳动份额由于各种因素作用的叠加所导致的劳动份额短期变化特征，特别的是当经济从第一阶段向第二阶段转变时，劳动份额由于结构因素和体制因素变化所产生重叠效应，将会导致劳动份额出现较大幅度的变化。

第三节　部门内劳动份额决定

除结构因素外，生产要素的相互替代性、技术进步和生产要素所有者谈判能力等因素都会对劳动份额构成影响。上节中通过一个两个产业三个部门经济模型，在假定部门内劳动份额不变的情况下，对处于双重转型经济的劳动份额动态演进特征进行了分析。在本节中，我们根据阿西莫格鲁（Acemoglu，2002）所提出的有偏技术进步思想，研究部门内劳动份额的决定问题。

一　有偏技术进步的含义

由于希克斯技术进步的分类很难模型化，经济学家通常使用另外两个技术进步定义，即哈罗德中性技术进步和索洛中性技术进步来刻画技术进步。

哈罗德中性技术进步又被称为劳动增强型技术进步，索洛中性技术进步又被称为资本增强型技术进步。由于经济中可能既存在资本增强型技术进步，又可能存在劳动增强型技术进步，即技术进步既提升了资本产出效率，又同时提高了劳动产出效率，所以总的效应需要分析。当资本产出效率的提升大于劳动产出效率的提升，阿西莫格鲁将它定义为资本偏向型技术进步。用公式表示，如果生产函数表示为 $F(K, L, A)$，K 和 L 分别代表资本和劳动，A 为技术水平，当：

$$\frac{\partial \frac{\partial F/\partial K}{\partial F/\partial L}}{\partial A} > 0 \tag{2.15}$$

即技术进步使得资本边际产品的增加大于劳动边际产品的增加，这种技术进步就被称为资本偏向型技术进步。劳动偏向型技术进步的概念正好相反，即如果技术进步使得劳动边际产品的增加大于资本边际产品的增加，技术进步就是劳动偏向型技术进步。

二　模型

引入有偏技术进步概念后，在新古典框架下很容易模型化劳动份额变化的决定机理。假定生产函数为常见的 CES 生产函数：

$$Y = \left[\gamma A_L L^{\frac{\sigma-1}{\sigma}} + (1-\gamma) A_K K^{\frac{\sigma-1}{\sigma}}\right]^{\frac{\sigma}{\sigma-1}} \tag{2.16}$$

式中，K 和 L 分别代表资本和劳动，A_L 和 A_K 分别是劳动增强型技术进步和资本增强型技术进步，$\gamma \in (0, 1)$ 为两种生产要素分配系数。σ 为资本和劳动的替代弹性，当 $\sigma = \infty$ 时，资本和劳动完全可替代，此时生产函数为线性生产函数；当 $\sigma = 1$ 时，生产函数变成常见的柯布—道格拉斯 C—D 生产函数；当 $\sigma = 0$ 时，资本与劳动之间完全不可替代，生产函数变成里昂惕夫生产函数。

根据式（2.16）的定义，在完全竞争的假定下，我们可以计算出两种生产要素的相对边际产品：

$$\frac{MP_K}{MP_L} = \frac{1-\gamma}{\gamma}\left(\frac{A_K}{A_L}\right)^{\frac{\sigma-1}{\sigma}}\left(\frac{K}{L}\right)^{-\frac{1}{\sigma}} \tag{2.17}$$

式中，MP_K 和 MP_L 分别是资本边际产品和劳动边际产品。从式（2.17）可以看出，技术进步是否呈现出有偏性，与资本和劳动增强型技术进步 A_L 和 A_K、资本劳动比以及要素替代弹性 σ 有关。

由于 KMP_K 和 LMP_L 分别是资本与劳动的分配所得，根据式（2.17），可以很方便地计算出要素相对份额：

$$\frac{KMP_K}{LMP_L} = \frac{\gamma}{1-\gamma}\left(\frac{A_K}{A_L}\right)^{\frac{\sigma-1}{\sigma}}\left(\frac{K}{L}\right)^{\frac{\sigma-1}{\sigma}} \tag{2.18}$$

观察式（2.18），经济的资本劳动相对分配份额由四个方面因素所决定：分配系数 γ、资本增强型技术进步与劳动增强型技术进步的相对速度、资本劳动比以及要素替代弹性 σ。

首先考虑 $\sigma = 1$ 情形，此时，生产函数变成 C—D 生产函数，要素相对分配份额为：

$$\frac{KMP_K}{LMP_L} = \frac{\gamma}{1-\gamma} \tag{2.19}$$

此时，要素分配份额由分配系数 γ 决定。在这里，γ 等于 C—D 生产函数的资本产出弹性，γ 越高，资本在总产出中的分配份额越高；γ 越低，劳动在总产出中的分配份额越高。

当 $1 > \sigma > 0$ 时，即两种生产要素之间的替代性不强时，要素相对分配份额变化与资本增强型技术进步与劳动增强型技术进步的相对速度、资本劳动比以及要素替代弹性 σ 有关。当资本增强型技术进步与劳动增强型技术进步相同时，或者既没有发生资本增强型技术进步，也没有发生劳动增强型技术进步时，模型退化成新古典基本收入分配模型，要素相对分配份额的变化方向与资本劳动比的变化方向相反。当经济的资本劳动比上升时，劳动分配份额上升，资本分配份额下降；反之，资本分配份额上升，劳动分配份额下降。如果资本与劳动增强型技术进步的相对速度发生变化，当资本增强型技术进步快于劳动增强型技术进步时，在资本劳动比保持不变的情况下，劳动分配份额将出现上升，资本分配份额将出现下降；反之，则资本分配份额出现上升，劳动分配份额出现下降。

当 $\sigma > 1$ 时，即生产要素之间的替代性较高时，情况正好相反。一方面，要素相对分配份额的变化方向与资本劳动比的变化方向相同，即随着资本劳动比上升，资本分配份额上升，劳动分配份额下降。另一方面，要素相对分配份额的变化方向与资本增强型技术进步和劳动增强型技术进步相对速度变化方向相同，当资本增强型技术进步快于劳动增强型技术进步时，资本分配配额上升，劳动分配份额下降；当劳动增强型技术进步快于资本增强型技术进步时，劳动分配份额上升，资本分配份额下降。由于资本劳动比会随着经济发展而逐步提高，不考虑技术进步因素，在 $\sigma > 1$ 的情况下，资本积累会造成资本分配份额上升，劳动分配份额下降。

事实上，如果技术进步是内生的，无论是资本收入分配份额，还是劳动收入分配份额持续上升或持续下降的情况都不会出现。因为当资本增强型技术进步快于劳动增强型技术进步时，由于式（2.17）表示的资本相对劳动的边际产品将下降，所以厂商会减少资本增强型技术进步的技术需求，同时增加劳动增强型技术进步的需求以阻止资本边际收益下降。就这个角度看，要保证经济在长期有一个稳定的增长率，技术进步总是劳动增强型的，并且资本劳动相对份额在长期将保持不变。但是，在经济增长的过渡过程中，出现阶段性要素相对份额变化是存在的，在生产要素替代性较差时，如果出现劳动收入分配份额下降的现象，一般来说，总是经济的劳动增强型技术进步比资本增强型技术进步更快。

按照阿西莫格鲁定义，从要素相对分配份额来考察，只要经济的资本分配份额相对上升、劳动分配份额相对下降，就表明发生了资本偏向型技术进步；当资本分配份额相对下降、劳动分配份额相对上升，就表明发生了劳动偏向型技术进步。但发生资本偏向型技术进步，并不表明一定是资本增强型技术进步快于劳动增强型技术进步，或者发生劳动偏向型技术进步就表明劳动增强型技术进步快于资本增强型技术进步。在国内，部分研究并没有很好对此做出区分。

导致概念上混淆的关键在于要素替代弹性。大量的经验研究表明，要素替代弹性通常小于1，转型经济的要素替代弹性则远小于1。戴维和克伦德特（David and Klundert，1965）通过 CES 生产函数对美国 1899—1960 年的数据进行估计，发现替代弹性小于1。克伦普等（2007）利用美国 1953—1998 年数据，采用标准化系统方法度量了美国的要素替代弹性，发现美国的劳动与资本替代弹性显著小于1。伊斯特利和费希尔（Easterly and Fischer，1994）估计了苏联的要素替代弹性，发现战后苏联的要素替代弹性远低于1。在国内，白重恩、钱震杰（2009）的一项研究发现，尽管工业部门的要素替代弹性较高，但我国总体经济的要素替代弹性小于1。戴天仕、徐现祥（2010）利用中国 1978—2005 年数据进行估计，结果发现要素替代弹性在 0.8 左右。雷钦礼（2012）使用了 1990—2010 年的数据对劳动与资本之间的要素替代弹性进行估计，发现替代弹性显著小于1。郝枫、盛卫燕（2014）利用了 1978—2011 年省级面板数据，估计出我国的要素替代弹性在 0.23—0.55 之间，远低于1。但是，张明海（2002）根据资本形成与生产性投资比例计算经济的资本存量，研究发现，中国的要素替代弹性大于1并在 1993 年之后出现明显上升。

经济总的替代弹性小于1，并不表明所有部门的替代弹性都小于1。白重恩等（2008）对 1998—2005 年期间中国工业部门的实证研究发现，我国工业部门要素替代弹性大致在1附近。陈凯、史红亮（2011）的研究发现，在钢铁行业，资本与劳动之间存在较强的替代性。由于采用的数据来源不同，样本时期存在差异，所以文献对中国要素替代弹性的估计结果差异较大。尽管如此，较为一致的观点是，我国经济总体上的要素替代弹性要小于1，但并不能排除一些行业或者部分所有制类型企业的要素替代弹性大于1的情况，特别是在工业，要素的替代弹性要高于经济整体上的替代弹性并且极有可能大于1。[①]

三 模型的扩展

除技术进步的有偏性外，产品市场的竞争程度、国际贸易和生产要素的谈判地位等因素，都对经济的要素相对分配份额构成影响。下面，我们对式（2.18）表示的要素分配相对份额基本决定模型进行扩展，讨论上述因素对要素分配相对份额及其变化的影响。

（一）产品市场竞争

市场结构因素是影响要素分配份额的一个重要因素（Bentolina and Saint Paul，2003）。如果市场不是完全竞争的，那么产品价格与产品生产的边际成本就有可能并不相等。一般来说，厂商通常使用所谓的成本加成定价方法，即：

$$P = uMC \tag{2.20}$$

式中，MC 为产品的边际成本，u 为加成份额。不考虑产品与劳动名义价格水平的差异，如果厂商将工资视为给定，式（2.18）可改写成：

$$\frac{uKMP_K}{LMP_L} = u \frac{\gamma}{1-\gamma} \left(\frac{A_K}{A_L}\right)^{\frac{\sigma-1}{\sigma}} \left(\frac{K}{L}\right)^{\frac{\sigma-1}{\sigma}} \tag{2.21}$$

式中，$uKMP_K$ 为总产品中资本以货币度量的收入部分，LMP_L 为以货币度量的劳动收入部分。不考虑价格差异和其他因素的变化，由于 $u > 1$，价格加成会导致资本分配份额上升和劳动分配份额下降，价格加成的比例越大，资本的分配份额就越高。

对于中国来说，一方面由所有制性质所决定，国有经济目前在大部分自然垄断行业比重很高，在基础设施行业也占据着很大的份额。而在国有企业大规模改革之前，在一般竞争行业也存在着大量国有企业。因此，从国有企业的市场结构变迁来看，其垄断程度在不断加大，进而国有经济的

---

① 文献对估计结果出现差异主要的原因在于将哪些投资纳入增长核算，如果仅仅考察生产性投资，通常会得到替代弹性大于 1 的结论。

劳动份额会因为垄断程度的不断加大而下降。另一方面由于技术和资本门槛，一般竞争行业也容易形成垄断竞争格局，进而导致资本分配份额上升和劳动分配份额下降在一些重化工行业中普遍存在着。

（二）劳资谈判地位的变化

在劳动经济学领域，通常用"有效讨价还价"模型研究劳资双方谈判地位变化对工资和劳动力雇佣数量的影响。根据布兰查（1997）、本托利纳和圣保罗（Bentolina and Saint Paul，2003），厂商和工会针对工资和雇佣人数进行谈判，并将雇佣人数确定在劳动力边际产出与保留工资相等的水平，名义工资是劳动力的平均产出和保留工资的加权平均，权重则取决于工人的谈判力量。由于工资高于劳动力的边际产出，所以工会的存在会导致工资对利润的侵蚀。

但是，劳动谈判地位的加强并不意味着劳动分配份额必然提高。因为当工资提高时，会发生资本对劳动的替代，当要素替代弹性较高时，工资的提高会导致厂商雇佣人数更大幅度的下降，使得总劳动份额出现下降。用式（2.18）模型解释，资本对劳动的替代相当于资本劳动比 K/L 的上升，在要素替代弹性大于 1 的情况下，资本相对分配份额将会提高，劳动相对分配份额将会下降。魏下海等（2014）利用 2010 年全国民营企业调查数据的经验研究发现，工会导致企业工资率和劳动生产率的显著提升，但由于后者的升幅更大，劳动收入份额会下降。针对子样本的分析进一步发现，工会对劳动收入份额的影响程度在不同要素密集型行业有着差异，劳动密集型行业的劳动收入份额影响较小，资本密集型行业的劳动收入份额影响较大。

在中国，更大可能发生的是由于资本谈判地位远远高于劳动造成的"利润侵蚀工资"现象。《中国企业竞争力报告（2007》（金碚，2007）指出，企业利润大幅增长除了企业竞争力提升之外，企业成本超常压缩也是盈利增长值得重视的原因。这不仅表现在非国有企业员工收入长期低于经济增长速度，而且表现在国有企业大量使用临时工等体制外员工上。因此，利润侵蚀工资的现象值得重视。郑志国（2008）的研究也发现，20世纪 90 年代中期以来，中国企业利润侵蚀工资问题日益突出，但不同行业和企业利润对工资的侵蚀程度存在差异，批发零售和餐饮住宿业的侵蚀程度最高，其次是工业和建筑业。

当存在利润侵蚀工资现象时，劳动份额的变化机制与工资侵蚀利润时完全不同。当存在工资侵蚀利润现象时，厂商可以用资本替代劳动；而当出现利润侵蚀工资现象时，理论上劳动者会通过暇余对工作的替代影响劳动力市场的供给，但在人均收入水平较低的情况下，暇余的效用远远低于通过工作获得收入的效用，劳动者暇余对工作的替代性较差。所以，在人均收入水平较低的情况下，利润侵蚀工资对劳动力供给的影响很小，这将导致劳动收入份额的下降和资本收入份额的上升会持续较长的时期。

（三）国际贸易和投资

传统国际贸易理论从结构变化角度解释劳动份额变化，认为通过国际贸易，各国将专业化生产其具有比较优势的产品，劳动力丰裕的发展中国家由于劳动密集型部门比重的上升，经济的资本劳动比将趋于下降，劳动收入份额将趋于上升，资本收入份额将趋于下降；与此相反，资本丰裕的发达国家，劳动收入份额将趋于下降，资本收入份额将趋于上升。但事实上，近几十年来经济全球化趋势的加强，不但是发达国家，发展中国家的劳动份额也趋于下降。对此，一个比较合理的解释是发展中国家并没有按照比较优势的原则进行国际贸易。

林毅夫等（2013）的研究发现，新中国成立以来，我国的经济发展并没有按照我国的要素禀赋优势进行生产，相反奉行了"重工业优先发展战略"。在这一战略的引导下，中国在参与国际分工时并没有选择具有比较优势的劳动密集型产业，而是优先发展了资本密集型产业，这将减少劳动力需求，进而降低均衡工资水平和劳动者收入。所以，国际贸易并没有使劳动较为丰裕的中国的劳动分配份额上升；相反，却出现了较大幅度的下降。林毅夫等的解释对于由各级政府所控制的国有企业来说，大致的情形可能如此，但中国的对外出口贸易，非公有制经济占据了绝大部分，特别是外商投资企业和我国港澳台商投资企业，其进出口额在进出口总额中的比重很高。所以，林毅夫等的理论很难解释非公有制经济的技术选择。

中国是发展中国家，劳动相对资本较为丰裕。相对资本密集型产业，劳动密集型产业的国际竞争优势更大，所以国际资本流入中国的主要原因是低劳动力成本。在后面研究中我们将看到，相对于国有企业，外商投资企业和港澳台商投资企业的人均资本并不高，同时在劳动密集型行业的比重也很高，这说明逆比较优势的技术选择主要发生在国有企业。

对于全球性劳动份额下降，一些经济学家从开放经济条件下资本与劳动谈判地位的变化进行解释（Harrison，2002；Lee and Jayadev，2005；

Guscina，2006；Jayadev，2007）。这些研究认为，由于国际贸易的扩张，发达国家的生产能力得到有效扩张，资本的谈判地位在全球化的过程中得到加强，恶化了劳动者的收入。从这个意义上说，现阶段国际贸易通过强化资本谈判地位来影响要素分配相对份额，较好地解释为什么资本丰裕的发达国家和劳动丰裕的发展中国家，其劳动份额都出现了下降。

第四节　资本体现型技术进步与生产要素分配

很多研究发现，资本偏向型技术进步是导致中国劳动份额下降的一个重要因素（如黄先海、徐圣，2009；王永进、盛丹，2010；傅晓霞、吴利学，2013），但很少有研究深入分析资本偏向型技术进步的形成机理。事实上，资本体现型技术进步作为支撑我国生产率改进的重要机制已经被很多研究所揭示（如李扬、殷剑峰，2005；林毅夫、任若恩，2007；唐文健、李琦，2008），但这一技术进步来源是否会对收入分配产生影响，目前尚没有此类研究。本节我们将对此做出尝试。

一　资本体现型技术进步

按照是否独立于资本积累，技术进步可以分为资本体现型技术进步和非资本体现型技术进步。所谓资本体现型技术进步，指技术进步是体现在投入要素的质量改进和效能提高上的技术进步，它的收益必须通过投资来获得。而非资本体现型技术进步则与之相反，它对产出的影响独立于资本积累。早在 50 多年前，索洛（Solow，1960）和乔根森（Jorgenson，1966）就曾对如何度量资本体现型技术进步及对经济增长的贡献进行过讨论，但囿于数据及统计方法的障碍，这一话题并没有持续下去。

进入 20 世纪 90 年代，一些美国学者发现，第二次世界大战以后美国的研发投入成倍增长，IT 技术及其产业迅速发展，资本品效率不断改进，设备相对于消费品的价格持续下降，真实设备投资占实际 GDP 的比例持续上升。然而，根据增长核算所获得的全要素生产率（TFP）数据却难以与这些直观的经验观察相统一，因而赫尔滕（Hulten，1992）、格林伍德等（Greenwood et al.，1997）认为，资本体现型技术进步对增长的作用被忽视了。赫科维茨和克鲁塞尔（Hercowitz and Krusell，1997）等研究了资本体现型技术进步对于美国经济增长的作用，他们发现，资本体现型技术进步是美国生产率长期变化的关键性因素。格林伍德等发现，经过质量调整的设备相对价格与设备投资占 GNP 比重存在负相关关系，通过一个包含资本体现型技术进步的增长核算框架，他们发现，约 60% 的美国战后生产率增长为资本体现型技术进步所贡献。

根据资本体现型技术进步的概念，由于技术进步是"体现"或者"物化"在资本品中，因而通过对具有更高技术水平资本品进行投资以及从技术领先国家进口资本品，就可以获得资本体现型技术进步的收益。索洛（1960）认为，不同年代的资本品具有不同技术水平，新的资本品总会比存量资本具有更高的生产率，从这点出发，索洛提出"年代资本"概念并强调资本积累在推动经济长期增长中的作用。在索洛之后，一些经济学家运用索洛提出的年代资本思想解释投资与增长的关系。本哈比和鲁斯蒂奇尼（Benhabib and Rustichini，1991）通过一个年代资本模型解释了投资的时间模式。库利等（Cooley et al.，1994）、巴伦特（Parente，2000）根据年代资本的思想讨论了投资对于经济增长的作用，指出由于新的年代资本品一般比经济的存量资本品具有更高的生产率，不断地投资于新的年代资本，投资增长的速度越高，生产率就越高。相反，如果资本存量的更新较慢，生产率的提高就较慢，所以投资率的高低决定了资本体现型技术进步速度甚至经济增长速度的高低。

资本积累作为产生资本体现型技术进步渠道主要体现在设备投资上。德朗和萨默斯（De Long and Summers，1991，1993）研究发现，设备投资与经济增长之间存在非常强的正相关关系。琼斯（Jones，1994）、坦普尔（Temple，1998）也发现设备投资对于发展中国家的经济增长非常重要。马德森（Madsen，2002）的研究则进一步发现，设备投资是经济增长的原因，而其他投资则是经济增长的结果。因此，部分文献将资本体现型技术进步称为投资专有技术进步，这一表达更加突出了设备投资对于获取这一类技术进步的作用。[1]

根据卡明斯和比奥兰特（Cummins and Violante，2002）的研究，包含资本体现型技术进步的增长核算框架具有如下的结构方程[2]：

$$C + I = Z \cdot F(K, L) \tag{2.22}$$

---

[1] 关于这两个概念在语义上的区别参阅赫科维茨（1998）。

[2] 对于包含资本体现技术进步的增长核算方法目前仍有一些争论，具体可参见格林伍德和克鲁塞尔（Greenwood and Krusell，2007）。

$$\dot{K} = qI - \delta K \tag{2.23}$$

式中，C 和 I 分别是以消费品作为度量单位的经济总消费与总投资，q 代表一个单位最终产出可以生产的以效率单位度量的新资本品数量，Z 是希克斯中性技术进步系数。K、L 为生产中所使用的资本与劳动，δ 为物理折旧率。其中，K 是以效率单位度量的，因此 qI 是最终产出中的 I 作为投资转化为以效率单位度量的资本品。在这里，q 的变化率 $\hat{q}$ 即为资本体现型技术进步率。

从上述变量的定义来看，包含资本体现型技术进步的增长核算方法与传统增长核算方法存在以下几个方面的区别：

第一，总产出度量上的区别。包含资本体现型技术进步的核算方法是以消费品作为度量单位的，其含义是投资以多少单位当期消费的牺牲作代价的。

第二，每期增加的资本流量核算的区别。包含资本体现型技术进步的增长核算方法考虑了资本品质量改进对资本服务流的影响，而传统核算方法则隐含着不同年代的单位资本品服务流相同的假定。

第三，折旧率的区别。包含资本体现型技术进步的增长核算框架使用的是物理折旧率，而传统增长核算使用的是经济折旧率。

一般来说，资本体现型技术进步速度 $\hat{q}$ 的估计通常使用基于价格的估计方法，在估计出 q 序列后获得。在要素自由流动和完全竞争假定下，通过一个两部门模型，很容易得到基于价格 q 的估计表达式。

$$P_t^k / P_t^c = 1 / q_t \tag{2.24}$$

式中，P_t^k 和 P_t^c 分别为资本品和消费品的价格，因此资本体现型技术进步率可以通过计算投资品相对消费品的价格下降速度来获得。但是，式（2.24）表示的资本品价格并不是交易价格，而是所谓的质量调整价格，即将资本品按照效率单位进行调整后的价格。在正常情况下，官方的投资品价格指数的质量调整是不完全的，基于官方数据通常会低估资本体现型技术进步，所以应该使用质量调整价格指数。

在得到 q 序列后，通过以下方法，可以将经济增长分解为劳动与资本数量增长的贡献、中性技术进步的贡献和资本品质量改进的贡献。首先，利用估计出的 q 序列，根据式（2.23）估计考虑质量改进的资本存量，然后通过式（2.25）估计出中性技术进步的贡献 ΔZ_t。

$$\Delta Y_t = (1-\alpha) \Delta L_t + \alpha\Delta K_t + \Delta Z_t \tag{2.25}$$

式中，ΔY_t 是用消费品度量的总产出的增量，α 为资本产出弹性，L_t 为劳动投入，K_t 是以消费品度量的考虑质量改进的资本存量，Z_t 为经济的中性技术进步系数。

在得到 ΔZ_t 估计结果后，接下来利用式（2.26）分别估计劳动与资本数量的增长和资本质量改进对经济增长的贡献：

$$\Delta Y_t = (1-\alpha) \Delta Y_t + \alpha\Delta \tilde{K}_t + \alpha\Delta Q_t + \Delta Z_t \tag{2.26}$$

$\tilde{K}_t$ 为不考虑资本质量改进的资本存量，因而 $\Delta \tilde{K}_t$ 反映的是资本数量的变化。Q_t 为资本品平均质量，定义为考虑资本质量改进与不考虑资本质量改进的资本存量之比，$Q_t = K_t / \tilde{K}_t$。从式（2.26）可以看出，即使 $\Delta Z_t = 0$，全要素生产率没有增长，但只要存在资本质量的改进，总产出仍会增加，$\alpha\Delta Q_t$ 为资本体现型技术进步对产出增量的贡献。它与两个因素相关：一是资本的产出弹性 α，产出弹性越高，资本体现型技术进步的贡献越大；二是资本品质量改进的大小 ΔQ_t，质量改进越大，对产出的贡献越大。

二　资本体现型技术进步性质

直觉上看，资本体现型技术进步具有增强资本效率和提高要素替代弹性两方面的效应。根据式（2.23），如果不考虑折旧，以资本服务流表示的资本积累可以由式（2.27）表示：

$$\dot{K} = qI \tag{2.27}$$

上式在增长因素分析框架中是资本积累方程，但从内生技术进步的角度，它又是一个技术进步的内生决定方程。理解这一点非常简单。考虑一个两部门经济，部门 A 生产中间投入，部门 B 生产最终产品，两部门都使用最终产品作为中间投入，但部门 B 在使用最终产品作为中间投入的同时，还使用了部门 A 的产品。对于部门 A 来说，其生产函数如式（2.27）所示，最终产品中 I 被用作该部门的投入，一个单位的 I 可以生产出 q 个 B 部门使用的中间产品。如果假定 q 不变且 $q>1$，即该部门的边际产出并不因 I 的增加而递减，上述的两部门模型就变成一个简单的类似于罗默（1986）基本思路的内生经济增长模型。

不考虑 A_K 和 A_L，对式（2.18）求导，我们有：

$$d\frac{KMP_K}{LMP_L} = \frac{\sigma-1}{\sigma}\frac{\gamma}{1-\gamma}d\left(\frac{K}{L}\right)^{-\frac{1}{\sigma}} \tag{2.28}$$

为简便起见，假定每期投资的固定资产在当期全部折旧，即本期的资本存量都由上期的投资而得，同时劳动力没有增长，则 $dK = qI$，将式 (2.27) 代入，可以得到：

$$d\frac{KMP_K}{LMP_L} = \frac{\sigma-1}{\sigma}\frac{\gamma}{1-\gamma}\frac{I}{L}^{-\frac{1}{\sigma}}dq^{-\frac{1}{\sigma}} \tag{2.29}$$

式 (2.29) 中，I 为以货币度量的资本的存量，它等价于无资本体现型技术进步时的资本存量。式 (2.29) 与式 (2.28) 相比，要素相对份额的变化不但由资本劳动比的变化所决定，资本体现型技术进步 q 速度的变化也将影响要素相对份额。

如果不考虑资本劳动比的变化，对式 (2.18) 求导，可以得到资本增强型技术进步相对劳动增强型技术进步速度差异的变化对要素相对分配份额的影响：

$$d\frac{KMP_K}{LMP_L} = \frac{\sigma-1}{\sigma}\frac{\gamma}{1-\gamma}\frac{K}{L}\left(\frac{K}{L}\right)^{-\frac{1}{\sigma}}d\left(\frac{A_K}{A_L}\right)^{-\frac{1}{\sigma}} \tag{2.30}$$

对比式 (2.30) 和式 (2.29)，不考虑资本劳动比减少的情况，资本体现型技术进步 q 对要素相对分配份额的影响，就方向上而言，与资本增强型技术进步等价，即如果经济的要素替代弹性小于 1 时，资本体现技术进步将趋于降低经济的资本分配份额并同时提高经济的劳动分配份额；当替代弹性大于 1 时，将提高经济的资本分配份额并同时降低经济的劳动分配份额。按照阿西莫格鲁的定义，当替代弹性小于 1 时，资本体现型技术进步表现为劳动偏向型技术进步；当替代弹性大于 1 时，表现为资本偏向型技术进步。

在另一方面，资本体现型技术进步又具有提高经济的要素边际替代弹性的作用。即使不考虑质量改进即资本产出效率的提升，由于资本品相对价格较低，会刺激厂商更多地使用资本来替代劳动。这种替代与不存资本体现型技术进步条件下单纯由资本与劳动相对价格变化所导致的生产要素替代不同，后一种情况下资本的价格是由资本的租金价格即利率来决定，而前者却由资本的相对价格来决定。因此，当发生了资本体现型技术进步，厂商使用资本对劳动的替代要比没有资本体现型技术进步时厂商因劳动力价格提升而使用资本替代劳动的幅度大得多。

三 要素相对分配份额及其变化

(一) 劳动份额水平决定

由于资本体现型技术进步等价于资本增强型技术进步,不考虑其他来源的资本增强型技术进步和劳动增强型技术进步,在存在资本体现型技术进步的情况下,要素相对份额为:

$$\frac{KMP_K}{LMP_L} = \frac{\gamma}{1-\gamma}\frac{1}{q}^{-\frac{\sigma-1}{\sigma}}\frac{K}{L}^{\frac{\sigma-1}{\sigma}} \tag{2.31}$$

观察式 (2.31),当存在资本体现型技术进步时,要素相对分配份额与分配系数、资本品价格水平、资本劳动比和要素替代弹性有关。

当 $\sigma > 1$ 时,$1 > (\sigma-1)/\sigma > 0$,资本分配份额与资本劳动比 K/L 呈正向关系,资本劳动比越高,资本分配份额越高、劳动分配份额越低;与资本品相对价格 $1/q$ 呈反向关系,即资本品相对价格越高,资本分配份额越低,劳动分配份额越高。当 $\sigma < 1$ 时,劳动份额与资本劳动比和资本品相对价格的关系正好相反,即资本劳动比越高,劳动份额越高;资本品相对价格越高,劳动份额越低。

(二) 劳动份额变化方向决定

根据前面的讨论,替代弹性是影响要素相对分配份额变化的一个关键性因素。从要素替代弹性定义看,它衡量的是由要素相对价格变化所引起的要素使用比例的变化程度,说明的是生产要素的相互替代性。如果一种生产要素相对价格的提升导致了其他生产要素对该生产要素更大幅度的替代,表明生产要素的相互替代较好,替代弹性大于 1;反之,则替代弹性小于 1。

对式 (2.31) 求导,可以得到在资本劳动比、资本体现型技术进步发生变化时的要素相对分配份额变化:

$$d\frac{KMP_K}{LMP_L} = \frac{\sigma-1}{\sigma}\frac{\gamma}{1-\gamma}q^{\frac{\sigma-1}{\sigma}}\frac{K}{L}^{-\frac{1}{\sigma}}d\left(\frac{K}{L}\right) \tag{2.32}$$

$$d\frac{KMP_K}{LMP_L} = \frac{\sigma-1}{\sigma}\frac{\gamma}{1-\gamma}q^{-\frac{1}{\sigma}}\frac{K}{L}^{\frac{\sigma-1}{\sigma}}dq \tag{2.33}$$

观察式 (2.32) 和式 (2.33),当资本劳动比和资本品相对价格 (倒数) 变化时,要素替代弹性决定着要素相对分配份额的变化方向。当 $\sigma > 1$ 时,资本劳动比的增加将会在提高资本分配份额的同时降低劳动分配份额;同时,体现型技术进步速度的提高也将会在提高资本分配份额的同时降低劳动分配份额。当 $\sigma < 1$ 时，情况正好相反，即资本劳动比的增加会在降低资本分配份额的同时提高劳动分配份额；体现型技术进步的加快也将在降低资本分配份额的同时提高劳动分配份额。

上面分析假定了一个常系数的要素替代弹性，而事实上要素替代弹性并不是一个恒定的常数。早在 1968 年，萨托和霍夫曼（Sato and Hoffman，1968）就提出了可变要素替代弹性生产函数（VES）的概念，德·拉·格兰德维尔（De La Grandville，1989）证明了经济增长与要素替代弹性之间的正向关系，即要素替代弹性越高，人均资本的增长速度越快，人均收入的增长也越快。马利克（Mallick，2012）对 90 个国家和地区的要素替代弹性进行了估计并实证检验要素替代弹性与人均收入的关系，发现要素替代弹性的差异解释了 30% 的东亚地区与非洲萨哈拉地区的增长差异。马利克的研究为要素替代弹性存在广泛差异提供了证据，同时其结论的一个引申含义是，要素替代弹性可能会与经济发展呈现负相关关系，即人均收入水平越高，要素替代弹性越低；人均收入越低，要素替代弹性越高。

假定要素替代弹性可变的情况下，要素替代弹性变化对要素分配相对份额的影响可以通过对式（2.18）进行求导后获得。对式（2.18）进行求导并将式（2.27）代入，我们有：

$$d\frac{KMP_K}{LMP_L} = -\frac{1}{\sigma^2}\Big[\frac{\gamma}{1-\gamma}\Big(\frac{qI}{L}\Big)^{\frac{\sigma-1}{\sigma}} + \frac{\gamma}{1-\gamma}\Big(\frac{\sigma-1}{\sigma}\Big)^2\Big(\frac{qI}{L}\Big)^{-\frac{1}{\sigma}}\Big]d\sigma \qquad (2.34)$$

很明显看出，由于 $-1/\sigma^2$ 项，要素相对份额的变化与替代弹性的变化呈现相反关系。当要素替代弹性增加时，资本分配份额下降、劳动分配份额上升；当要素替代弹性减小时，资本分配份额上升，劳动分配份额下降。要素相对分配份额的下降幅度与替代弹性的大小有关，替代弹性越高，下降或上升的幅度越小；替代弹性越低，下降或上升的幅度越大。但是，由于式（2.34）相比式（2.33）多了一个 $1/\sigma^2$ 项，当 $\sigma > 1$ 时，$1/\sigma^2 < 1/\sigma < 1$，所以要素替代弹性对要素相对份额影响，要小于资本体现型技术进步和资本劳动比变化的影响。因此，只要 $\sigma > 1$ 时，劳动份额将会下降，并且 σ 越大，下降的速度就越快。

由于要素相对分配份额受到要素替代弹性、资本劳动比和资本体现型技术进步速度的影响，因此要素相对分配份额的变化可以由式（2.35）表示：

$$d\frac{KMP_K}{LMP_L} = dfs_K + dfs_\sigma + dfs_q \qquad (2.35)$$

式中，dfs_K、dfs_σ 和 dfs_q 分别表示资本劳动比、要素替代弹性和资本体现型技术进步变化对要素相对份额的影响。

如果要素替代弹性小于 1，根据前面的讨论，dfs_K、dfs_σ 和 dfs_q 均为负，经济的劳动份额将趋于上升。如果替代弹性大于 1，dfs_q、dfs_K 为负，dfs_σ 为正，要素相对分配份额的变化由 dfs_q、dfs_K 和 dfs_σ 比较来决定。由于替代弹性对要素相对份额影响总是小于资本体现型技术和资本劳动比变化的影响，$dfs_q + dfs_K + dfs_\sigma > 0$ 成立，即资本分配份额将上升，劳动分配份额将下降。

第五节　本章小结

本章提出了一个理论分析框架用于研究我国劳动份额及其变化的机理。通过建立一个两个产业三个部门经济模型，我们将劳动份额的变化划分成三阶段，即结构转型作为引致劳动份额变化的主要原因的第一阶段，体制转型作为引致劳动份额变化主要原因的第二阶段和劳动份额主要由部门内劳动份额变化所决定的第三阶段。三个阶段中，劳动份额的变化会呈现不同的阶段性特征：

第一阶段，劳动份额由于第一产业比重的迅速下降而出现下降；

第二阶段，劳动份额由于非公有制经济比重的迅速上升而出现阶段性下降；

第三阶段，劳动份额将由部门内劳动份额变化所决定，技术进步的偏向性、市场结构、国际贸易和投资以及劳资谈判地位的变化，都将会对劳动份额产生影响。

根据上述分析框架，在双重转型过程中，劳动份额的变化从总体趋势上看是下降的，但不排除由于结构和体制以及其他因素的短期变化导致劳动份额的短暂上升以及各种因素叠加而引致的下降速度突然加大的现象。

通过一个包含有偏技术进步的部门内要素相对份额决定模型，我们研究了资本产出比、资本增强型技术进步与劳动增强型技术进步、要素替代弹性等因素对劳动份额变化的影响；同时，将产品市场结构、国际贸易和投资、劳资谈判地位的变化纳入基本决定模型，考察这些因素对劳动份额的影响。模型所预测的劳动份额变化方向并不确定，既取决于经济结构、体制制度等转型因素，也取决于经济发展、技术进步等经济因素。这意味着在第三阶段，劳动份额的变化将比第一阶段和第二阶段更为复杂，需要深入分析其影响机理。

从我国经济增长的实际情况来看，投资与因投资而产生的资本体现型技术进步，对于改革开放以来我国经济长期保持高速增长具有较强的解释力。因此，我们将资本体现型技术进步引入分析框架，通过一个包含资本体现型技术进步的理论模型，分析了存在资本体现型技术进步条件下劳动份额及其变化的决定问题。结果表明，在经济的技术进步主要表现为资本体现型技术进步时，由于要素替代弹性较大，资本体现型技术进步、资本劳动比的上升以及要求替代弹性的变化，会导致劳动份额出现下降。

从第三章开始，我们将运用上述分析框架对江苏劳动份额变化及成因进行研究。第三章和第四章对江苏劳动份额进行重新估计并进行横向比较分析。第五章分析结构转型的影响，重点是把握结构变化多大程度影响江苏劳动份额的变化，当前江苏劳动份额的变化处于什么样的阶段。第六章分析体制转型对劳动份额的影响，重点了解由于体制转型所导致的所有制结构调整，在多大程度上影响了江苏的劳动份额，不同所有制经济对劳动份额的影响有着什么样的特点和区别。第七章将根据本章提出理论模型，针对江苏经济增长的特点和技术进步产生的可能渠道和途径，分析技术进步等因素对劳动份额的影响及机理。

第三章 江苏劳动份额再估计

本章将对 1993—2012 年期间江苏劳动份额进行重新估计。就江苏而言，尽管统计部门已经公布这一时期历年劳动者报酬数据及占地区生产总值份额，但基于第一章的讨论以及文献所发现的数据质量问题，对原始数据进行更为深入的分析并在此基础上重新估计劳动份额，仍然非常必要。

第一节　数据质量

由于我国采用 SNA 进行国民经济核算的历史不长，数据质量问题一直为各方所诟病。很多研究发现，在各级统计部门正式公布的各种统计资料中，存在很多数据质量问题。[①] 就劳动者报酬来说，白重恩、钱震杰（2009）曾经讨论了现行的资金流量表核算方案对非经济普查年份劳动者报酬核算的影响，贾康等（2010）也指出了省级 GDP 核算中对增加值可能存在的重复计算问题。李琦（2012）发现了分省收入法 GDP 核算历史资料统计口径的混乱问题。下面将对本书所使用的主要数据来源的数据质量进行分析。

一　《中国国内生产总值核算历史资料（1952—2004）》中的数据

《中国国内生产总值核算历史资料（1952—2004）》（国家统计局国民经济核算司，2007）是文献中研究全国及地区劳动份额所依据的主要数据来源。我们在估计江苏 1993—2004 年期间劳动份额，也主要依据这一数据。白重恩、钱震杰（2009）研究发现，根据《中国国内生产总值核算历史资料（1952—2004）》〔以下简称《历史资料（1952—2004）》〕分

---

① 相关的综述参见金勇进、陶然（2010）。

省收入法 GDP 计算全国劳动份额，劳动者报酬占 GDP 的份额在 2004 年出现了骤降，由 2003 年的 0.46 下降到 2004 年的 0.42，1995—2004 年劳动者报酬占 GDP 份额减幅的一多半。他们指出，2004 年是经济普查年份，劳动者报酬的统计口径较非普查年份发生变化，个体工商户收入被作为营业盈余而不是劳动者报酬处理，国营和集体农场的营业盈余也不再单独核算，这导致经济普查年份与非经济普查年份劳动者报酬统计口径上的不一致，进而使 2004 年当年按劳动者报酬占 GDP 比重计算的劳动份额，较上年出现锐降。

但是，他们的看法并不全面。我们发现，《历史资料（1952—2004）》的口径问题不仅存在于 2004 年当年的数据，部分省份 2004 年之前的数据实际上已经按照第一次经济普查的劳动者报酬统计口径进行了回溯调整。表 3-1 中我们给出了吉林和河南两省根据不同数据来源计算的 1999—2004 年期间劳动者报酬占 GDP 比重的计算结果。其中，（1）为我们根据《历史资料（1952—2004）》数据计算的劳动者报酬占 GDP 比重，（2）为根据《中国国内生产总值核算历史资料（1995—2002）》〔以下简称《历史资料（1995—2002）》〕数据计算的结果。

我们首先观察吉林省的计算结果。根据《历史资料（1952—2004）》数据计算的 1999—2002 年期间的劳动者报酬占 GDP 比重，与根据《历史资料（1995—2002）》数据的计算结果非常接近，2000 年和 2001 年两年则完全一致。继续观察根据《历史资料（1952—2004）》数据计算的 2003—2004 年期间的劳动者报酬占 GDP 比重，2003 年与 2002 年相同，而 2004 年相比 2003 年，数据如白重恩、钱震杰（2009）的发现一样，出现了骤降。

再来观察河南省计算结果。河南省依据《历史资料（1952—2004）》数据计算的 1999—2002 年期间劳动者报酬占 GDP 比重，明显低于根据《历史资料 1995—2002》数据的计算结果，而 2004 年相比 2003 年，并没有出现骤降，相反却略有上升。我们知道，《历史资料（1952—2004）》中 2004 年之前的劳动者报酬统计口径，应该与《历史资料（1995—2002）》中劳动者报酬的统计口径基本一致，所以，河南省 2004 年的计算结果，应该与吉林省一样出现骤降，但事实上并非如此。对此，唯一可能的解释是，河南的劳动者报酬已经根据 2004 年的劳动者报酬的统计口径进行了回溯调整，而吉林省的数据仅在 2004 年进行了调整，在 2004 年之前并没有进行类似的回溯调整。

表 3 - 1　　　　　　1999—2004 年吉林、河南劳动者报酬占 GDP 比重

年份	吉林		河南	
	(1)	(2)	(1)	(2)
1999	0.616	0.619	0.608	0.513
2000	0.598	0.598	0.604	0.495
2001	0.662	0.662	0.615	0.489
2002	0.650	0.651	0.604	0.469
2003		0.651		0.436
2004		0.452		0.448

资料来源：（1）笔者根据《历史资料（1952—2004）》数据计算的劳动者报酬占 GDP 比重；（2）根据《历史资料（1995—2002）》数据计算的结果。

用多种数据来源对所有省份数据进行了对比分析，其结果令人吃惊。我们发现，像河南省那样对劳动者报酬的历史数据根据 2004 年的劳动者报酬统计口径进行回溯调整的省份有 19 个，其余省份或者对第三产业数据进行回溯调整，或者仅对 2004 年数据进行调整。所以，使用这一资料来源估算劳动份额，如果只对 2004 年的数据进行处理，而不对 2004 年之前的数据进行处理，估计结果会有较大偏差并影响实证分析结论。显然，白重恩、钱震杰（2009）将 1995—2004 年期间劳动份额下降的原因，主要归结为统计口径变化的结论需要进一步考察。同时，很多借鉴白重恩、钱震杰方法估计劳动份额并进行计量分析的研究，其结论可能存在较大问题。

二　江苏数据

图 3 - 1 给出 1993—2010 年期间江苏与全国劳动者报酬占 GDP 比重。在这张图中，全国数据根据《历史资料（1952—2004）》和 2005 年之后《中国统计年鉴》中分省收入法 GDP 核算资料计算，为劳动者报酬报告数占 GDP 比重，江苏数据取自《江苏统计年鉴》（2013）。

对比全国数据计算结果，我们发现江苏劳动者报酬占 GDP 比重明显存在以下三个方面的异常：第一，劳动者报酬占 GDP 份额较低。平均而言，江苏劳动者报酬占 GDP 比重比全国数据低近 4 个百分点。特别是

1993—2003 年和 2005—2010 年两个阶段，差异比较明显，部分年份接近
6 个百分点。是什么原因导致了上述差异，需要深入地进行研究。第二，
2003—2010 年，江苏劳动者报酬占 GDP 份额波动明显大于全国数据，
2005 年与 2007 年两年的指标变化尤其明显。我们看到，2004 年相比 2003
年数据出现了大幅下降，这可以用当年劳动者报酬的统计口径出现变化来
说明。然而，口径重新调整后，江苏 2005 年的劳动者报酬占 GDP 的比重
并没有像全国数据那样出现骤升。同时，2007 年数据相比 2006 出现大幅
下降，与同期的全国数据形成了较大背离。这提示我们，这一期间的江苏
劳动者报酬数据同样可能存在数据质量问题。

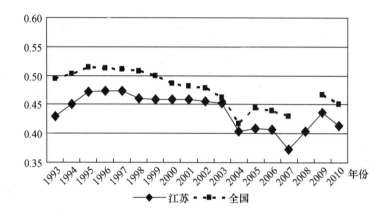

图 3 - 1 1993—2010 年江苏与全国劳动者报酬占 GDP 比重

资料来源：笔者根据《历史资料（1952—2004）》、相关年份的《中国统计年鉴》和《江苏
统计年鉴》（2013）计算。

（一）1993—2004 年数据

鉴于前述《历史资料（1952—2004）》存在数据质量问题，我们重新
分析了《历史资料（1952—2004）》中江苏省 1993—2004 年的收入法
GDP 核算数据，发现江苏 1993—2004 年的收入法 GDP 核算数据，同样存
在较为严重的数据质量问题。

表 3 - 2 是根据《江苏统计年鉴》（2004）和《历史资料（1952—
2004）》数据计算的 2003 年和 2004 年两年的江苏劳动者报酬占 GDP 比重
和三次产业的劳动者报酬占增加值比重。其中，2003 年（1）根据《江苏
统计年鉴》（2004）报告的数据计算，2003 年（2）和 2004 年数据根据

《历史资料（1952—2004）》报告的数据计算。

表 3 - 2　　　　　2003—2004 年江苏劳动者报酬占 GDP 比重

年份	合计	第一产业	第二产业	第三产业
2003（1）	0.489	0.857	0.457	0.448
2003（2）	0.452	0.864	0.457	0.340
2004	0.404	0.884	0.368	0.335

　　资料来源：2003 年（1）根据《江苏统计年鉴》（2004）数据计算；2003 年（2）和 2004 年根据《历史资料（1952—2004）》计算。

　　观察表 3 - 2 我们发现，根据《历史资料（1952—2004）》计算的 2004 年江苏劳动者报酬占 GDP 比重，相比 2003 年出现了明显的下降，下降幅度达到 4.8 个百分点。如前所述，这可以用当年劳动者报酬的统计口径发生变化来解释。但 2004 年第二产业劳动者报酬占增加值的比重相比 2003 年下降了 8.9 个百分点，而当年第三产业劳动者报酬占增加值比重相比 2003 年仅下降 0.5 个百分点，却令人费解。

　　由表 3 - 2 按照《江苏统计年鉴》（2004）公布的数据计算，2003 年第二产业劳动者报酬占增加值比重为 0.457，与根据《历史资料（1952—2004）》计算的 2003 年劳动者报酬占增加值的比重相同。但第三产业劳动者报酬占增加值比重，《江苏统计年鉴》（2004）的计算结果为 0.448，而根据《历史资料（1952—2004）》计算的结果则较前者减少了 11.8 个百分点。相比第二产业，两个数据来源第三产业计算结果如此大的差距显然不能由历史数据的调整来说明。理论上讲，第三产业的个体经营户数量及其创造的增加值远远高于第二产业，如果将个体业主的收入归并到营业盈余处理，第三产业的劳动者报酬占增加值比重，其下降幅度要远远高于第二产业。对此唯一可能的解释是，《历史资料（1952—2004）》中 2003 年第三产业劳动者报酬数据，使用了与 2004 年相同的统计口径。通过比较我们进一步发现，不仅是 2003 年数据，2003 年之前的数据中，第三产业的劳动者报酬数据存在着同样的问题，即劳动者报酬数据按照 2004 年统计口径进行了回溯调整，这意味着官方统计资料关于 2004 年及之前的劳动者报酬统计数据存在严重低估。[①]

（二）2005—2007 年数据

2005—2007 年是非经济普查年份，根据国家统计局非经济普查年度劳动者报酬统计口径，个体经营户的收入被重新纳入劳动者报酬核算。所以，2005—2007 年的劳动者报酬占 GDP 比重，在理论上相比 2004 年应该有一个明显的上升，但江苏公布的劳动者报酬占 GDP 的比重却仅上升 0.5 个百分点。

三次产业中，尽管第三产业劳动者报酬占增加值比重较 2004 年有所上升，但上升的幅度与第三产业 2004 年相比 2003 年（1）超过 10 个百分点的变化来讲，尚不到一半。通过进一步考察产业内各个行业劳动者报酬占增加值比重的变化情况，我们发现，2005—2007 年，个体就业比例较高的行业，其劳动者报酬占 GDP 的比重并未得到大幅度提高。以交通运输、仓储和邮政业为例，计算结果表明，2005—2007 年该行业的劳动者报酬占行业增加值比重仅比 2004 年略高，远远低于没有口径问题 2003 年的计算结果（见表 3-3）。

表 3-3　　　　　　　2003—2007 年江苏交通运输、仓储和
邮政业劳动者报酬占增加值比重

年份	2003	2004	2005	2006	2007
交通运输、仓储和邮政业	0.436	0.231	0.266	0.287	0.289

资料来源：2004 年数据根据《历史资料（1952—2004）》计算，其他年度根据相关年份的《江苏统计年鉴》计算。

由表 3-3 可知，根据《历史资料（1952—2004）》计算的 2004 年交通运输、仓储和邮政业劳动者报酬占增加值的比重仅为 0.231，这比根据《江苏统计年鉴》（2004）计算的该行业 2003 年劳动者报酬占增

---

① 我们无法理解出现这种现象的原因，唯一能够解释的是，我国的第三产业统计调查工作相当滞后，经济普查发现常规年度统计存在对第三产业的大量漏统现象。在这种情况下，第三产业增加值及其构成的修订工作可能不同于常规统计相对全面的第二产业，统计部门可能根据 2004 年行业数据与收入法构成数据重新构建了 1993—2003 年第三产业增加值及其构成数据。由于 2004 年劳动者报酬的统计口径发生变化，据此推算的数据显然会导致 1993—2003 年劳动者报酬数据被错误推算。后面我们还将发现，这种口径变化和推算方法又导致 2005—2007 年劳动者报酬数据出现异常。

加值比重低 20 个百分点以上。而根据《江苏统计年鉴》（2006）计算的 2005 年该行业劳动者报酬占增加值比重，仅比 2004 年高 3.5 个百分点，为 2003—2004 年降幅的 1/3。后面我们将发现，这种上升与 2005年个体经济规模的较快扩张有关。分析其他行业的劳动者报酬占增加值比重，我们发现这种现象在个体就业比重较高的行业，如住宿和餐饮业中同样存在着。

通过查阅国家统计局非普查年份 GDP 核算方案发现，非经济普查年份各行业个体经济收入法增加值核算，一般是依据其他来源的统计资料先推算出该行业的增加值，然后按照经济普查年度该行业收入法四项构成比例，推算出该行业收入法四项构成数据（国家统计局国民经济核算司，2008）。由于 2004 年个体经济的劳动者报酬在核算中并未包含所有者收入即个体经营户的营业盈余，其劳动者报酬占增加值比重实质上是个体经济雇员报酬占增加值比重。根据这样的收入法构成数据推算非普查年度某行业个体经营户劳动者报酬，实际上推算的是个体经济的雇员报酬。因此，个体比重较高的行业，其劳动者报酬占增加值的比重就低。

（三）2008—2010 年数据

2008 年是经济普查年度，按照国家统计局第二次经济普查年度 GDP核算方案，个体经营户的收入被重新纳入劳动者报酬进行核算。由于2005—2007 年期间的劳动者报酬实际上推算的是个体经济的雇员报酬，所以新的核算口径应该会导致劳动者报酬占 GDP 比重出现较大幅度的上升。观察图 3-1 发现，劳动者报酬占 GDP 比重确实出现了大幅度的上升。其中，第二产业劳动者报酬占增加值比重扭转了 2005—2007 年逐年下降的趋势，相比 2007 年提高了 4 个百分点。第三产业劳动者报酬占增加值比重相比 2007 年也有所提高，上升幅度达 2.5 个百分点。

表 3-4 给出 2007 年和 2008 年第三产业部分行业的计算结果，数据来自相关年份的《江苏统计年鉴》。计算结果证实了上述猜测。我们发现，个体经营户比较多的行业，其劳动者报酬占增加值比重相比 2007 年均出现大幅度提升，其中，交通运输、仓储和邮政业、住宿和餐饮业、居民服务和其他服务业，劳动者报酬占增加值比重分别较上年提高了 0.201个、0.202 个和 0.234 个百分点，这样的升幅与表 3-3 所示的交通运输、仓储和邮政业 2004 年相比 2003 年 0.205 个百分点的降幅非常接近。这证实了经济普查年份的 2008 年，对于个体经济劳动者报酬的处理不再采用

2004 年第一次经济普查的口径，而是与常规年份相衔接，将个体经营户的营业盈余统一作为劳动者报酬来处理。

表 3 - 4　　　　2007—2008 年江苏部分行业劳动者报酬占 GDP 比重

2007 年			2008 年		
交通运输、仓储和邮政业	住宿和餐饮业	居民服务和其他服务业	交通运输、仓储和邮政业	住宿和餐饮业	居民服务和其他服务业
0.289	0.510	0.388	0.499	0.712	0.622

资料来源：根据相关年份的《江苏统计年鉴》计算。

与第一次经济普查不同的是，第二次经济普查年份的个体经营户核算采用了推算方法。具体而言，除工业个体经营户外，其他行业的个体经营户核算，对"有税务证"和"无税务证"两类个体经营户区别对待，分别计算。与第一次经济普查根据个体经营户财务资料估算增加值及结构构成相比，第二次经济普查对于个体经营户财务数据的推算方法尽管存在误差，但避免了增加值缩减问题。① 同时，劳动者报酬口径与常规年份保持一致，有利于后续的常规年度的个体经营户劳动者报酬推算。因此我们认为，2008 年及之后的劳动者报酬数据，其数据质量有了较大改善，至少并不存在之前所出现的统计口径问题。

根据上述讨论，我们将发现的数据质量问题进行简单总结。我们的发现是：第一，1993—2003 年，《历史资料（1952—2004）》报告的江苏省分行业收入法 GDP 核算历史资料，第三产业的劳动者报酬仅包含雇员报酬，个体经营户营业盈余并没有统计到劳动者报酬中。第二，2004 年数据除第一产业外，第二产业和第三产业的个体经营户的营业盈余也未纳入劳动者报酬统计，劳动者报酬仅包含雇员报酬。第三，由于推算方法问题，2005—2007 年间劳动者报酬、第二产业和第三产业的个体经营户营业盈余，实质上也未纳入劳动者报酬统计，劳动者报酬也与 2004 年一样，仅包含雇员报酬。

---

① 根据全部个体经营户财务数据计算的增加值其数字异常的高，所以一般认为，国家统计局对相关数据进行了缩减，具体参见白重恩、钱震杰（2009）。

第二节　劳动者报酬数据调整

基于上节的分析，由于数据质量问题较为严重，劳动者报酬数据只有经过相应的调整，才能得到正确估计；同时，由于我国劳动者报酬包括了自雇者即农户和个体经营户的全部收入，所以还要区分自雇者收入中的劳动收入和资本收入，并将资本收入从自雇者全部收入中剥离出来，这样才能真正反映初次收入分配总体情况并能够在一定程度进行同口径国际比较。

一　数据处理方法

（一）1993—2003 年数据

根据上节的讨论，《历史资料（1952—2004）》中公布的江苏1993—2003 年第三产业劳动者报酬数据很有可能仅仅是雇员报酬。所以，处理1993—2003 年期间数据，需要先将第三产业个体经营户的营业盈余估算出来，然后加到劳动者报酬之中。由于缺乏详细的统计资料，无法直接计算这一时期第三产业个体经营户的营业盈余，所以，我们利用其他数据来源进行推算。主要使用了两种方法：第一种方法利用并不存在统计口径问题的另一数据来源，即用国家统计局经过历史修订的《历史资料（1995—2002）》中相应时期的收入法 GDP 核算资料进行推算；第二种方法是利用 2004 年进行的第一次全国经济普查资料和历年《江苏统计年鉴》公布的个体工商户基本情况数据，根据国家统计局收入法 GDP 核算基本方法进行推算。

1. 调整方法（1）

《历史资料 1995—2002》，是国家统计局在第一次经济普查前正式出版的 GDP 历史修订资料，在内容安排上，沿用了《中国国内生产总值核算历史资料（1952—1995）》的结构，在行业分类上，采用《国民经济行业分类与代码》（GB/T4754 - 1994）标准。这一资料来源对劳动者报酬的指标解释与《中国国民经济核算体系（2002）》相同，在统计范围上包含雇员报酬和个体业主和农户的混合收入。与《历史资料（1952—2004）》一样，它提供了详细的分省分行业收入法 GDP 核算资料，但不同的是，它执行的是 GB/T4754 - 1994 份标准，农林牧渔服务业被划分到第三产业。相比《历史资料（1952—2004）》，江苏的第三产业增加值总体变动不大，变化的主要原因是后者执行了 GB 2002 行业分类标准，但第三产业各行业的结构差异较大。

我们的处理方法是，利用《历史资料（1995—2002）》提供的收入法核算资料，首先计算出增加值构成结构数据；然后，根据《历史资料（1952—2004）》报告的分行业增加值数据，推算包含个体经营户收入在内的劳动者报酬数据。具体而言，用《历史资料（1995—2002）》所报告的江苏第三产业劳动者报酬数据，在扣除农林牧渔服务业劳动者报酬后，根据各个行业收入法增加值构成数据，首先计算出分行业 1995—2002 年劳动者报酬占增加值比重，然后根据《历史资料（1952—2004）》各行业增加值及比重，重新计算各年度相关行业劳动者报酬及总劳动者报酬，作为调整后的 1995—2002 年期间第三产业劳动者报酬。

《历史资料（1995—2002）》缺少了 1993—1994 年和 2003 年数据，为了补充这三年的数据，我们按照《江苏统计年鉴》相关年份报告的地区生产总值项目结构数据，在计算出各相关行业劳动者报酬占 GDP 比重后，按照《历史资料（1952—2004）》报告相关年份增加值数据计算劳动者报酬。《江苏统计年鉴》（1994）没有报告 1993 年地区生产总值项目结构数据，我们利用 1994 年数据进行计算。计算公式如下：

调整后的劳动者报酬 = 增加值 × 劳动者报酬占增加值比重　　　（3.1）

劳动者报酬占增加值比重 = 劳动者报酬/增加值　　　（3.2）

式（3.1）中的增加值数据取自《历史资料（1952—2004）》，式（3.2）中劳动者报酬和增加值数据取自《历史资料（1995—2002）》。

2. 调整方法（2）

第一次全国经济普查对除第一产业外的各行业个体经营户就业和财务状况进行了抽样调查，根据《江苏经济普查年鉴》（2004）提供的资料，可以计算出分行业个体经营户的营业盈余及其占营业收入或销售收入比重。历年《江苏统计年鉴》公布了上年度分行业个体经营户就业、销售收入或营业收入数据，根据这一数据来源和已经计算出的分行业营业盈余占营业收入或销售收入的比重，可以推算出历年相关行业个体经营户营业盈余，然后将营业盈余加入到劳动者报酬之中，得到劳动者报酬的调整数。这种方法实际上与第一次经济普查年度后非普查年度个体经营户收入法构成数据的推算方法非常类似。根据国家统计局非经济普查年度 GDP

核算方法，非经济普查年度个体经营户收入法构成数据，是通过其他数据来源先确定分行业增加值，再根据普查年度数据计算的分行业收入法四项构成的结构比重，对增加值进行分配。由于数据来源限制，我们无法获取分行业增加值数据，只能根据总产值或营业收入数据进行推算。

这一调整方法的计算公式如下：

调整后劳动者报酬 = 劳动者报酬 + 第三产业个体经营户营业盈余

(3.3)

第三产业个体经营户营业盈余 = 第三产业个体经营户营业收入（工业总产值、销售收入）× 2004 年个体经营户营业盈余 ÷ 2004 年个体经营户营业收入（总产值、销售收入）

(3.4)

式（3.4）中，个体经营户的营业收入（工业总产值、销售收入）数据取自历年《江苏统计年鉴》，2004 年个体经营户营业盈余/营业收入（工业总产值、销售收入）数据根据《江苏经济普查年鉴》（2004）数据计算。具体计算方法稍后详细介绍。

上述两种调整方法中，方法（2）的优势是个体经营户的营业盈余状况根据普查资料获得，相对比较准确可靠；同时，根据普查资料计算分行业数据，可以最大限度地减少个体经济结构变化对推算结果的影响。但缺点也很明显，因为用一个年度的个体经济盈利水平推算之前 10 个年度的数据，无法反映经济周期对个体经济盈利水平的影响。同时，用总产值（营业收入）推算收入法构成数据，实际上假定了个体经济行业大类内中类或小类的行业结构不变，所以这种推算方法对于 20 世纪 90 年代早中期的个体经营户营业盈余的推算可能存在较大偏差，但与经济普查年度相近的年份，如 2000 年之后，其误差则较小。鉴于个体经济在 20 世纪 90 年代发展规模相对较小，推算误差对于第三产业总劳动者报酬数据进而劳动者报酬占 GDP 比重的影响并不大。同时，我们能够观察到的是，劳动者报酬占 GDP 比重在 2003 年之后出现了明显的下降，而对劳动份额下降的解释构成了我们的研究重点，因此这种估计偏差并不会对研究结论造成系统性影响。与方法（2）不同的是，方法（1）避免了方法（2）的不足，但问题是常规年度个体经济统计资料的全面程度和可靠程度远不如普查年份。当然，这一数据来源对于 20 世纪 90 年代早中期劳动者报酬的调整，可能会优于方法（2）。由于《历史资料（1995—2002）》相关数据仅报告到 2002 年，所以我们在进行劳动份额估算时，主要使用了方法（2）。作为比较，我们在估计 2004 年之前数据时，也同时使用了方法（1）。

（二）2004 年数据

正如大量文献发现的那样，江苏省 2004 年收入法 GDP 构成数据，由于该年份的劳动者报酬统计口径发生变化，与 2004 年之前的数据并不可比。对于 2004 年数据的处理，文献一般采用白重恩、钱震杰（2009）提出的方法，我们对 2004 年劳动者报酬数据的处理也采用了这一方法。[①]具体做法是：首先，根据《江苏经济普查年鉴》（2004）所提供的分行业个体经营户营业收入、营业支出、雇员报酬、缴纳税费和固定资产原值等数据，用固定资产原值乘 5% 得到固定资产折旧。然后，用营业收入减去营业支出和固定资产折旧得到营业盈余。用计算出的营业盈余、固定资产折旧，加上经济普查年鉴报告的雇员报酬和缴纳税收，得到收入法增加值结果。

利用经济普查资料推算个体经济增加值，需要将增加值缩减后计入（白重恩、钱震杰，2009）。我们发现，《江苏经济普查年鉴》（2004）与《江苏统计年鉴》（2005）报告的个体工商户户数和从业人员相差很大。如果根据前述增加值计算方法进行计算，我们发现 2004 年根据普查资料推算出的批零贸易餐饮业个体经济增加值高达 651.33 亿元，而《历史资料（1952—2004）》报告的当年该行业增加值仅为 1725.31 亿元。显然，如果 2004 年江苏个体经济增加值不经缩减计算到当年的 GDP，第三产业增加值与其他年份的数据并不可比。由于缺乏足够的资料，我们无法准确推断出统计当局具体的缩减方法，本书用有证照工商户户数进行缩减。

具体的计算公式如下：

个体经营户营业盈余 = 营业收入 − 营业支出 − 固定资产折旧　　（3.5）

个体经营户固定资产折旧 = 固定资产原值 × 5%　　（3.6）

个体经营户增加值 = 固定资产折旧 + 雇员报酬 + 缴纳税费 + 营业盈余

（3.7）

根据式（3.5）的计算结果，我们将营业盈余加到《历史资料（1952—2004）》报告的 2004 年劳动者报酬中，得到调整后的劳动者

---

① 白重恩、钱震杰（2009）所提出的方法，还包括将第一产业中国有和集体农场的营业盈余估算出来并从劳动者报酬中减去，但《历史资料（1952—2004）》报告的江苏 1993—2004 年第一产业劳动者报酬数据，国有及集体农场的营业盈余仍然是单独核算的。

报酬。

（三）2005—2007 年数据

根据上节讨论，除第一产业外，《江苏统计年鉴》公布的 2005—2007 年劳动者报酬由于使用了不包含个体经营户营业盈余的收入法构成结构数据进行推算，实际反映的是雇员报酬。因此，劳动者报酬数据的调整，需要将这一期间个体经营户的营业盈余计算出来，然后重新加到劳动者报酬数据中。

根据国家统计局公布的非经济普查年度 GDP 核算方案，个体经济的劳动者报酬核算，是先根据相关资料推算出分行业个体经济增加值数据，然后根据经济普查年度该行业劳动者报酬占增加值的比重推算。由于我们缺乏足够的资料来推算分行业个体经济增加值数据，所以采用以下处理方法：首先，利用普查资料计算出当年分行业个体经济营业盈余占营业收入（工业总产值、销售收入）的比重，然后用历年《江苏统计年鉴》公布的分行业个体工商户营业收入（工业总产值、销售收入）推算 2005—2007 年个体经营户营业盈余。其计算公式如下：

个体经营户营业盈余 = 个体经营户营业收入（工业总产值、销售收入）×2004 年个体经营户营业盈余÷个体经营户营业收入（工业总产值、销售收入） (3.8)

二　数据处理结果

表 3 - 5 报告了按照上述计算方法计算的 2004 年江苏分行业劳动者报酬调整值及其占增加值比重。根据《江苏统计年鉴》（2013）公布的结果，2004 年，江苏劳动者报酬占 GDP 比重仅为 0.404，较 2003 年的 0.452 下降了近 5 个百分点。计算结果表明，如果将个体经营户的营业盈余重新纳入劳动者报酬处理，当年的劳动者报酬增加到 6825.84 亿元，比统计年鉴的报告数 6056.96 亿元高出了近 800 亿元，由此计算的劳动者报酬占 GDP 的比重为 0.462，比报告数高出近 6 个百分点，相比 2003 年的报告数则上升了 1 个百分点。[①] 分产业看，第三产业的劳动者报酬占 GDP 比重达 0.439，比报告数高出 10 个百分点，接近于按照《江苏统计年鉴》（2004）数据的计算结果。同时，第二产业劳动者报酬占 GDP 比重为

---

① 需要指出的是，这样上升是与报告数相比的。后面我们通过对 2004 年之前的数据进行调整，发现 2004 年相比 2003 年，劳动者报酬占 GDP 比重仍然是下降的，只不过下降幅度远远小于报告数的下降幅度。

0.398，相比报告数的计算结果提高了 3 个百分点，但相比 2003 年报告数计算结果，其下降幅度仍然较为可观。

表 3 - 5　　　　　　　　　2004 年江苏劳动者报酬估算结果

产业	增加值（亿元）	劳动者报酬报告值（亿元）	调整后的劳动者报酬（亿元）	劳动者报酬调整值占增加值比重
第一产业	1367.58	1209.30	1209.30	0.884
第二产业	8437.99	3107.62	3156.34	0.374
工业	7514.39	2559.13	2607.49	0.347
建筑业	923.60	548.49	548.85	0.594
第三产业	5198.03	1740.04	2460.20	0.431
交通运输仓储邮电通信业	849.26	195.97	236.53	0.279
批零贸易餐饮业	1725.31	317.74	723.80	0.420
金融保险业	440.50	122.11	122.11	0.277
房地产业	534.17	47.12	47.43	0.089
其他服务业	1648.79	1057.09	1108.64	0.672
总计	15003.60	6056.96	6825.84	0.455

资料来源：根据《江苏经济普查年鉴》（2004）和《江苏统计年鉴》（2013）计算。

表 3 - 6 给出的是根据调整方法（1）和调整方法（2）分别计算并调整的 1993—2012 年江苏劳动者报酬占 GDP 比重。第 1 栏是《江苏统计年鉴》（2013）报告的劳动者报酬占 GDP 比重，第 2 栏是根据前述的调整方法 1 重新估算的劳动者报酬占 GDP 比重，第 3 栏是根据调整方法（2）估算的结果。与统计当局公布的结果相比，我们重新估计的劳动者报酬占 GDP 比重具有以下三个新特征：第一，与年鉴报告数相比，无论按照方法（1）还是方法（2），估计值普遍提高了 3—7 个百分点；除 2007 年外，所有年份的估计结果均高于 0.4。第二，2004 年相比 2003 年，调整方法（2）计算结果的降幅明显缩小。第三，2007 年调整后的劳动者报酬占 GDP 比重尽管较报告数提高了 4 个百分点，但相比 2006 年，降幅超过 4 个百分点，比报告比重的 3.5 个百分点的降幅更大。

我们看到，调整方法（1）所计算出的劳动者报酬占 GDP 的比重比调整方法（2）普遍高出近 5 个百分点。显然，相比调整方法（2），调整方法（1）有可能导致对劳动者报酬的高估。根据我们所拥有的资料，我们无法找到这种高估的原因，可能的解释是，《历史资料（1995—2002）》所报告的数据，也存在较大的数据质量问题，因为这一数据来源对规模以下工业企业（限额以下批发零售企业和资质以外建筑类企业）和个体经营户的核算，远不如《历史资料（1952—2004）》来得可靠。我们注意到，按照调整方法（1）计算的劳动者报酬占 GDP 比重，2004 年相比2003 年大幅下降达 8 个百分点，这不但远远高于调整方法（2）的 3 个百分点降幅，也大大高于报告比重近 5 个百分点的下降幅度。

表 3 - 6 　　　　　　　　1993—2012 年江苏劳动者报酬占 GDP 比重

年份	报告比重	调整 1	调整 2
1993	0.430	0.517	0.459
1994	0.451	0.517	0.476
1995	0.471	0.538	0.496
1996	0.473	0.550	0.499
1997	0.473	0.555	0.502
1998	0.468	0.554	0.503
1999	0.459	0.544	0.501
2000	0.458	0.542	0.497
2001	0.458	0.550	0.500
2002	0.455	0.543	0.495
2003	0.452	0.546	0.485
2004	0.404	0.462	0.462
2005	0.409		0.460
2006	0.407		0.460
2007	0.372		0.418
2008	0.404		0.404
2009	0.436		0.436
2010	0.414		0.414
2011	0.418		0.418
2012	0.423		0.423

资料来源：笔者计算，2008 年及之后年份的数据为《江苏统计年鉴》（2013）报告数。

第三节　自雇者收入调整及劳动份额估计结果

我们已经指出，正确估计劳动份额并进行国际比较需要对自雇者收入进行调整。第二章介绍了经验研究采用的常用方法。在国内，张车伟、张士斌（2010）的研究将农户和个体业主收入的 2/3 归结为劳动收入，方法过于简单。本节将给出自雇者收入调整方法并对劳动者报酬数据进行自雇者收入调整，在此基础上估计 1993—2012 年的江苏劳动份额。

一　混合收入估计

由于我国国民核算体系中并没有设置混合收入账户，所以要通过适当的方法将混合收入估计出来，然后根据适当的资本和劳动分配比例，将混合收入中资本收入和劳动收入区分开来，再将劳动收入加到雇员报酬中，才能得到劳动报酬数据，进而计算劳动份额。

在我国，个体经营户和农户属于 SNA 所界定的自雇者，其收入既包含了劳动收入又包含了资本收入。通过资金流量表的住户部门数据，运用适当的方法我们可以很容易地推算出个体经营户的混合收入。然而，正如文献所指出的，资金流量表数据有可能高估劳动者报酬（白重恩、钱震杰，2009）；而 2004 年劳动者报酬数据的高估，会导致回溯调整的历史数据进一步被高估。同时，我们尚未发现江苏统计部门正式发布的资金流量表数据，所以我们无法利用这一数据来源对江苏个体经营户的混合收入进行推算。

此前的研究中，华生（2010）曾经用农村居民家庭经营纯收入中农林牧渔业纯收入来推算农户的混合收入，张车伟等（2010）用城镇居民经营净收入推算个体经营户的混合收入，我们认为这并不是非常合适的方法。第一，居民收入与要素收入是两个不同的概念，后者既包括货币形式报酬，也包括实物形式的报酬，还包括劳动者所享受的公费医疗和医药卫生费、上下班交通补贴和单位为职工缴纳的社会保险费等；并且在实际核算中，像企业管理费用中的差旅费等，也部分折算到劳动者报酬之中。相比劳动者报酬，居民收入往往是现金收入，居民收入数据的获取一般通过抽样调查的方法得到，其实物收入即使能够被完整记录，但由于缺乏相应的价格数据而无法计量。第二，居民收入可能来自于一些难以观察的非正规经济，其增加值可能未被计算到 GDP 中。进一步讲，即使这些收入能够被记录或者能够被度量，居民也不可能像工商会计那样，将资本性收入根据权责发生制原则在各期分摊；同时，居民也不能很好区分经营收入和其他收入。第三，正如国家统计局专家所指出的，目前我国居民收入数据是根据城乡住户调查资料推算的，受高收入户配合程度低、样本代表性不够强等因素的影响，住户调查数据可能存在低估的情况，因而城乡居民收入也有低估的可能。[①]第四，基于避税或其他方面原因的考虑，居民也可能瞒报收入或者不正确报告收入来源。上述因素，都可能影响居民收入数据的可靠性，所以必须提出新的方法来估计农户和个体经营户的混合收入。

（一）农户混合收入估算方法

根据国家统计局非经济普查年份 GDP 核算方案，第一产业的劳动者报酬是将根据生产法计算的增加值减去生产税净额和农户的固定资产折旧后得到的。由于中国农村的特殊性，农林牧渔业的生产以家庭为主体，法人单位就业人数相当少。根据《中国经济普查年鉴》（2004），当年报告的 2004 年农林牧渔业的法人单位就业人数仅 161.38 万人，不到当年第一产业总就业人数的 0.5%。同时，即使是一些国营或集体单位，在其内部经营模式上，也大多采取了类似于普通农户生产的承包制形式，农场里的雇员实际也是自雇者。因此，根据自雇者的定义，可以认为 1993—2003 年第一产业的劳动者报酬就是这一期间的农户混合收入。

根据白重恩等（2009）提出的方法，2004 年第一产业混合收入需要减去当年国营与集体农场的营业盈余。但是，《历史资料（1952—2004）》报告的 1993—2004 年江苏第一产业的营业盈余每年均在 100 亿元以下，并且其 1995—2002 年数据与《历史资料（1995—2002）》报告数相等，所以我们认为，《历史资料（1952—2004）》江苏国营与集体农场的营业盈余并没有归并到当年的劳动者报酬。这样，第一产业的劳动者报酬可以作为第一产业混合收入进行处理。据此，我们给出如下混合收入计算公式：

第一产业混合收入 = 第一产业劳动者报酬　　　　　　　　　　（3.9）

（二）个体经营户混合收入估算方法

根据国家统计局非经济普查年度 GDP 核算方案，与其他部门通过成本费用调查或抽样调查数据直接进行计算或推算不同的是，在非经济普查年份，个体经济的收入法增加值核算通常要分两步进行：首先，根据其他

[①]　国家统计局：《我国居民收入存在低估可能》，《北京日报》2010 年 8 月 26 日。

统计来源和普查数据推算出总产出；然后，用总产出乘以普查数据的收入法四项构成占总产出的比重推算出收入法四项构成数据。因此，估计个体经营户混合收入至少需要推算出两个数据：一是历年个体经济增加值，二是根据普查数据计算的个体经营户营业盈余在个体经济增加值中的比重。

由于缺乏详细资料，估计历年个体经济增加值无法实现，因此仍旧利用已经计算出 2004 年分行业个体经营户营业盈余占营业收入（工业总产值、销售收入）比重，根据历年《江苏统计年鉴》报告的个体经营户财务数据，计算历年第二产业和第三产业个体经营户营业盈余。其公式如下：

第二、第三产业个体经营户混合收入 = 个体经营户营业收入（工业总产值、销售收入）×2004 年个体经营户营业盈余÷2004 年个体经营户营业收入（工业总产值、销售收入）　　　　　　　　　　　　　　　　　(3.10)

表 3 - 7、表 3 - 8 给出了计算结果。①

表 3 - 7　　　　　　　　1993—2012 年江苏第二产业混合收入

年份	第二产业混合收入（亿元）		年份	第二产业混合收入（亿元）	
	工业	建筑业		工业	建筑业
1993	4.66	0.02	2003	26.38	0.28
1994	5.57	0.03	2004	48.36	0.36
1995	6.67	0.04	2005	57.61	0.17
1996	7.98	0.05	2006	76.57	0.49
1997	9.54	0.07	2007	64.85	0.68
1998	13.82	0.10	2008	41.18	0.53
1999	24.24	0.14	2009	43.94	0.42
2000	28.63	0.13	2010	50.44	0.39
2001	33.59	0.16	2011	44.03	0.50
2002	33.81	0.25	2012	43.72	0.73

资料来源：笔者计算。

---

① 2008 年进行的第二次全国经济普查并没有调查个体经营户财务状况。根据第二次经济普查年度 GDP 核算方案，当年的个体经营户财务数据根据规模以下工业企业（资质以外建筑业企业、限额以下批零企业）以及部门统计数据进行推算。第二次经济普查结束后，国家统计局并没有正式公布普查资料，所以我们无法按照国家统计局的方法来估算 2008 年之后的个体经营户营业盈余。由于推算的时期较远，运用第一次经济普查资料进行推算可能会有一定的误差。但是，正如我们在前面已讨论的，同样因为推算时期较远，20 世纪 90 年早中期的数据也会有一定的误差，但因为江苏劳动份额发生趋势性改变是在 2002 年前后以及两次经济普查之间，所以误差并不影响我们的主要结论。

表 3 – 8　　　　　　　　　1993—2012 年江苏第三产业混合收入

年份	总计 (亿元)	交通运输业 (亿元)	批发零售贸易业 (亿元)	住宿、餐饮业 (亿元)	居民服务业和其他服务业 (亿元)
1993	87.23	26.37	47.15	8.92	4.79
1994	104.97	26.37	62.42	9.98	6.20
1995	128.20	26.37	82.63	11.17	8.03
1996	158.03	25.75	109.39	12.51	10.39
1997	193.20	20.95	144.80	14.00	13.45
1998	245.63	29.42	179.34	17.69	19.18
1999	322.50	27.99	227.07	41.62	25.82
2000	334.78	27.72	238.99	40.83	27.24
2001	394.83	31.14	263.55	67.77	32.37
2002	419.38	31.81	283.06	67.09	37.42
2003	410.10	22.57	284.49	70.51	32.53
2004	498.22	40.56	358.41	47.65	51.60
2005	468.27	15.98	365.46	64.97	21.86
2006	497.91	22.61	371.85	73.83	29.62
2007	549.95	26.85	411.20	81.20	30.70
2008	455.70	16.19	363.29	51.51	24.71
2009	569.17	16.81	464.66	64.94	22.76
2010	1350.13	14.15	808.16	36.86	490.97
2011	656.95	12.47	400.80	53.50	190.18
2012	691.32	12.07	388.20	51.82	239.23

资料来源：笔者计算。

二　混合收入分配比例确定

在估算出混合收入后，如何将混合收入在资本收入与劳动收入之间分配，最终会影响劳动份额的估计结果。戈林（2002）提出了三种估计自雇者劳动收入并对总劳动报酬进行调整的方法。第一种方法是将自雇者收入全部计入劳动报酬，这也是国家统计局在非经济普查年份采用的方法，缺点是高估了经济的劳动份额。第二种方法是将自雇者收入按照整个经济劳动与资本的分配比例进行分配，缺点是可能低估要素结构更加劳动密集的自雇者劳动收入。第三种方法直接根据自雇者在总就业中的比例调整劳动份额，但可能高估自雇者劳动收入。

　　我们认为，混合收入的分配必须考虑到中国的实际情况。中国农业生产的组织形式与发达国家有着很大的差异，资本对于农业产出的贡献份额相对较小。因此，我们对农户混合收入的分配参考了戈林提出的第二种方法，用第一产业劳动者报酬占其增加值的比重来分配农户混合收入。计算公式如下：

　　第一产业混合收入中劳动收入＝第一产业混合收入×第一产业劳动者报酬÷第一产业增加值　　　　　　　　　　　　　　　　　　　　　(3.11)

　　对于第二产业和第三产业混合收入中的劳动收入，即个体经营户的劳动收入，其分配比例的确定相当复杂。在戈林第二种和第三种调整方法中，第二种调整方法假定自雇者混合收入中的资本与劳动的分配比例与整个经济相同。我们已经指出，这种调整方法可能会导致对自雇者劳动收入的低估，因为相对整体经济来说，自雇者的生产技术通常是劳动密集的。相比而言，方法（3）的思路更为合理。但是对于中国来说，运用这一方法需要解决以下两个问题：第一，自雇者与哪一类雇员的报酬相同。在中国，在不同行业以及不同所有制类型企业就业的雇员工资水平存在很大差异，特别是私营企业雇员，其工资相比其他类型企业的雇员要低得多。第二，自雇者人数。我们查阅国家统计局和江苏统计部门的各种统计资料，可以获知的是每年个体经营户户数以及总就业人数。根据国家统计局解释，城镇个体就业人员是指在工商管理部门注册登记，并持有城镇户口或在城镇长期居住，经批准从事个体工商经营的就业人员，包括个体经营者和在个体工商户劳动的家庭帮工和雇工。根据这一解释，统计年鉴报告的个体经济就业人员包括了雇员与雇主两类人员，雇主人数需要另行计算。

　　根据第一次经济普查资料，我们利用以下方法估算 2004 年个体经济雇主人数。首先我们假定，2004 年个体经济雇员和雇主的平均工资与私营企业雇员平均工资相同。这样，由《江苏经济普查年鉴》（2004）中报告的个体经济雇员报酬数据，先根据私营企业平均工资推算出当年个体经济的雇员总数，然后用个体就业总人数减去雇员人数得到雇主人数。

　　在获得 2004 年雇主人数估计结果后，我们同样假定雇主的劳动收入与城镇私营单位平均工资相同，用雇主人数乘以城镇私营单位平均工资得到个体经营者的劳动收入。用估计出的个体经营者劳动收入除以当年个体经济的营业盈余，得到 2004 年个体经营户混合收入中劳动收入分配比重。

其计算公式如下：

个体经营户雇主的劳动收入 = 雇主人数 × 私营企业平均工资　（3.12）

雇主人数 = 个体经济从业人数 - 个体经济雇员人数　（3.13）

个体经营户雇员人数 = 雇员报酬 ÷ 私营企业平均工资　（3.14）

劳动收入分配比重 = 2004 年个体经营户劳动收入 ÷ 营业盈余　（3.15）

需要指出的是，工资与劳动者报酬在概念上是有区别的。工资包括计时工资、计件工资、奖金、津贴和补贴、加班加点工资、特殊情况下支付的工资，也包括个人工资中直接为其代扣或代缴的房费、水费、电费、住房公积金和社会保险基金个人缴纳部分等，不论是计入成本还是不计入成本，不论是以货币形式支付还是以实物形式支付，均应列入工资总额的计算范围。但劳动者报酬除工资外，还包括工会经费、差旅费以及营业费用、管理费用和财务费用中属于劳动者报酬的部分。因此，劳动者报酬的统计范围更广。

个体经济的雇员，从理论上讲其工资收入应略低于私营企业，但考虑到劳动者报酬的统计口径更为宽泛，所以用私营单位从业人员工资代替个体经济从业人员平均劳动报酬可以减少误差。由于江苏统计年鉴最近几年才开始正式公布私营单位从业人员工资，所以我们根据 2012 年城镇私营单位从业人员平均工资与城镇单位在岗职工平均工资之比和 2004 年城镇单位在岗职工平均工资，推算 2004 年私营单位在岗职工平均工资。

表 3-9 给出的是我们推算的 2004 年个体经营户雇员和雇主人数。我们看到，2004 年个体经济的雇主人数为 393.97 万人，占到当年个体经济就业人数的 60%。分行业看，雇主人数占就业总人数比例最高的是交通运输、仓储和邮政业，接近 80%，批发和零售业也达到 76%；最低的是建筑业，为 26%，工业为 40%。因为我们需要推算的是个体经营户雇主的劳动收入分配比重，所以在上述推算过程中，我们没有区分有证照个体经营户和无证照个体经营户。

表 3-9　　　　2004 年江苏个体经营户雇员与雇主人数

行业	个体经营户雇员平均工资（元）	个体经营户雇员工资总额（万元）	个体经营户雇员人数（万人）	个体经营户就业人数（万人）	个体经营户雇主人数（万人）
工业	11521	1213182	105.30	174.14	68.84

续表

行业	个体经营户雇员平均工资（元）	个体经营户雇员工资总额（万元）	个体经营户雇员人数（万人）	个体经营户就业人数（万人）	个体经营户雇主人数（万人）
建筑业	12504	313153	25.05	33.93	8.88
批发和零售业	14963	904204	60.43	253.70	193.27
交通运输、仓储和邮政业	23563	264638	11.23	52.60	41.37
住宿和餐饮业	11724	316168	26.97	56.88	29.91
居民服务、修理和其他服务业	12288	401627	32.69	84.39	51.70
合计		3412972	261.66	655.63	393.97

资料来源：笔者根据《江苏统计年鉴》（2013）和《江苏经济普查年鉴》（2004）计算。其中，2004年个体经营户雇员平均工资根据2012年城镇私营单位从业人员平均工资与城镇单位在岗职工平均工资之比和2004年城镇单位在岗职工平均工资推算，工业的工资数据以制造业工资数据代替，居民服务、修理和其他服务业包括除已列出的行业外的其他第三产业行业。

　　根据表3-9计算结果，我们计算了2004年分行业个体经营户雇主的劳动收入以及劳动收入占混合收入（营业盈余）比重，作为分配系数估计其他年份混合收入中的劳动收入，计算结果见表3-10。从表3-10中我们可以看到，在个体经济规模较大的几个行业中，工业和居民及其他服务业的劳动收入占个体经营户营业盈余即混合收入中的比重较高，分别达到0.8和0.74，交通运输业、批发零售业和住宿餐饮业较低，在0.4左右。工业中个体经济混合收入中劳动收入比重较高的原因是工业的营业盈余相对较薄；居民及其服务业较高的原因是，相比其他行业，居民及其他服务业所需要的资本量较少，同时行业的技术含量也不高。而交通运输业、批发零售业和住宿餐饮业由于资金占用较大，经营风险较高，因而资本收入占比相应较高。需要指出的是，建筑业计算的个体经营户雇主的劳动收入在混合收入中的比重超过1，可能的原因是建筑业存在大量的工程转包现象，因而部分个体经营户雇主的收入实际上是工程转包的差价，既不是资本收入，也不是劳动收入。鉴于我们无法获得更多的统计资料，同时建筑业个体经营户营业盈余占全部个体经济营业盈余的比重只有0.15%，影响较小，所以我们将建筑业个体经营户的营业盈余全部视为雇主的劳动收入。

表 3 – 10   江苏个体经营户劳动收入分配系数

行业	个体经营户劳动收入分配系数	行业	个体经营户劳动收入分配系数
工业	0.80	批发零售业	0.36
建筑业	1.00	住宿餐饮业	0.43
交通运输业	0.34	居民及其他服务业	0.74

资料来源：笔者计算。

三　估计结果

表 3 – 11 报告了我们计算的经过自雇者收入调整后雇员报酬占 GDP 比重和经过自雇者收入调整后劳动份额。作为对比，我们将劳动者报酬报告数占 GDP 的比重，即《江苏统计年鉴》（2013）报告的数据，劳动者报酬调整数占 GDP 的比重，即按照调整方法（2）估计的结果列入表中。

表 3 – 11   1993—2012 年江苏劳动份额

年份	劳动者报酬报告数占 GDP 比重	劳动者报酬调整数占 GDP 比重	雇员报酬占 GDP 比重	经自雇者收入调整后的劳动份额
1993	0.430	0.456	0.286	0.422
1994	0.451	0.477	0.299	0.444
1995	0.471	0.497	0.319	0.465
1996	0.473	0.499	0.323	0.468
1997	0.473	0.502	0.335	0.468
1998	0.468	0.503	0.339	0.466
1999	0.459	0.502	0.337	0.461
2000	0.458	0.499	0.347	0.459
2001	0.458	0.503	0.354	0.461
2002	0.455	0.497	0.362	0.458
2003	0.452	0.486	0.370	0.454
2004	0.404	0.462	0.345	0.432
2005	0.409	0.432	0.362	0.436
2006	0.407	0.434	0.371	0.438
2007	0.372	0.394	0.333	0.397

续表

年份	劳动者报酬报告数占 GDP 比重	劳动者报酬调整数占 GDP 比重	雇员报酬占 GDP 比重	经自雇者收入调整后的劳动份额
2008	0.404	0.404	0.328	0.388
2009	0.436	0.436	0.354	0.424
2010	0.414	0.414	0.320	0.396
2011	0.418	0.418	0.342	0.410
2012	0.423	0.423	0.347	0.416

资料来源：笔者计算。

考察各种口径劳动份额的变化趋势，除雇员报酬占 GDP 比重外，劳动者报酬报告数占 GDP 比重、劳动者报酬调整数占 GDP 比重和经过自雇者调整的劳动份额，在趋势上基本类似。特别是我们所估计的劳动份额，与劳动者报酬报告数占 GDP 的比重相当接近。1995 年之前，劳动份额发生了短暂的上升；1996—2002 年，劳动份额出现小幅下降，但下降趋势并不明显；2002 年之后，劳动份额呈现出明显下降趋势，这一趋势一直持续到 2007 年；2008 年出现大幅短暂上升之后，2009 年继续下降，2010—2012 年，劳动份额与 2004—2006 年的走势一样，呈现小幅上升的态势。但与原报告比重相比，经过调整的劳动者报酬占 GDP 比重有三个变化：一是劳动者报酬占 GDP 的比重总体上要高于原报告比重。二是劳动者报酬占 GDP 的比重出现显著下降是在 2003 年，比报告比重出现显著下降提前了 1 年；从下降幅度来看，劳动者报酬调整数占 GDP 比重下降幅度更大，2008 年相比 2002 年下降了 0.093，而同期报告比重仅下降 0.051，前者的降幅接近后者的 1 倍。三是劳动者报酬占 GDP 的比重最低点出现的年度，原报告比重出现在 2007 年，为 0.372，我们计算的最低点出现在 2008 年，为 0.404，比报告数滞后了 1 年。

我们注意到雇员报酬占 GDP 比重相比其他三种口径的劳动份额，呈现出独立的趋势，总体上呈现倒 U 形的变化特征。在 2006 年之前，雇员报酬占 GDP 的比重除在 2004 年出现一次短暂下降外，其他年份总体上是上升的。与 1993 年相比，2006 年雇员报酬占 GDP 比重上升了 0.085，而同期劳动者报酬调整数占 GDP 的比重则下降了 0.022，报告比重则下降了 0.023。从 2007 年开始，雇员报酬占 GDP 的比重总体趋势与其他三种口径劳动份额的变化出现了趋同，2012 年与 2007 年相比，雇员报酬占 GDP 的比重上升了 0.014，而同期的报告比重、调整比重和劳动份额分别上升 0.051、0.005 和 0.018。初步观察提示我们，至少在 2006 年之前，劳动份额的下降应该更多地由混合收入的下降来说明。

表 3 –12、表 3 –13 和表 3 –14 分别给出了 1993—2012 年江苏第一产业、第二产业和第三产业劳动份额的估计结果。

表 3 – 12　　　　　　　　1993—2012 年江苏第一产业劳动份额

年份	劳动者报酬报告数 占 GDP 比重	劳动者报酬调整数 占 GDP 比重	经自雇者收入调整后 劳动份额
1993	0.870	0.870	0.758
1994	0.889	0.889	0.790
1995	0.897	0.897	0.804
1996	0.900	0.900	0.809
1997	0.882	0.882	0.779
1998	0.879	0.879	0.773
1999	0.880	0.880	0.775
2000	0.873	0.873	0.762
2001	0.865	0.865	0.748
2002	0.862	0.862	0.743
2003	0.864	0.864	0.746
2004	0.884	0.884	0.782
2005	0.881	0.881	0.777
2006	0.881	0.881	0.777
2007	0.880	0.880	0.775
2008	0.880	0.880	0.775
2009	0.981	0.981	0.962
2010	0.982	0.982	0.965
2011	0.982	0.982	0.965
2012	0.985	0.985	0.971

资料来源：笔者计算。

表 3 – 13　　　　　　　1993—2012 年江苏第二产业劳动份额

年份	劳动者报酬报告数占 GDP 比重	劳动者报酬调整数占 GDP 比重	雇员报酬占 GDP 比重	经自雇者收入调整后的劳动份额
1993	0.365	0.371	0.368	0.371
1994	0.382	0.388	0.385	0.387
1995	0.426	0.429	0.427	0.429
1996	0.436	0.442	0.439	0.442
1997	0.446	0.452	0.449	0.452
1998	0.449	0.458	0.454	0.457
1999	0.441	0.456	0.449	0.454
2000	0.441	0.456	0.450	0.455
2001	0.451	0.467	0.460	0.466
2002	0.453	0.468	0.462	0.467
2003	0.457	0.466	0.462	0.465
2004	0.368	0.398	0.393	0.397
2005	0.348	0.368	0.362	0.367
2006	0.356	0.373	0.366	0.371
2007	0.308	0.325	0.320	0.324
2008	0.352	0.352	0.350	0.352
2009	0.391	0.391	0.388	0.390
2010	0.353	0.353	0.351	0.353
2011	0.350	0.350	0.348	0.350
2012	0.347	0.347	0.345	0.346

资料来源：笔者计算。

表 3 – 14　　　　　　　1993—2012 年江苏第三产业劳动份额

年份	劳动者报酬报告数占 GDP 比重	劳动者报酬调整数占 GDP 比重	雇员报酬占 GDP 比重	经自雇者收入调整后的劳动份额
1993	0.305	0.377	0.281	0.318
1994	0.325	0.397	0.309	0.343
1995	0.315	0.387	0.305	0.337
1996	0.315	0.386	0.305	0.337
1997	0.326	0.400	0.314	0.348

年份	劳动者报酬报告数占 GDP 比重	劳动者报酬调整数占 GDP 比重	雇员报酬占 GDP 比重	经自雇者收入调整后的劳动份额
1998	0.326	0.411	0.313	0.351
1999	0.324	0.426	0.308	0.355
2000	0.339	0.433	0.324	0.368
2001	0.340	0.439	0.324	0.370
2002	0.342	0.436	0.328	0.372
2003	0.340	0.418	0.326	0.363
2004	0.335	0.439	0.343	0.382
2005	0.385	0.455	0.384	0.412
2006	0.388	0.445	0.382	0.407
2007	0.365	0.417	0.360	0.383
2008	0.394	0.394	0.356	0.371
2009	0.407	0.407	0.365	0.381
2010	0.406	0.406	0.328	0.367
2011	0.417	0.417	0.385	0.400
2012	0.429	0.429	0.400	0.415

资料来源：笔者计算。

第四节　本章小结

　　本章对 1993—2012 年江苏劳动份额进行了重新估计。通过对江苏收入法 GDP 核算资料进行认真对比分析，我们发现 2007 年之前的收入法 GDP 核算资料，由于国家统计局劳动者报酬统计口径的变化，以及统计方法上的问题，劳动者报酬数据被低估，并且这种低估在第三产业更为明显。

　　根据可以获得的统计资料，我们在遵循国家统计局收入法 GDP 核算方法基础上对劳动者报酬数据进行了调整，并重新计算了劳动者报酬占 GDP 的比重。与江苏统计部门公布的数据相比，经过调整后的劳动者报酬占 GDP 的比重平均达到 0.465，比未经调整的报告数提高了 0.029。从劳动者报酬占 GDP 比重的动态演进来看，经过调整后的劳动者报酬占 GDP 比重与报告比重总的变化趋势是一致的，即在 20 世纪 90 年代中期前曾经出现短暂的上升，1996 年相比 1993 年提高了 0.04；之后直到 2002 年前后，劳动者报酬占 GDP 比重基本保持恒定；从 2003 年前开始，劳动者报酬占 GDP 的比重开始大幅度下降，到 2008 年，劳动者报酬占 GDP 比重仅为 0.404，较 2002 年下降了 0.091。但与报告比重相比，我们所重新估计的劳动者报酬占 GDP 的比重，其下降时间提前了 1 年，最低点的出现时间推迟了 1 年，下降幅度接近报告比重下降幅度的 1 倍。

由于我国劳动者报酬在统计上并没有区分农户和个体经营户的资本收入与劳动收入，所以我们参照国际上通常的做法，将农户和个体经营户视为自雇者。通过适当的假定，在现有资料的基础上，按照 SNA 的做法，我们估计了这一时期三次产业的混合收入。同时，基于第一次经济普查资料，估算了自雇者混合收入中资本收入与劳动收入的分配比例，据此将自雇者混合收入中的资本收入和劳动收入进行了区分，并估计了经过自雇者收入调整的劳动份额。我们发现，经过自雇者数据调整后，1993—2012 年劳动份额平均为 0.438，略高于原报告数，在趋势上与原报告数较为一致。

在本章中，我们还估算了雇员报酬占 GDP 的比重。令人诧异的是，与总劳动份额变化趋势不同的是，雇员报酬占 GDP 比重呈现了独立趋势。在 2006 年之前，雇员报酬占 GDP 比重总体上呈现的是上升趋势，发生逆转的时间是 2007 年。

根据重新估算的结果，我们对劳动在江苏初次分配中的状况有了一个全新认识：一方面，就劳动在初次分配的总体状况而言，劳动收入要比统计当局报告的情况略好；另一方面，就其演进而言，其分配状况的恶化程度要比报告数据严重得多，这意味着扭转劳动在收入分配中不利状况的任务更加艰巨。

第四章 比较分析

本章对江苏劳动份额进行横向比较分析。我们关注的重点有两个：第一，按照劳动报酬的各种界定方法，在江苏初次收入分配中，劳动究竟处于一个什么样的状况？第二，江苏劳动收入分配状况的演进又有什么样的特点？事实上，进行这样的对比分析会受统计资料的来源、质量和口径的限制。在此前的文献中，很少有研究考虑上述因素的影响，其结论一般会引起争议。我们的对比分析将尽可能考虑统计资料的来源、质量和口径的影响，力求提高分析结论的可靠性。

第一节 与全国劳动份额比较

一 全国劳动份额估计

采用与估计江苏劳动份额类似的办法，我们对全国劳动份额进行了估计，结果见表 4 - 1。[①] 第二栏为劳动者报酬报告值占 GDP 的比重；第三栏为劳动者报酬调整值占 GDP 的比重；第四栏是根据估计的个体经营户混合收入中劳动收入分配比例 0.59、农户混合收入中劳动收入分配比例 0.84 计算的劳动份额；第五栏是假定个体经营户和农户的混合收入中 2/3 属于劳动收入的估计结果；第六栏是雇员报酬占 GDP 份额。我们看到，除雇员报酬占 GDP 比重外，其他指标从 1995 年开始都呈现出下降的趋势，并且这一趋势在 2002 年之后更为明显，2007 年劳动者报酬占 GDP 比重、劳动份额和雇员报酬占 GDP 比重与 1995 年相比，下降幅度分别达到 25.8%、21.3% 和 7.7%。

---

① 具体估计方法参见李琦（2012）。

表 4 - 1   全国劳动份额的估计结果

年份	劳动者报酬报告值占 GDP 比重	劳动者报酬调整值占 GDP 比重	劳动份额（1）	劳动份额（2）	雇员报酬占 GDP 比重
1993	0.495	0.537	0.439	0.455	0.291
1994	0.503	0.549	0.444	0.465	0.297
1995	0.514	0.563	0.452	0.475	0.299
1996	0.512	0.556	0.452	0.471	0.301
1997	0.510	0.554	0.451	0.472	0.308
1998	0.508	0.555	0.450	0.473	0.310
1999	0.500	0.546	0.442	0.468	0.311
2000	0.487	0.524	0.437	0.456	0.320
2001	0.482	0.510	0.427	0.445	0.317
2002	0.478	0.516	0.435	0.455	0.331
2003	0.462	0.501	0.420	0.442	0.323
2004	0.416	0.481	0.398	0.420	0.297
2005	0.444	0.432	0.353	0.375	0.262
2006	0.439	0.428	0.357	0.376	0.273
2007	0.429	0.418	0.356	0.371	0.276

资料来源：笔者根据《历史资料（1952—2004）》、相关年份的《中国统计年鉴》、《中国经济普查年鉴》（2004）、《中国经济普查年鉴》（2008）数据计算。其中，1993—2004 年劳动者报酬报告值根据省际收入法 GDP 累加结果和全国 GDP 数据进行了缩减，2005—2007 年数据根据修订后的 GDP 数据进行了调整。劳动者报酬调整值根据非经济普查年份的统计口径分别调增和调减了个体经济营业盈余和国营及集体农场营业盈余。劳动份额（1）为农户混合收入的 0.84、个体业主混合收入的 0.59 属于劳动收入的估计结果，劳动份额（2）为农户和个体业主混合收入中的 2/3 属于劳动收入的估计结果。

　　由于忽略对 2004 年之前部分地区收入法 GDP 数据的调整，白重恩、钱震杰（2009）得出了统计口径的变化是 1995—2004 年间劳动者报酬占 GDP 比重下降主要原因的结论。而根据我们的计算结果，2004 年相比 1995 年，劳动者报酬调整值占 GDP 份额下降了 14.6%，占到按报告值计算同期 19.2% 下降幅度的 75%，这说明统计口径变化并不是主要原因。我们基本同意华生（2009）关于 1993—2003 年雇员报酬占 GDP 份额呈现上升趋势的判断，但不同意他对 2004 年之后趋势的判断；同时，我们认为华生还可能高估了这一指标。根据我们的雇员报酬占 GDP 份额的估计结果，这一指标在 2003 年之前确实总体上呈现上升趋势，但在 2004 年之后，上升趋势出现了逆转，2007 年雇员报酬占 GDP 份额为 0.276，只相当于华生估计结果 0.435 的 63%；同时，相比 2003 年，其下降幅度高达 16.6%。由于数据处理和估计方法的原因，张车伟、张士斌（2010）得出了中国劳动份额总体上保持相对稳定的结论，对此我们并不赞同，但同意他们关于存在劳动份额"低水平陷阱"的判断。

二　与全国估计结果的对比分析

（一）劳动者报酬报告数占 GDP 比重比较

图 4-1 给出了江苏和全国劳动者报酬报告数占 GDP 的比重的演进情况。由于 2008 年的分省收入法 GDP 核算资料并未公布，所以我们对比 2007 年之前的情况。对比全国数据我们发现，除 2003 年和 2004 年外，江苏劳动者报酬报告数占 GDP 比重均低于全国平均水平，大部分年份相差达 3 个百分点以上，少数年份相差达 5 个百分点以上。从趋势上来看，江苏劳动者报酬报告数占 GDP 的比重的变化与全国类似，除 1993—1995 年外，劳动者报酬报告数占 GDP 比重总体上是下降的，但江苏出现明显下降趋势的时点出现在 2003 年之后，比全国报告数占 GDP 比重自 1998 年出现下降滞后了 5 年。从 1993—2007 年整体演进趋势来看，相比 1993 年，2007 年全国劳动者报酬报告数占 GDP 比重下降了 6.6 个百分点，而江苏 2007 年劳动者报酬报告数占 GDP 比重比 1993 年下降 5.7 个百分点。

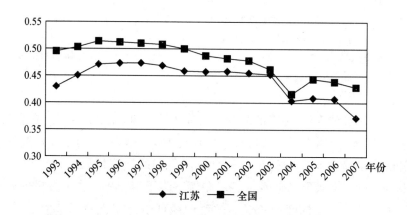

图 4-1　江苏与全国劳动者报酬报告数占 GDP 比重比较

资料来源：根据《历史资料（1952—2004）》，相关年度的《中国统计年鉴》、《江苏统计年鉴》（2013）计算。

（二）劳动者报酬调整数占 GDP 比重比较

图 4-2 给出的是江苏和全国劳动者报酬调整数占 GDP 比重的演进情况。我们看到，相比全国估计结果，江苏按照调整方法（2）估算的劳动者报酬占 GDP 比重仍然低于全国平均水平，但差距相对报告数要小。其中，1993—2000 年，江苏劳动者报酬调整数占 GDP 比重低于全国水平，大部分年份超过 5 个百分点。2000 年之后，所有年份的差异不超过 4 个百分点，2006 年甚至高于全国 0.55 个百分点。由图还可以看出，江苏劳动者报酬调整数占 GDP 比重与全国平均水平出现了趋同现象，特别是 2000—2007 年，江苏与全国平均水平相比，无论是绝对数值还是变化趋势，都出现了惊人的一致。但与全国平均水平自 1996 年开始下降不同的是，江苏劳动者报酬调整数占 GDP 比重在 1995—2002 年变化不大，2003 年开始下降，这与劳动者报酬报告数占 GDP 比重的演进趋势相同。

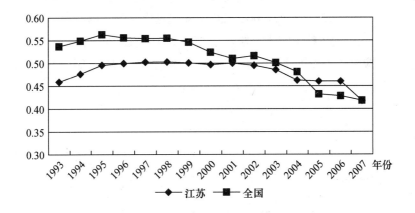

图 4-2　江苏与全国劳动者报酬调整数占 GDP 比重比较

资料来源：笔者计算。

尽管劳动者报酬调整数包含个体业主的混合收入，但由于口径相同，上述对比分析的结论具有较强的经济含义：首先，江苏劳动者报酬占 GDP 的比重，从总体上看，低于全国平均水平但差距低于报告数据，说明劳动在江苏的国民收入分配中的状况并不理想，但好于统计当局报告的结果；同时，江苏初次收入分配中，劳动收入占比与全国一样，总体上呈现恶化的趋势，但下降幅度低于全国平均水平。需要注意的是，江苏劳动者报酬占 GDP 的比重低于全国平均水平一个重要原因是第一产业的份额相对较低。如果不考虑第一产业，按照第一产业劳动者报酬占增加值比重 0.9 计算，平均而言，江苏劳动者报酬占 GDP 比重低于全国主要出现在 2000 年之前，2000 年之后江苏劳动者报酬占 GDP 的比重接近甚至超过全国平均水平。

（三）劳动份额比较

图 4-3 给出了江苏和全国经过自雇者收入调整后的劳动份额演进情况。由图 4-3 可知，经过自雇者收入调整后的劳动份额，相比劳动者报告数和劳动者报酬调整数占 GDP 比重发生三个明显的变化：第一，江苏经过自雇者收入调整的劳动份额明显高于全国劳动份额。除 1993 年和 1994 年，江苏劳动份额有 7 个年份高于全国劳动份额 2 个百分点以上，特别是 2005—2006 年，江苏劳动份额高出全国劳动份额超过 5 个百分点。第二，从趋势上来看，江苏劳动份额与全国劳动份额在 1995—2002 年的下降幅度并不大，2003 年后均出现了一个大幅度下降，但江苏的下降幅度较全国要小得多。第三，2006—2007 年，江苏劳动份额的变化与全国劳动份额相比出现了分化，2007 年江苏劳动份额下降了 3.67 个百分点，而全国劳动份额则仅下降 0.1 个百分点。但是，无论是全国还是江苏劳动份额，2007 年相比 1993 年，均出现了明显下降。其中，江苏劳动份额下降了 11%，全国劳动份额下降了 19%。

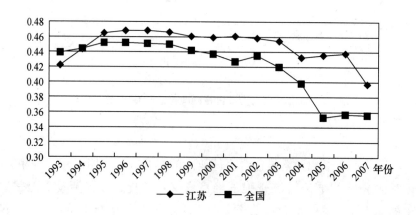

图 4-3 江苏与全国劳动份额比较

资料来源：笔者计算。

由于考虑了自雇者收入,上述比较更具价值。与劳动者报酬调整数占GDP比重的比较结论不同的是,劳动在江苏国民收入中的状况绝大部分年份好于全国平均水平,但由于2007年所出现的锐降,江苏与全国平均水平的差距正在缩小。与劳动者报酬调整数占GDP比重的比较结论一致的是,江苏的劳动份额与全国一样,总体上呈现恶化的趋势,并且这一趋势主要在2002年之后出现。

第二节 省际比较分析

一 江苏、浙江、湖南、山西比较

由于口径混乱问题,省际比较分析需要在相同口径下进行比较。经过分析发现,《历史资料(1952—2004)》中浙江、湖南、山西3省与江苏的劳动者报酬统计口径相近,图4-4给出上述4省劳动者报酬占GDP比重的计算结果。我们看到,4省中的江苏、浙江和山西的劳动者报酬报告数占GDP比重在0.35—0.5之间,江苏略高,在0.4—0.5之间,而湖南的劳动者报酬占GDP比重很多年份超过了0.6。从趋势看,1995—2004年期间,苏、浙、晋的劳动者报酬占GDP比重变化不大,略呈下降之势,而湖南则出现了大幅下降。我们分别计算了1993—2003年和1995—2003年四省劳动者报酬占GDP的比重变化幅度,在4个省份中,江苏省劳动者报酬占GDP的比重变化幅度最小,而湖南、山西两省的劳动者报酬占GDP比重则经历了一个大幅度下降,特别是湖南,1995—2003年间劳动者报酬占GDP比重下降超过16%。

上述4个省份中,江苏与浙江发展水平类似,湖南和山西两省的发展水平落后于江苏和浙江。就初步比较结果看,劳动者报酬占GDP比重就绝对数而言似乎与经济发展水平并不相关:同样是经济发展水平落后于江苏的两个省份,湖南劳动者报酬占GDP比重远远高于江苏,山西的相关指标则略低于江苏。但就变化(下降)幅度来看,似乎发展水平越低,劳动者报酬占GDP比重的下降幅度就越大。

进一步分析,劳动份额的高低及其变化与第一产业的比重相关。在上述四个省份中,江苏、浙江和山西的第一产业份额相对较低,而湖南的第一产业份额相当高。由于第一产业劳动份额远远高于第二产业和第三产业，所以第一产业比重较高的省份，其总劳动份额较高、下降也较大。显然，就上述四省的劳动份额演进来看，结构变化是导致20世纪90年代及21世纪前几年劳动份额变化的最主要因素之一。

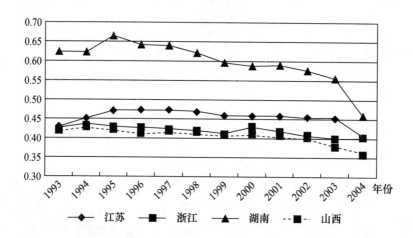

图4-4　1993—2004年江苏、浙江、湖南、山西劳动者报酬占GDP比重
资料来源：笔者根据《历史资料（1952—2004）》计算。

二　江苏、浙江、广东、山东比较

下面，我们对不存在口径问题的2009—2012年间的劳动份额进行省际横向比较。选择的省份是浙江、广东、山东3省，发展水平与江苏较为类似。图4-5给出了江苏、浙江、广东、山东4省劳动者报酬占GDP比重的演进情况。从这张图中我们发现，在2009—2012这四年中，经济发展水平较为类似的四个省份，其劳动者报酬占GDP比重变化出现了重大差异。江苏的劳动者报酬占GDP比重，除2010年相比2009年出现一个明显的下降外，2011年和2012年出现了轻微的上升。相比江苏，广东和浙江两省劳动者报酬占GDP比重则出现较为明显的上升，特别是广东省，其劳动者报酬占GDP比重不但绝对值较高，并且其上升幅度也最大。反观山东，则与其他三省呈现相反的变化趋势，2010年劳动者报酬占GDP比重相比2009年出现了明显下降，2011年和2012年两年，则进一步延续了前期的下降趋势。

就上述观察而言，劳动份额的变化与经济发展水平并不存在规律性关系，但进一步考察上述四个省份的三次产业构成可以发现，劳动份额的高

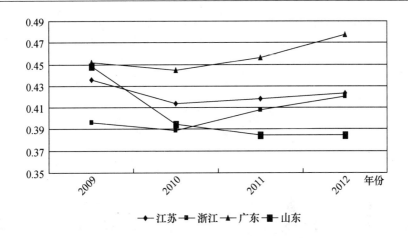

图 4 - 5 2009—2012 年江苏、浙江、广东、山东劳动者报酬占 GDP 比重
资料来源：笔者根据相关年份《中国统计年鉴》计算。

低及其变化与第三产业发展水平有关。表 4 - 2 我们给出了江苏、浙江、广东、山东第三产业增加值占 GDP 比重变化情况。可以看出，在上述四个省份中，广东第三产业比重最高，其劳动份额也最高；山东的第三产业比重最低，劳动份额也最低。从变化方向来看，山东由于第三产业比重较低，其总劳动份额趋于下降，而其余三个省份第三产业比重较高，2010年之后的劳动份额则出现上升。

表 4 - 2 江苏、浙江、广东、山东第三产业增加值占 GDP 比重 单位：%

年份	江苏	浙江	广东	山东
2009	39.6	43.1	45.7	34.7
2010	41.4	43.5	45.0	36.6
2011	42.4	43.9	45.3	38.3
2012	43.5	45.2	46.5	40.0

资料来源：《江苏统计年鉴》（2013）、《浙江统计年鉴》（2013）、《广东统计年鉴》（2013）和《山东统计年鉴》（2013）。

上述两个时期的对比分析表明，早期的劳动份额变化，与由工业化所导致的第一产业比重快速下降有关，第一产业比重越高，其劳动份额越高，下降的幅度也越大；后期的劳动份额变化，与第三产业的发展水平有关，第三产业的发展水平越高，其劳动份额越高，下降的幅度越小。当然，由于对比的样本较少，并且时期较短，这一结论的稳健性还有待进一步考察。

第三节 跨国比较分析

一 与戈林样本比较

根据第一章的讨论，我国劳动者报酬的统计范围非常接近于戈林（2002）方法1所计算的劳动报酬。所以，本书首先利用戈林样本进行跨国对比分析，表4-3给出了戈林样本的部分国家劳动份额。

表4-3中，原始数据是雇员报酬占GDP的比重。调整1为全部自雇者收入均作为劳动报酬处理所计算的劳动份额，这类似于中国国家统计局关于劳动者报酬的定义。调整2是假定自雇者与公司经营者的资本与劳动的分配份额相同时，对自雇者收入进行分配后所计算的劳动份额；调整3是假定自雇者具有与雇员相同的劳动报酬时，对自雇者收入进行调整所计算的劳动份额。上述三种调整方法的具体计算公式见第一章的相关介绍。需要指出的是，戈林在计算劳动份额时，增加值剔除了间接税，这也是国外研究通常的做法。因此，我们根据同样口径，将江苏的地区生产总值减去生产税净额后，再计算相应的劳动份额，其结果见表4-5。

表4-3　　　　　　　　　　　部分国家劳动份额

国家或地区	年份	实际人均GDP	原始数据	调整1	调整2	调整3
澳大利亚	1992	14458	0.504	0.719	0.669	0.676
白俄罗斯	1992		0.417	0.554	0.514	
比利时	1992	13484	0.547	0.791	0.743	0.740
玻利维亚	1988	1670	0.256	0.835	0.627	0.484
博茨瓦纳	1986	2662	0.302	0.368	0.341	0.484
布隆迪	1986	551	0.201	0.914	0.728	
刚果	1988	2340	0.372	0.691	0.578	
厄瓜多尔	1986	2885	0.213	0.82	0.571	0.502
爱沙尼亚	1991		0.469	0.606	0.574	

续表

国家或地区	年份	实际人均GDP	原始数据	调整1	调整2	调整3
芬兰	1992	12000	0.575	0.765	0.734	0.68
法国	1992	13918	0.525	0.764	0.717	0.681
匈牙利	1991	4947	0.585	0.802	0.772	0.675
印度	1980	882	0.691	0.838	0.828	
意大利	1991	12602	0.451	0.804	0.717	0.707
科特迪瓦	1977	2060	0.287	0.809	0.690	
牙买加	1988	2443	0.427	0.616	0.566	
日本	1992	15105	0.564	0.727	0.692	0.725
韩国	1991	7251	0.472	0.768	0.697	0.796
拉脱维亚	1992		0.374	0.55	0.471	
马耳他	1990	6627	0.434	0.714	0.632	
毛里求斯	1990	5838	0.392	0.767	0.668	0.490
尼德兰	1992	13281	0.532	0.721	0.68	0.643
挪威	1991	15047	0.519	0.678	0.643	0.569
菲律宾	1992	1689	0.353	0.800	0.661	0.872
葡萄牙	1990	7478	0.448	0.825	0.748	0.602
瑞典	1992	13986	0.613	0.800	0.774	0.723
乌克兰	1991		0.770	0.797	0.762	
英国	1992	12724	0.574	0.815	0.782	0.719
美国	1992	17945	0.604	0.773	0.743	0.664
越南	1989		0.594	0.835	0.802	

资料来源：戈林（2002）。

表4-4　　　　　　　1993—2012年江苏劳动份额（扣除间接税）

年份	雇员报酬/GDP	劳动者报酬调整数/GDP	经自雇者收入调整后的劳动报酬/GDP
1993	0.336	0.540	0.493
1994	0.353	0.558	0.517
1995	0.372	0.573	0.536
1996	0.375	0.573	0.536
1997	0.390	0.579	0.538

年份	雇员报酬/GDP	劳动者报酬调整数/GDP	经自雇者收入调整后的劳动报酬/GDP
1998	0.394	0.578	0.534
1999	0.394	0.577	0.527
2000	0.406	0.573	0.526
2001	0.415	0.578	0.528
2002	0.423	0.572	0.526
2003	0.434	0.564	0.526
2004	0.405	0.548	0.502
2005	0.392	0.502	0.470
2006	0.408	0.513	0.482
2007	0.372	0.473	0.444
2008	0.392	0.480	0.459
2009	0.423	0.517	0.502
2010	0.376	0.488	0.466
2011	0.401	0.491	0.480
2012	0.405	0.495	0.485

资料来源：笔者计算。其中，GDP 为地区生产总值减去生产税净额。

由表4-3和表4-4可以看到，就雇员报酬占GDP的比重来看，江苏在0.33—0.43之间，平均为0.393，既低于戈林样本的0.469的平均水平，更远低于美国、英国、日本等发达国家平均水平。在戈林样本中，雇员报酬占GDP的比重相对较低的国家和地区主要是一些低收入国家，如布隆迪、科特迪瓦等。江苏与戈林样本中与现阶段江苏发展水平相类似的一些国家和地区，如韩国、马耳他、毛里求斯等相比，雇员报酬占GDP比重平均低了约7个百分点。苏东国家的雇员报酬占GDP的比重差异较大，最高的乌克兰达到了0.77，最低的拉脱维亚仅0.37，但总体上看，江苏的雇员报酬占GDP比重也低于这些前社会主义国家的平均水平。我们注意到，雇员报酬占GDP的比重似乎与经济发展水平有关，经济发展水平越高，雇员报酬占GDP的比重相对也越高。并且雇员报酬占GDP比重与国家的社会性质没有太大关联，同样是转型国家，既有雇员报酬占GDP比重较低的拉脱维亚，也有样本中最高的乌克兰。

　　如果将自雇者收入全部作为劳动者报酬来处理，江苏的劳动者报酬调整数占 GDP 比重在 0.47—0.58 之间，平均为 0.539，远低于戈林样本调整 1 的 0.74 的平均水平。戈林样本中雇员报酬占 GDP 比重低于江苏的一些国家和地区，如玻利维亚、布隆迪等，一旦将自雇者收入全部纳入劳动报酬处理，其同口径劳动份额则远高于江苏水平。比如，玻利维亚的雇员报酬占 GDP 的比重为 0.256，调整 1 的计算结果为 0.835；布隆迪的雇员报酬占 GDP 的比重为 0.201，调整 1 的计算结果为 0.914。

　　我们所计算的江苏劳动份额，其分配方法类似于戈林调整方法 2。我们看到，尽管调整后的劳动份额的提升不像方法 1 那么大，但戈林调整方法 2 的估计结果仍远高于我们所估算的江苏劳动份额。1993—2012 年间，江苏的平均劳动份额为 0.504，比戈林样本平均数低了近 17 个百分点。我们注意到，像韩国、马耳他、毛里求斯等当年发展水平与现阶段江苏类似的一些国家和地区，调整 2 所计算的劳动份额均超过了 0.7，比江苏同口径劳动份额高出 20 个百分点。

　　除越南外，戈林样本中一些前社会主义国家调整 1 和调整 2 的估计结果，与原始雇员报酬占 GDP 的比重相比，增加的幅度并不大。如白俄罗斯原始劳动份额为 0.417，调整方法 1 的计算结果为 0.554，方法 2 的计算结果仅 0.514。这与江苏非常类似。这提示我们，劳动份额的高低与一个国家的转轨经济特征存在一定的关系。

二　演进趋势比较

　　戈林样本使用的是时点数据，为了在一个较长时期内考察劳动份额的变化，我们建立了一个 1970—2012 年包含 48 个国家和地区 852 组数据的时期样本来进行跨国比较研究。在我们的样本中，既包含发达国家，也包含发展中国家和苏东转型国家或地区。其中，雇员报酬、GDP、间接税、混合收入数据分别取自联合国有关年份的《国民核算统计：主表与详表》，人均 GDP 数据取自 Penn World Table7.0，为 2005 年购买力平价（PPP）数据。

　　按照人均 PPP 收入水平，我们将上述样本国家和地区划分为三类：第一类是样本期人均 PPP 收入水平低于 6000 元的国家和地区，第二类是样本期人均 PPP 收入水平在 6000—16000 元的国家和地区，第三类是大于 16000 元的国家和地区，表 4-5 给出上述三组国家和地区的平均劳动份额。其中，LS1 为雇员报酬占 GDP 比重，LS2 为混合收入全部作为劳动报

酬后计算的劳动份额，LS3 参照李稻葵等（2009）的做法，为雇员报酬占
GDP 比重加上农业占 GDP 的比重。1993—2011 年，我国人均 PPP 收入平
均为 4722 元，江苏在 6000 元左右，与样本中埃及、格鲁吉亚、危地马
拉、洪都拉斯等国家和地区类似，略低于白俄罗斯、巴西、哥伦比亚、伊
朗、哈萨克斯坦等国家和地区。我们看到，就雇员报酬占 GDP 比重来看，
人均 PPP 收入低于 6000 元的国家和地区，平均为 0.305，比 1993—2012
年间江苏雇员报酬占 GDP 平均比重低 3.4 个百分点；人均 PPP 收入在
6000—16000 元的样本平均雇员报酬占 GDP 比重为 0.404，比江苏高近 7
个百分点；大于 16000 元的样本，其平均雇员报酬占 GDP 比重为 0.513，
比江苏高出近 18 个百分点。当前，江苏的发展水平已落入人均 PPP 收入
6000—16000 元区间，而雇员报酬占 GDP 比重仅 0.35，低于发展水平处
于这一区间的国家和地区平均水平 5 个百分点。

表 4 - 5 不同组别国家和地区平均劳动份额

人均 PPP（元）	LS1	LS2	LS3
0—6000	0.305	0.501	0.596
6001—16000	0.404	0.473	0.538
>16000	0.513	0.538	0.605

资料来源：笔者根据联合国数据库、Penn World Table7.0 计算。人均 PPP 为样本期人均购买
力平价收入平均数，均为 2005 年不变价。LS1 为雇员报酬占 GDP 比重，LS2 为混合收入全部作
为劳动报酬后计算的劳动份额，LS3 为雇员报酬占 GDP 比重加农业增加值占 GDP 的比重。

就考虑自雇者混合收入的劳动份额来看，人均 PPP 收入低于 6000 元
的国家和地区，平均劳动份额为 0.501，比江苏高出 3.5 个百分点；人均
PPP 收入在 6000—16000 元样本的平均劳动份额为 0.473，也略高于江苏。
由于混合收入主要是农户和个体经营户收入，这意味着与同等发展水平的
国家和地区相比，江苏个体经济发展还不充分。

观察表 4 - 5 发现了一个有趣现象，即雇员报酬占 GDP 的比重似乎随
着人均收入水平的上升而上升，而劳动份额似乎与经济发展呈现一定 U
形关系，但更表现为上升趋势。我们看到雇员报酬占 GDP 比重，人均
PPP 收入低于 6000 元的国家和地区平均为 0.305，当人均 PPP 收入高于
6000 元后，上升到 0.404，人均 PPP 收入高于 16000 元后，进一步上升到

0.513。考虑农业比重的劳动份额，人均 PPP 收入低于 6000 元时，平均为 0.596，人均 PPP 收入高于 16000 元时，平均为 0.605，而人均 PPP 收入在 6000—16000 元时，平均为 0.538，U 形特征非常完美。但考虑自雇者混合收入的劳动份额，人均 PPP 收入低于 6000 元时，劳动份额平均为 0.501，人均 PPP 收入高于 16000 元时，平均为 0.538，人均 PPP 收入在 6000—16000 元的劳动份额平均为 0.473，呈现出一定的 U 形特征，但总体上是上升趋势。

第四节　本章小结

　　本章对江苏劳动份额进行了同口径横向比较分析。与全国平均水平比较和省际横向比较结果表明，江苏的劳动份额在全国处于相对较低的水平，显示劳动在收入分配中的不利地位。但我们也发现，江苏劳动份额低于全国平均水平在一定程度要由江苏第一产业比重较低和第三产业发展滞后来说明。就劳动份额的动态变化情况来看，劳动在江苏收入分配中的恶化程度并没有超出全国平均水平，单就雇员报酬占 GDP 比重看，江苏要优于全国平均水平。

　　国际横向比较显示，江苏劳动份额与类似发展水平的国家和地区相比，无论是雇员报酬占 GDP 比重，还是考虑到混合收入在内的劳动份额，总体上处于一个较低的水平，个体经济发展较为滞后是江苏劳动份额横比较低的重要原因。就其劳动份额动态演进来看，江苏与类似发展水平的国家和地区相比，劳动分配状况并不理想并且其恶化程度较大。与转型国家和地区比较，江苏的劳动份额具有类似的特征，表明经济转型可能是劳动份额较低并出现大幅下降的重要原因。我们还注意到，劳动份额与经济发展之间的 U 形关系并不明显，主要表现为随人均收入的提高而上升，特别是雇员报酬占 GDP 比重。

第五章 结构转型与劳动份额

根据我们提出的分析框架，结构变化是双重转型经济第一和第二阶段引致劳动份额变化的关键因素。此前，很多研究从结构转型的角度分析我国劳动份额变化的原因，认为产业结构的变化特别是劳动份额较高的第一产业比重的迅速缩小，是我国劳动份额下降的重要原因。那么，江苏劳动份额变化在多大程度上因结构转型所致，劳动份额变化正处于什么样的阶段，本章将集中回答这些问题。

第一节 结构转型初步考察

一 江苏三次产业结构变迁

改革开放以来，我国经济保持了长达30多年的高速增长，经济结构发生了巨大变化，表现在第一产业相对份额的快速下降和第三产业相对份额的快速提升。江苏作为我国经济发展的领先省份，同样经历了剧烈的结构变迁过程。图5-1显示的是1993—2012年江苏地区生产总值构成变化情况。由图5-1可知，1993年，江苏三次产业的结构为16.4:53.3:30.3，2003年，江苏第一产业占GDP比重首次下降到10%，2010年进一步下降到6.1%，2011年和2012年略有回升，基本保持在7%之内。第三产业占GDP比重也在不断上升，2011年首次突破40%，2012年达43.5%。相比第一产业和第三产业，江苏第二产业增加值占GDP的比重相对稳定并略有下降，2012年与1993年相比，第二产业增加值占GDP比重下降了3个百分点。与全国平均水平相比，江苏三次产业结构，第一产业比重明显低于全国平均水平，第三产业比重也明显低于全国平均水平，第二产业比重则明显高于全国平均水平。

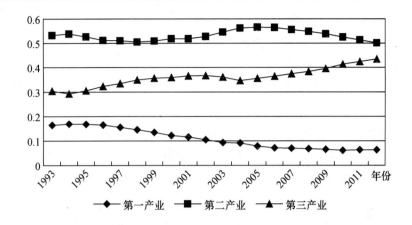

图5-1 江苏地区生产总值构成结构

资料来源：《江苏统计年鉴》（2013）。

江苏第二产业和第三产业比重与全国平均水平出现较大差异主要发生在21世纪前几年。表5-1给出了2001—2004年江苏和全国第二产业、第三产业占GDP比重数据。我们看到，2001年江苏第二产业比重为51.9%，高于全国6个百分点。2004年，江苏第二产业比重上升到56.3%，较2001年提高4.4个百分点。同期全国第二产业比重由45.2上升到46.2，仅提高1个百分点，这导致了江苏第二产业比重由2001年超出全国6个百分点提高到2004年超出全国10.1个百分点。反观第三产业，2001—2004年，全国第三产业比重变化不大，而同期江苏第三产业比重由2001年的36.5%下降到2004年的34.6%，下降了近2个百分点。与全国第三产业占GDP比重的差距，由2001年的4个百分点扩大到2004年的5.8个百分点。

表5-1　　　　　2001—2004年江苏及全国第二、第三产业比重　　　　单位:%

年份	江苏			全国		
	第二产业	工业	第三产业	第二产业	工业	第三产业
2001	51.9	45.2	36.5	45.2	39.7	40.5
2002	52.8	46.0	36.7	44.8	39.4	41.5
2003	54.6	48.3	36.1	46.0	40.5	41.2
2004	56.3	50.1	34.6	46.2	40.8	40.4

资料来源：《中国统计年鉴》（2013）和《江苏统计年鉴》（2013）。

二 第二产业内部结构变化

在第二产业和第三产业内部，产业结构变迁同样明显，特别是第二产业，产业结构变化相当剧烈，这主要表现在制造业内部的产业结构变化迅速，重化工业化特征明显。

表5-2给出的是根据2002年和2007年江苏42部门投入产出表计算的制造业17个行业增加值占制造业增加值比重变化情况。我们看到，在17个行业中，2002年行业增加值占制造业增加值比重接近或超过5%的有6个行业，分别是食品制造及烟草加工业、服装皮革羽绒及其制品业、造纸印刷及文教用品制造业、化学工业、非金属矿物制品业、金属冶炼及压延加工业、通用、专用设备制造业、交通运输设备制造业和通信设备、计算机及其他电子设备制造业。其中，食品制造及烟草加工业、化学工业增加值占制造业增加值的比重超过了10%，是江苏制造业中比重最高的两个行业，通信设备、计算机及其他电子设备制造业的比重也超过了7%，但传统的通用、专用设备制造业、纺织业的比重仍超过5%，这表明2002年江苏工业部门的发展仍以传统产业的大幅扩张为主，但已初步显示出重化工业化特征。

仅仅过了5年，制造业内部结构就发生了显著变化。由表5-2第二列，2007年17个制造业行业中，除少数行业外，大部分行业增加值占制造业增加值比重发生了明显变化。行业比重变化超过2%的有7个行业，占到全部17个制造业行业的41%。其中，食品制造及烟草加工业、造纸印刷及文教用品制造业等传统制造业行业比重下降明显，食品制造及烟草加工业比重下降近7个百分点，造纸印刷及文教用品制造业比重下降3.3个百分点。纺织业是上升幅度较大的传统行业，相比2002年上升了2.4个百分点。与此同时，一些重化工行业比重上升明显，如化学工业上升2个百分点，金属冶炼及压延加工业上升1.5个百分点。高科技行业的增长更快，如电气、机械及器材制造业上升3.4个百分点，通信设备、计算机及其他电子设备制造业锐升7个百分点。上述行业比重的变化表明，短短的5年里，江苏工业化发展的重化工业化特征得到进一步强化，同时以通信设备、计算机及其他电子设备制造业为代表的IT产业的发展也相当迅速。

17个行业中，行业增加值占制造业增加值比重变化超过1%的行业有13个，占全部17个制造业行业的76.5%，行业份额变化超过30%的行业有16个，占到全部17个制造业行业总数的94%。经过5年的发展，化学工业、金属冶炼及压延加工业、通信设备、计算机及其他电子设备制造业的行业份额超过10%，其中，金属冶炼及压延加工业、通信设备、计算机及其他电子设备制造业成为江苏制造业新的支柱产业，而2002年比重最高的食品制造及烟草加工业，到2007年其增加值占制造业增加值的比重下降了一半多。

表5－2　　　　江苏制造业分行业增加值占制造业增加值比重

行业	2002年 行业份额	2007年 行业份额	行业份额变化
食品制造及烟草加工业	0.118	0.048	－ 0.069
纺织业	0.058	0.082	0.024
服装皮革羽绒及其制品业	0.043	0.041	－ 0.001
木材加工及家具制造业	0.028	0.011	－ 0.017
造纸印刷及文教用品制造业	0.062	0.029	－ 0.033
石油加工、炼焦及核燃料加工业	0.027	0.012	－ 0.015
化学工业	0.152	0.172	0.020
非金属矿物制品业	0.050	0.030	－ 0.02
金属冶炼及压延加工业	0.098	0.113	0.015
金属制品业	0.037	0.033	－ 0.004
通用、专用设备制造业	0.095	0.092	－ 0.003
交通运输设备制造业	0.066	0.054	－ 0.012
电气、机械及器材制造业	0.045	0.079	0.034
通信设备、计算机及其他电子设备制造业	0.071	0.142	0.070
仪器仪表及文化、办公用机械制造业	0.011	0.016	0.004
其他制造业	0.015	0.005	－ 0.010
废品废料	0.022	0.040	0.018

资料来源：笔者根据2002年、2007年《江苏42部门投入产出表》数据计算。

三　第三产业内部结构变化

第三产业内部产业变迁同样存在，但明显加快主要发生在2000年之后，并且其变迁速度也慢于制造业内部的产业变迁。

表5－3给出的是1993—2004年江苏第三产业中交通运输仓储邮电通信业、批零贸易餐饮业、金融保险业、房地产业和其他服务业5大产业门

类增加值占第三产业增加值比重的变化情况。我们看到，五个主要产业门类中，交通运输仓储邮电通信业增加值占第三产业增加值的比重1993年为0.158，2004年为0.163，11年间上升0.5个百分点；批零贸易餐饮业增加值占第三产业增加值的比重1993年为0.346，2004年为0.332，11年间下降了1.4个百分点；房地产业的比重1993年为0.08，2004年上升到0.103，11年间上升2.3个百分点。行业份额变化较大的是金融保险业和其他服务业，其中，金融保险业增加值占第三产业增加值比重由1993年的0.154下降至2004年的0.085，11年间下降了6.9个百分点，下降幅度超过40%；其他服务业由1993年的0.261上升到2004年的0.317，上升了5.6个百分点。就1993—2004年第三产业整体发展情况看，行业比重最高的两大行业是批零贸易和餐饮业、其他服务业。这显示出这一时期江苏第三产业仍以传统服务业为主，现代服务业的发展相对滞后。

表5-4给出的是2008—2012年江苏第三产业各行业增加值占第三产业比重的变化情况。我们看到，这一时期的第三产业内部各个行业的比重变化较为明显。变化幅度相对较大的行业是金融业、租赁和商务服务业。2012年相比2008年，金融业在第三产业中的比重提高了2.4个百分点，租赁和商务服务业比重提高了1.8个百分点，行业比重的变动幅度分别达到22%和43%。上述变化反映了现代服务业发展的提速，显示出江苏第三产业发展的转型。与现代服务业发展加快形成对比的是，一些传统服务业行业如交通运输、仓储和邮政业、批发和零售业、居民服务和其他服务业、住宿和餐饮业，5年间的变动幅度均低于20%，在第三产业中的比重也在不断下降。其中，交通运输、仓储和邮政业增加值占第三产业增加值的比重，由2008年的0.113下降到2012年的0.1，4年间累计下降1.3个百分点；批发和零售业的比重由2008年的0.262下降到2012年的0.243，累计下降1.9个百分点。

表5-3　　　　　　　　1993—2004年江苏第三产业分行业
增加值占第三产业增加值比重

年份	交通运输仓储邮电通信业	批零贸易餐饮业	金融保险业	房地产业	其他服务业
1993	0.158	0.346	0.154	0.080	0.261
1994	0.158	0.342	0.158	0.080	0.262

续表

年份	交通运输仓储邮电通信业	批零贸易餐饮业	金融保险业	房地产业	其他服务业
1995	0.161	0.350	0.155	0.086	0.247
1996	0.162	0.349	0.150	0.092	0.246
1997	0.166	0.343	0.142	0.095	0.255
1998	0.173	0.325	0.128	0.101	0.272
1999	0.177	0.324	0.121	0.099	0.280
2000	0.182	0.312	0.114	0.097	0.295
2001	0.187	0.317	0.102	0.095	0.300
2002	0.184	0.320	0.095	0.095	0.305
2003	0.183	0.319	0.087	0.100	0.311
2004	0.163	0.332	0.085	0.103	0.317

资料来源：笔者根据《中国国内生产总值核算历史资料：1952—2004》计算。

表 5 - 4 　　2008—2012 年江苏第三产业分行业增加值占第三产业增加值比重

行业	2008 年	2009 年	2010 年	2011 年	2012 年
交通运输、仓储和邮政业	0.113	0.104	0.103	0.102	0.100
信息传输、计算机服务和软件业	0.042	0.039	0.035	0.044	0.047
批发和零售业	0.262	0.263	0.260	0.256	0.243
住宿和餐饮业	0.049	0.050	0.042	0.044	0.044
金融业	0.109	0.117	0.123	0.125	0.133
房地产业	0.137	0.149	0.152	0.132	0.127
租赁和商务服务业	0.042	0.041	0.051	0.057	0.060
科学研究、技术服务和地质勘查业	0.023	0.023	0.021	0.024	0.026
水利、环境和公共设施管理业	0.011	0.011	0.013	0.013	0.014
居民服务和其他服务业	0.023	0.022	0.026	0.027	0.029
教育	0.062	0.064	0.060	0.058	0.060
卫生、社会保障和社会福利业	0.032	0.031	0.029	0.032	0.031
文化、体育和娱乐业	0.011	0.011	0.013	0.013	0.013
公共管理和社会组织	0.083	0.077	0.073	0.072	0.072

资料来源：笔者根据相关年份《江苏统计年鉴》计算。

我们注意到，江苏第三产业内部产业变迁相对剧烈的是 2005—2008年和 2008—2010 年这两个阶段。我们看到，表 5－4 报告的 2008 年第三产业各行业份额相对于 2004 年，交通运输、仓储和邮政业下降了 5 个百分点，下降幅度达到 31%；金融业的份额提高了 2.4 个百分点，变化幅度为 22%；房地产业的份额提高了 3.4 个百分点，变化幅度为 33%。2008—2010 年，传统的第三产业行业，如交通运输、仓储和邮政业，其行业比重继续下降，2009 年在第三产业中的份额较 2008 年下降了近 1 个百分点，而房地产业和金融业的比重依然快速上升，2009 年相比 2008年，房地产业比重提升了 1.5 个百分点，金融业提升 1.4 个百分点。

需要指出的是，2008—2010 年第三产业结构变化在很大程度上是受全球金融危机的影响而引致的。这一时期，受金融危机冲击，我国第二产业增速放缓，导致了与制造业关联度较高的交通运输、仓储和邮政业、信息传输、计算机服务和软件业增速下滑；而受扩张型财政政策刺激，房地产业比重大幅提升。2010 年之后，随着全球经济逐渐企稳，财政扩张政策逐步退出，房地产业比重开始下降，交通运输、仓储和邮政业比重开始企稳，信息传输、计算机服务和软件业等现代服务业行业比重重新上升。

第二节　结构变化对总劳动份额的影响

一　劳动份额变化的结构分解方法

要解释一个经济中产业结构变化对劳动份额变化的影响，通常是分别测算各产业部门的劳动份额和增加值份额，再计算这些产业部门的结构变化和各自劳动份额变化对总体变化的贡献。鉴于不同产业劳动份额不同，所以即使不同产业劳动份额在不同时期没有发生变化，产业结构的变化也可能导致总劳动份额发生变化。所以，研究产业结构对劳动收入份额的影响，通常要将劳动份额的变化分解成由产业结构变迁所导致的结构影响和产业内劳动份额变化所产生的产业影响（白重恩、钱震杰，2009）。

具体来说，如果用 i 表示部门，t 代表年份，t_0 和 t_1 分别代表期初和期末，α 为劳动份额，α_i 和 vsh_i 分别为某部门的劳动收入份额和该部门在总体增加值中所占的比重，则有：

$$\alpha_{t1} - \alpha_{t0} = \sum \alpha_{i,t1} \cdot vsh_{i,t1} - \sum \alpha_{i,t0} \cdot vsh_{i,t0}$$

$$= \sum \alpha_{i,t1} \cdot (vsh_{i,t1} - vsh_{i,t0})（结构影响）$$

$$+ \sum (\alpha_{i,t1} - \alpha_{i,t0}) \cdot vsh_{i,t0}（产业影响） \tag{5.1}$$

对于 t_0 和 t_1 期间劳动份额的变化，可以用式（5.1）进行分析。将式（5.1）中的 $\sum \alpha_{i,t1} \cdot (vsh_{i,t1} - vsh_{i,t0})$ 称为结构影响，为保持各部门劳动份额不变时，产业结构变化对总劳动份额的贡献，当其为负时，使得劳动份额降低，即结构影响为负；反之，结构影响为正；$\sum (\alpha_{i,t1} - \alpha_{i,t0}) \cdot vsh_{i,t0}$ 为产业影响，是保持产业结构不变，各部门劳动份额变化对总劳动份额的贡献，当其为负时，使得劳动份额降低，我们称产业影响为负；反之，产业影响为正。

上式具体含义是，结构影响与各产业劳动份额的差距有关：只有当产业结构转型发生在劳动份额差异较大的产业之间时，才会引起总劳动份额发生明显变化；而产业影响则与各产业在经济中的比重密切相关：经济比重较高的产业，其劳动份额的变化对总劳动份额的影响较大；比重较低的产业，即使其劳动份额发生较大幅度变化，对总劳动份额的影响也不大。因此，结构变化的影响程度与产业间劳动份额的差距密切相关，而产业内劳动份额变化的影响程度则与该产业在经济中所占比重有关。

二　结构影响和产业影响初步考察

（一）结构影响

表 5 - 5 给出的是 1993—2012 年江苏三次产业平均劳动份额。其中，报告数为劳动者报酬报告数占增加值比重，调整数为劳动者报酬调整数占增加值比重，自雇者调整数为将自雇者收入分解成劳动收入和资本收入后计算的劳动份额。

从表 5 - 5 所报告的三次产业劳动份额数据，我们可以清楚地看出产业结构的变化将从两个方面对劳动份额产生影响：首先，第一产业增加值占 GDP 比重的下降，将拉低江苏总劳动份额。我们看到，第一产业的劳动份额较高，如果按 0.9 计算，第一产业增加值占 GDP 的比重每下降 1.1 个百分点，将拉低总劳动份额 1 个百分点。根据《江苏统计年鉴》（2013）报告的数据，2010 年江苏第一产业增加值占 GDP 的比重为 6.1%，较 1995 年下降了 10.4 个百分点，所以，这一期间由于第一产业占总量比重的迅速下降，将导致总劳动份额下降超过 9 个百分点。其次，第二产业和第三产业在总量中比重的变化也会对总劳动份额构成影响。尽管第二产业和第三产业劳动份额远远低于第一产业，但由于占总量的份额较高，当其份额发生变化时，对劳动份额变化的影响也不容忽视。我们看到，江苏第二产业的比重长期保持在50%以上，所以尽管其劳动份额只有第一产业劳动份额的一半，但只要其比重的变化超过第一产业的1倍，其结构影响将超过第一产业。第三产业也是如此。此外，由于第二产业与第三产业劳动份额也存在差异，第二产业与第三产业相对比重的变化，也会对总劳动份额的变化产生影响。

表5-5　　　　　　　　1993—2012年江苏三次产业平均劳动份额

口径	第一产业	第二产业	第三产业
报告数	0.900	0.396	0.352
调整数	0.900	0.405	0.429
自雇者调整数	0.812	0.405	0.382

注：报告数为劳动者报酬报告数占增加值比重，调整数为劳动者报酬调整数占增加值比重，自雇者调整数为将自雇者收入分解成劳动收入和资本收入后计算的劳动份额。

资料来源：笔者计算。

（二）产业影响

结构影响是在产业内劳动份额保持不变的情况下，由于结构变化所导致的劳动份额变化。然而，由于产业内劳动份额并不是恒定不变的，所以其变化也将影响总劳动份额。图5-2报告的是1993—2012年江苏第二产业和第三产业劳动份额变化情况。其中，劳动份额是劳动者报酬调整数占GDP的比重。

我们发现，劳动份额发生剧烈变化的时期是2003年之后。自2004年起，江苏第二产业劳动份额急剧下降，到2007年，第二产业劳动份额达到最低的0.325，较2003年下降超过14个百分点。第三产业的劳动份额在2005年之前总体上呈现上升趋势，从2006年起，出现了连续4年的下降，下降幅度超过6个百分点。2008年之后，第二产业和第三产业劳动份额的变化出现了分化，第三产业劳动份额重新上升，而第二产业的劳动

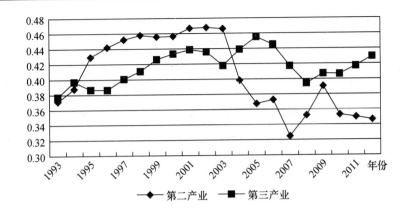

图5-2　江苏第二产业和第三产业劳动份额变化动态

资料来源：笔者计算，劳动份额为劳动者报酬调整数占 GDP 的比重。

份额则呈振荡下降。所以，产业内劳动份额变化的影响也不容忽视。对照这一时期第二产业和第三产业内部各行业的变化动态，我们发现了两者惊人的一致，即产业结构变化比较剧烈的时期，也是产业内劳动份额发生剧烈变化的时期。所以，对于第二产业或第三产业内劳动份额的变化，一个不可忽视的因素是，第二产业或第三产业内部行业结构的变化，也会通过影响第二产业或第三产业劳动份额进而对总劳动份额产生影响。

一般而言，纺织业、服装皮革羽绒及其制品业等行业属于劳动密集型行业，其劳动份额在制造业中较高，这些行业增加值占制造业增加值比重的下降，必然导致制造业进而第二产业劳动份额的下降。综观江苏产业结构变化，在第二产业内部以资本密集为特征的重化工业化趋势从 2000 年之后就开始显现；而在第三产业内部，以金融业、信息传输、计算机服务和软件业为代表的现代服务业的发展，也大大快于传统服务业的发展。因此，产业影响中的相当部分是由产业内劳动份额变化的结构影响所贡献。

（三）统计口径影响

由于口径问题，由第二产业和第三产业相对比重的变化所导致的劳动份额变化在方向上并不确定。根据计算，第三产业份额的增加，在 1993—2012 年间对总劳动份额的影响可划分为两个时期，前期影响主要为负，后期则主要为正；同时，不同口径计算的劳动份额，第三产业份额增加的影响由负转正的时点并不相同。根据劳动者报酬调整数占 GDP 的比重分析，在 2004 年之前，因为第三产业劳动份额低于第二产业，所以第三产业份额的提高会拉低总劳动份额；从 2004 年开始，由于第三产业劳动份额高于第二产业，第三产业比重的增加则趋于提高总劳动份额。如果按照劳动者报酬报告数占 GDP 的比重分析，转折点出现在 2005 年，即在 2005 年之前，第三产业比重的上升将使总劳动份额下降；2005 年及之后，第三产业比重的上升将使总劳动份额上升。雇员报酬占 GDP 的比重和经过自雇者收入调整的劳动份额也是如此。因此，不同口径的劳动份额，其分析结果存在差异。

三　结构分解结果

（一）劳动者报酬报告数占 GDP 比重

表 5-6 给出的是根据式（5.1）进行计算的劳动者报酬报告数占 GDP 比重变化的结构影响和产业影响。表中第二列报告的是第一产业影响，即保持产业结构不变，由于第一产业内劳动份额变化对总劳动份额的影响；第三列和第四列分别报告的是第二产业和第三产业的产业影响；第五列报告的是结构影响，即假定三次产业劳动份额不变，由于各产业比重的相对变化而导致的总劳动份额的变化。

观察表 5-6 发现，就结构影响来看，1994—2012 年，产业结构变化对总劳动份额的影响在绝大部分年份为负，其中，1997—2000 年和 2006 年，结构影响使得总劳动份额的下降超过 0.5 个百分点。从 2011 年开始，结构影响开始为正，2011 年和 2012 年结构影响分别达到 0.0014，对当年总劳动份额提升的贡献超过了 1/3。从结构影响对总劳动份额变化的贡献来看，2006 年之前，结构影响尽管为负，但对总劳动份额变化的贡献却在逐年下降。我们看到，结构影响的这种变化特征符合本书分析框架的理论预期，即在结构变迁早期，结构影响主要由第一产业比重的快速下降所致。当第一产业比重下降到一定程度，结构影响主要由第二产业和第三产业相对份额变化所致。当第二产业和第三产业相对比重发生波动时，结构影响也将随之波动。

表 5-6　　劳动者报酬报告数占 GDP 比重变化因素分解结果

年份	产业影响				结构影响
	第一产业	第二产业	第三产业	合计	
1994	0.0030	0.0088	0.0060	0.0178	0.0031
1995	0.0014	0.0237	-0.0030	0.0221	-0.0017

续表

年份	产业影响				结构影响
	第一产业	第二产业	第三产业	合计	
1996	0.0005	0.0054	−0.0001	0.0058	−0.0037
1997	−0.0028	0.0050	0.0037	0.0059	−0.0055
1998	−0.0005	0.0016	−0.0002	0.0010	−0.0060
1999	0.0001	−0.0039	−0.0004	−0.0042	−0.0055
2000	−0.0010	0.0001	0.0053	0.0045	−0.0056
2001	−0.0010	0.0050	0.0001	0.0041	−0.0035
2002	−0.0003	0.0012	0.0009	0.0018	−0.0047
2003	0.0002	0.0018	−0.0009	0.0011	−0.0039
2004	0.0019	−0.0481	−0.0018	−0.0480	−0.0007
2005	−0.0003	−0.0114	0.0173	0.0056	−0.0008
2006	0.0000	0.0044	0.0013	0.0057	−0.0072
2007	−0.0001	−0.0268	−0.0086	−0.0354	0.0006
2008	0.0000	0.0244	0.0110	0.0354	−0.0035
2009	0.0068	0.0211	0.0049	0.0328	−0.0011
2010	0.0001	−0.0202	−0.0002	−0.0203	−0.0018
2011	0.0000	−0.0016	0.0043	0.0027	0.0014
2012	0.0002	−0.0018	0.0053	0.0037	0.0014
1993—2000	0.0004	0.0406	0.0104	0.0514	−0.0234
2001—2007	0.00175	−0.0739	0.0092	−0.0630	−0.0230
2008—2012	0.00711	−0.0031	0.0135	0.0175	0.0013

资料来源：笔者计算。

　　从产业影响看，绝大多数年份为正，其中，1994—1995年、2008年和2009年的产业影响均超过1.5个百分点，2008年达到3.5个百分点。尽管产业影响为负的年份不多，但其对总劳动份额变化的贡献却相当大。我们注意到，2004年，产业影响达到−0.048，占到当年总劳动者报酬报告数占GDP比重下降幅度的98.5%。同样的，2007年和2010年的产业影响分别达到−0.0354和−0.0203，当年总劳动者报酬报告数占GDP比重下降几乎全部由产业影响所贡献。因此，就劳动者报酬报告数占GDP比重而言，产业影响是影响总劳动份额变化的主要因素，并且其重要性越来越高。对产业影响作进一步细分，可以发现产业影响主要由第二产业内劳动份额的变化所贡献。我们看到，1994 年，总劳动份额上升，三次产业的产业影响均为正，分别达到 0.0030、0.0088 和 0.0060，第二产业的产业影响接近第一产业和第三产业产业影响之和。1995 年，第二产业影响高达 0.0237，当年产业影响全部由第二产业所贡献。2004 年，第二产业的产业影响为 -0.0481，当年的产业影响也全部由第二产业所贡献；2007 年产业影响为 -0.0354，第二产业贡献了 75.6%；2009 年产业影响为 0.0328，第二产业贡献为 64.2%。

我们还分别计算了 1993—2000 年、2001—2007 年和 2008—2012 年江苏劳动者报酬报告数占 GDP 比重变化的结构影响和产业影响，见表 5-6 的最后三行。我们看到，1993—2000 年，结构影响为 -0.0234，产业影响不但抵消了结构影响，而且还使总劳动份额上升 0.028。其中，第二产业的产业影响为 0.0406，贡献了这一时期总产业影响的 79%。因此，产业影响是这一时期劳动份额变化的主要来源，并且主要来自第二产业。2001—2007 年，江苏劳动者报酬报告数占 GDP 比重下降了 0.086，其中，结构影响导致劳动份额下降了 0.023，产业影响导致劳动份额下降了 0.063，产业影响远远大于结构影响，仍然是这一时期劳动份额下降的主要来源。在产业影响中，第二产业的产业影响高达 -0.0739，即总劳动份额下降的 86% 来自第二产业内劳动份额的下降。2008—2012 年，产业影响为 0.013，远远大于 0.0017 的结构影响。上述分析说明，江苏劳动份额的变化，第二产业内劳动份额变化是主要原因。

（二）劳动者报酬调整数占 GDP 比重

由于数据质量问题，按照劳动者报酬报告数占 GDP 比重进行结构分解所得到的结论有可能产生误导。下面对劳动者报酬调整数占 GDP 比重的影响因素进行分解，其结果在表 5-7 中报告。

观察表 5-7 发现，除 2004—2006 年外，在 2011 年之前的绝大多数年份的结构影响为负，其中，1998—2003 年期间的结构影响比较大，平均达到 -0.45 个百分点。我们注意到，1998—2003 年是江苏第一产业比重下降速度较快的时期，这一时期的第一产业比重由 1998 年的 14.5% 锐降到 2003 年的 9.3%，降幅超过 5 个百分点。所以，这一时期总劳动份额变化的结构影响，主要源于第一产业比重的迅速下降。2005 年的结构影响为正，达到 0.96 个百分点，但当年第一产业增加值占 GDP 比重下降超过了 1 个百分点，结构影响主要来自第三产业。2005 年与 2004 年相比，第三产业增加值占 GDP 的比重上升了 1 个百分点，而当年第三产业劳动份额高出第二产业近 9 个百分点，这使得当年的结构影响在第一产业下降的结构影响较大的情况，总结构影响为正。

表 5 - 7　　　劳动者报酬调整数占 GDP 比重变化因素分解结果

年份	产业影响				结构影响
	第一产业	第二产业	第三产业	合计	
1994	0.0030	0.0088	0.0060	0.0178	- 0.0001
1995	0.0014	0.0223	- 0.0030	0.0207	- 0.0013
1996	0.0005	0.0068	- 0.0001	0.0072	- 0.0036
1997	- 0.0028	0.0052	0.0045	0.0069	- 0.0040
1998	- 0.0005	0.0029	0.0034	0.0059	- 0.0056
1999	0.0001	- 0.0011	0.0053	0.0044	- 0.0063
2000	- 0.0010	0.0003	0.0026	0.0020	- 0.0058
2001	- 0.0010	0.0055	0.0019	0.0064	- 0.0032
2002	- 0.0003	0.0004	- 0.0011	- 0.0010	- 0.0042
2003	0.0002	- 0.0008	- 0.0067	- 0.0073	- 0.0021
2004	0.0019	- 0.0371	0.0077	- 0.0274	0.0042
2005	- 0.0003	- 0.0172	0.0056	- 0.0119	0.0096
2006	0.0000	0.0028	- 0.0036	- 0.0007	0.0008
2007	- 0.0001	- 0.0272	- 0.0103	- 0.0375	- 0.0046
2008	0.0000	0.0154	- 0.0085	0.0069	- 0.0205
2009	0.0068	0.0211	0.0049	0.0328	- 0.0011
2010	0.0001	- 0.0202	- 0.0002	- 0.0203	- 0.0018
2011	0.0000	- 0.0016	0.0043	0.0027	0.0014
2012	0.0002	- 0.0018	0.0053	0.0037	0.0014
1993—2000	0.0004	0.0453	0.0171	0.0628	- 0.0248
2001—2007	0.00176	- 0.0739	- 0.0079	- 0.0800	- 0.0021
2008—2012	0.00711	- 0.00308	0.0135	0.0175	0.0013

资料来源：笔者计算。

与劳动者报酬报告数占 GDP 比重相比，劳动者报酬调整数占 GDP 比重变化的产业影响仍然主要由第二产业内劳动份额变化所贡献。1994—1995 年，总劳动份额上升，产业影响为正，分别达到 0.0178 和 0.0207，第二产业内劳动份额的上升分别贡献了 49.2% 和 107%；2004 年，总产业影响为 −0.0274，第二产业的产业影响为 −0.0371，对总产业影响的贡献为 135%；2007 年，总产业影响为 −0.0375，第二产业的产业影响为 −0.0272，对总产业影响的贡献为 72.4%。

就 1993—2000 年、2001—2007 年、2008—2012 年三个时期来说，劳动者报酬调整数占 GDP 比重变化的结构分解结果，与劳动者报酬报告数占 GDP 比重的计算结果存在一定差异。差异主要发生在 2001—2007 年期间。在这一时期我们发现，按照劳动者报酬报告数占 GDP 比重变化的结构分解结果，劳动份额的下降主要由产业影响所贡献，但结构影响尚不容忽视，见表 5−6 倒数第 2 行。但根据表 5−7，这一期间劳动者报酬调整数占 GDP 比重，产业影响几乎说明了总劳动份额的所有变化。这说明，尽管报告数与调整数在趋势上非常接近，但后者变化的影响因素和影响程度与前者相比，却有相当大的差异，重新估计江苏劳动份额完全必要。

（三）劳动份额

表 5−8 给出了劳动份额变化的结构分解结果。我们看到，经过自雇者收入调整后的劳动份额，其结构分解结果与其他两种口径的劳动份额结构分解结果相比存在一定差异：

第一，早期的结构影响尽管为负，但影响幅度有所下降。由表 5−8 可知，1993—2000 年的结构影响为 −0.0238，较劳动者报酬调整数占 GDP 比重变化的结构影响略小。出现差异的原因有两个：一是经过自雇者收入调整的劳动报酬剔除了农户的资本收入，而农户的资本收入被剔除后的第一产业劳动份额有所下降，弱化了结构影响。二是个体经营户的资本收入同样被剔除，相比农户的资本收入，个体经营户的资本收入更高，所以结构影响被进一步弱化。

第二，中期的结构影响为正。这与其他两种口径劳动份额的结构分解结果形成对比。从表 5−8 可以看出，2001—2007 年，结构影响为 0.0024，而其他两种口径劳动份额变化的结构影响分别为 −0.023 和 −0.0021。之所以出现这样的变化，是由于经过自雇者收入调整后的第三产业劳动份额低于第二产业，这一期间的第二产业比重的上升产生了正的结构效应。

第三，相比劳动者报酬调整数占 GDP 比重变化的结构分解结果，第三产业的产业影响在三个时期均为正，显示出第三产业的劳动份额一直处于上升的趋势，其比重的提高对总劳动份额的提升有积极影响。

表5-8　　　　　　　　　　劳动份额变化因素分解结果

年份	产业影响				结构影响
	第一产业	第二产业	第三产业	合计	
1994	0.0052	0.0088	0.0075	0.0215	0.0000
1995	0.0025	0.0223	-0.0017	0.0231	-0.0019
1996	0.0009	0.0068	0.0000	0.0076	-0.0042
1997	-0.0050	0.0052	0.0036	0.0037	-0.0036
1998	-0.0008	0.0028	0.0013	0.0032	-0.0054
1999	0.0003	-0.0014	0.0013	0.0002	-0.0056
2000	-0.0017	0.0003	0.0044	0.0030	-0.0047
2001	-0.0017	0.0054	0.0009	0.0046	-0.0029
2002	-0.0006	0.0005	0.0005	0.0004	-0.0030
2003	0.0003	-0.0006	-0.0031	-0.0034	-0.0005
2004	0.0033	-0.0373	0.0069	-0.0270	0.0052
2005	-0.0005	-0.0172	0.0103	-0.0074	0.0105
2006	0.0000	0.0027	-0.0017	0.0010	0.0013
2007	-0.0001	-0.0270	-0.0089	-0.0360	-0.0049
2008	0.0000	0.0156	-0.0044	0.0112	-0.0206
2009	0.0127	0.0211	0.0041	0.0378	-0.0013
2010	0.0002	-0.0202	-0.0056	-0.0256	-0.0024
2011	0.0000	-0.0016	0.0137	0.0122	0.0012
2012	0.0004	-0.0018	0.0061	0.0046	0.0012
1993—2000	0.0008	0.0449	0.0151	0.0608	-0.0238
2001—2007	0.0031	-0.0736	0.0045	-0.0661	0.0024
2008—2012	0.0133	-0.0030	0.0169	0.0271	0.0007

资料来源：笔者计算。

四　基本结论

白重恩等（2009）的研究认为，结构变化构成了中国劳动份额下降的主要原因，而我们通过结构分解却发现，如果对数据质量问题进行处理，产业内劳动份额变化特别是第二产业内劳动份额变化构成江苏劳动份额下降的主要原因。

我们发现，第一产业比重变化所产生的结构影响尽管存在，但并不是江苏劳动份额下降的主要原因。通过经过调整的数据计算，江苏劳动份额从 2003 年开始大幅下降的主要因素可以用两个 80% 概括，即总劳动份额的变化，产业内劳动份额的变化贡献了 80% 以上；产业内劳动份额的变化，第二产业劳动份额的变化贡献了 80% 以上。从这一特征出发，我们认为，早在 20 世纪 90 年代初，江苏劳动份额的变化就开始跨越第一阶段，基本处于双重转型的第二阶段并正在向第三阶段过渡。在这样的过渡阶段，结构转型的影响、体制转型的影响和产业内劳动份额变化的影响，在特定条件下产生了叠加效应，从而导致劳动份额在短期内出现剧烈的下降。

当然，在三次产业内部，行业结构的变化也会对劳动份额构成影响。我们在下节中，将重点分析第二产业和第三产业内部的结构变化对产业内劳动份额变化的影响，进一步厘清江苏劳动份额出现大幅下降的主要原因。

第三节　产业内结构变化影响

上节分析的一个主要结论是，产业影响而非结构影响，是江苏劳动份额出现大幅下降的主要原因。由于江苏第二产业和第三产业内部均发生了较为明显的结构变化，所以产业内劳动份额变化主要是由产业内各行业劳动份额的变化来说明，还是由产业内各行业相对份额的变化来说明，仍需要进一步分析。

一　第二产业内劳动份额变化的影响

在江苏第二产业的各大门类中，制造业的比重最高，2012 年制造业增加值占第二产业增加值的比重高达 83%。因此，第二产业内劳动份额的变化，应主要由制造业内部结构变化及各行业劳动份额变化来说明。

图 5 – 3 报告的是 1993—2012 年江苏第二产业劳动份额的动态变化情况，劳动份额分别是劳动者报酬报告数占第二产业增加值比重和劳动者报酬调整数占第二产业增加值比重。从图中我们可以看到，1993—2012 年期间，江苏第二产业劳动份额变化基本可以划分成两个时期：2003 年之前，劳动份额基本呈现缓慢上升趋势；2003 年之后，劳动份额呈急剧下降趋势。其中，2003—2007 年间，江苏第二产业劳动者报酬占增加值的比重下降幅度超过 14 个百分点。对比这一时期第二产业内部各行业结构变化情况，我们很难相信，仅仅是结构影响导致了劳动份额如此巨大的降幅。

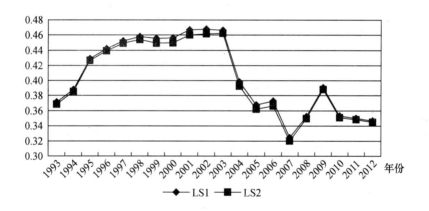

图 5 – 3　江苏第二产业劳动份额

资料来源：笔者计算，LS1 为劳动者报酬调整数占 GDP 比重，LS2 为劳动者报酬报告数占GDP 比重。

由于统计制度的滞后，我国公布的常规年度增加值数据并不包含制造业门类中的大类行业，唯一能提供第二产业分行业收入法 GDP 核算数据的数据来源是投入产出表。1993 年之后，江苏统计部门先后公布了 1997 年、2002 年、2005 年及 2007 年投入产出表，其中，42 部门投入产出表包含了第二产业 25 个大类行业的投入产出数据。本节我们将使用 2005 年和 2007 年投入产出表数据进行研究。

由于核算方法的问题，2005—2007 年所有正式公布的收入法 GDP 核算数据都存在数据质量问题。从图 5 – 3 可以看出，除少数几个年份外，报告数与调整数计算结果的差异通常在 2 个百分点以上。尽管如此，我们还是选择了这两年数据进行研究，原因有两个：第一，2002 年及之前的 42 部门投入产出表，其劳动者报酬包含了个体经营户的营业盈余，而 2005 年及 2007 年的投入产出表数据，其劳动者报酬实际上反映的是雇员报酬，因此 2002 年及之前的投入产出表与 2005 年、2007 年的数据并不可比。第二，2002 年及之前的投入产出表执行的是 B/T 4754 - 1994 行业分类标准，而 2005 年和 2007 年则执行的是 B/T 4754 - 2002 行业标准。

利用 2005 年和 2007 年江苏 42 部门投入产出表数据对 2005—2007 年间江苏第二产业劳动份额变化的结构影响与产业影响进行了分解，结果见表 5 - 9。由表 5 - 9 可知，结构影响为负的行业共 13 个，占 25 个第二产业行业的 50% 强。与结构影响不同的是，产业影响为负的行业多达 19 个，占全部 25 个行业的 76%，为正的行业仅有 6 个。

表 5 - 9　　2005—2007 年第二产业劳动份额变化因素分解结果

行业	产业影响	结构影响
煤炭开采和洗选业	0.0001	- 0.0012
石油和天然气开采业	- 0.0003	- 0.0003
金属矿采选业	- 0.0001	0.0001
非金属矿采选业	- 0.0004	- 0.0003
食品制造及烟草加工业	0.0043	- 0.0024
纺织业	- 0.0058	- 0.0059
服装皮革羽绒及其制品业	- 0.0007	- 0.0039
木材加工及家具制造业	- 0.0004	- 0.0019
造纸印刷及文教用品制造业	- 0.0023	- 0.0009
石油加工、炼焦及核燃料加工业	0.0005	0.0013
化学工业	- 0.0001	0.0024
非金属矿物制品业	0.0002	- 0.0029
金属冶炼及压延加工业	0.0037	0.0022
金属制品业	- 0.0019	- 0.0026
通用、专用设备制造业	- 0.0019	- 0.0029

续表

行业	产业影响	结构影响
交通运输设备制造业	− 0.0014	0.0053
电气、机械及器材制造业	− 0.0031	0.0030
通信设备、计算机及其他电子设备制造业	− 0.0055	0.0009
仪器仪表及文化、办公用机械制造业	− 0.0004	0.0009
其他制造业	− 0.0004	0.0000
废品废料	− 0.0003	0.0005
电力、热力的生产和供应业	− 0.0001	− 0.0002
燃气生产和供应业	0.0000	0.0004
水的生产和供应业	0.0001	0.0000
建筑业	− 0.0081	− 0.0063
合计	− 0.0244	− 0.0149

资料来源：笔者根据 2005 年和 2007 年《江苏 42 部门投入产出表》数据计算。

在结构影响为负的行业中，结构影响接近或超过 0.004 的行业有纺织业、服装皮革羽绒及其制品业和建筑业。我们注意到，结构影响较高的行业大多是劳动密集型行业，这些行业在第二产业中的份额在短短的两年中出现较大的下降，说明这一期间江苏第二产业尤其是制造业的产业结构变化，正越来越偏向资本密集型。在产业影响为负的行业中，产业影响接近或超过 0.004 的行业有纺织业、通信设备、计算机及其他电子设备制造业和建筑业，这些行业都是行业比重较高的行业，其劳动份额下降将对第二产业劳动份额产生较大影响。特别是纺织业，不但产业影响为负，结构影响同时也为负，两者导致了第二产业劳动份额下降 0.0117，占到这一时期第二产业劳动份额总降幅 0.0394 的 30% 。除纺织业外，对这一时期第二产业劳动份额下降贡献较高的行业还有金属制品业、通用、专用设备制造业、通信设备、计算机及其他电子设备制造业等。

令人奇怪的是，产业影响为正且贡献最高的行业是食品制造及烟草加工业。在食品制造及烟草加工业中，烟草加工业是高度垄断的行业，也是国有经济垄断的行业，尽管其初始劳动份额较低，却是劳动份额上升幅度最大的行业。这提示我们，尽管垄断会导致一个较低的劳动分配，但它未必会一定导致劳动份额下降。

在表 5 – 9 的最后一行，我们给出了 25 个第二产业行业总的结构影响和产业影响。结果表明,在2005—2007年间,第二产业0.0394的劳动份额降幅中,产业影响贡献了 - 0.024,占第二产业劳动份额降幅的62%;结构影响贡献了 - 0.0149,占38%,产业影响仍然高于结构影响。显然,至少是在2005—2007年间,仍然是产业内劳动份额变化而不是结构变化,构成了第二产业劳动份额下降的主要原因。

二 第三产业内劳动份额变化的影响

图5 - 4报告的是1993—2012年江苏第三产业劳动份额的动态变化情况,劳动份额分别是第三产业劳动者报酬报告数占增加值比重和劳动者报酬调整数占增加值比重。与第二产业不同的是,统计口径变化对第三产业劳动份额的估计结果影响很大。按照劳动者报酬报告数计算的劳动份额,1993年之后总体处于上升趋势,2004年之后的上升趋势更为明显。与报告数不同的是,根据调整数计算的劳动份额,2005年之前总体上处于上升趋势,并且相比报告数的趋势更为明显。但2005年之后的第三产业劳动份额经历了4年的快速下降。2008年之后,劳动份额重新上升,尽管恢复到2002年左右的水平,但相比最高的2005年仍有3.5个百分点的差距。

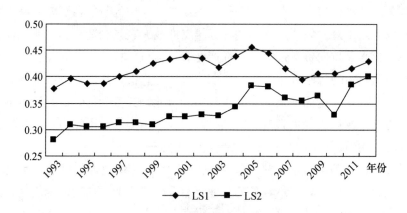

图5 - 4 江苏第三产业劳动份额

资料来源:笔者计算,LS1为劳动者报酬报告数占GDP比重,LS2为劳动者报酬调整数占GDP比重。

相比第二产业,第三产业的个体经济的比重较高,由于所存在的数据质量问题,报告数所计算的劳动份额要低于调整数。因此,我们不能像第二产业那样，使用存在数据质量问题的投入产出表数据进行研究。鉴于数据的可得性，我们将研究重点放在劳动份额出现较大波动的 2005 年之后。运用式（5.1），我们分别对 2005—2007 年、2008—2012 年江苏第三产业劳动份额变化进行了结构分解，结果见表 5 - 10 和表 5 - 11。由表 5 - 10 可知，2006 年和 2007 年两年的产业影响和结构影响均为负，显示出无论是产业结构的变化还是行业内劳动份额的变化，都是第三产业劳动份额下降的原因，但产业影响明显大于结构影响。2006 年，第三产业的产业影响为 - 0.0162，结构影响仅 - 0.001，产业影响贡献了第三产业劳动份额 94% 的降幅。2007 年，产业影响为 - 0.0175，结构影响为 - 0.0111，产业影响贡献了第三产业劳动份额 61% 的降幅。分行业看，批发和零售业、其他服务业对第三产业劳动份额的影响最大，产业影响远远大于结构影响。2006 年，批发和零售业的产业影响和结构影响分别为 - 0.0102 和 - 0.0096；2007 年的产业影响和结构影响分别为 - 0.0107、 - 0.0023。其他服务业的产业影响，2006 年为 - 0.0127，结构影响为 - 0.0053；2007 年，其他服务业的产业影响高达 - 0.0148，结构影响仅 - 0.0023。

表 5 - 10　　2006—2007 年第三产业劳动份额变化因素分解结果

行业	2006 年		2007 年	
	产业影响	结构影响	产业影响	结构影响
交通运输、仓储和邮政业	0.0003	0.0013	0.0003	- 0.0033
信息传输、计算机服务和软件业	0.0040	- 0.0001	0.0003	- 0.0004
批发和零售业	- 0.0102	- 0.0096	- 0.0107	- 0.0023
住宿和餐饮业	- 0.0086	0.0015	- 0.0006	- 0.0027
金融业	0.0024	0.0013	- 0.0044	0.0062
房地产业	- 0.0006	0.0003	0.0002	0.0001
其他服务业	- 0.0127	- 0.0053	- 0.0148	- 0.0023
合计	- 0.0162	- 0.0010	- 0.0175	- 0.0111

资料来源：笔者计算，劳动份额为劳动者报酬调整数占行业增加值比重。

表 5 - 11 报告的是 2009—2012 年第三产业劳动份额变化的结构分解结果。从表 5 - 11 中可以看出，自 2009 年起，第三产业各行业产业影响均为正，其中，2009 年和 2012 年的产业影响累计均超过 1 个百分点。结

构影响方面，2009 年和 2010 年为负，2011 年和 2012 年为正。我们看到，除 2011 年外，其余 3 个年份第三产业劳动份额的上升，仍然主要由产业影响来说明。其中，2009 年因为结构影响为负，产业影响不但抵消了结构影响，还使当年第三产业劳动份额提高 1.28 个百分点。2010 年的结构影响为负，但产业影响基本抵消了结构影响。2012 年，产业影响与结构影响共同导致当年第三产业劳动份额上升 1.29 个百分点，产业影响的贡献超过 91%。

表 5 - 11　　2009—2012 年第三产业劳动份额变化因素分解结果

行业	2009 年		2010 年		2011 年		2012 年	
	产业影响	结构影响	产业影响	结构影响	产业影响	结构影响	产业影响	结构影响
交通运输、仓储和邮政业	0.0007	- 0.0044	- 0.0008	- 0.0006	- 0.0003	- 0.0006	0.0000	- 0.0010
信息传输、计算机服务和软件业	- 0.0001	- 0.0008	0.0007	- 0.0007	0.0018	0.0019	0.0009	0.0009
批发和零售业	0.0194	0.0001	0.0085	- 0.0009	0.0002	- 0.0011	0.0079	- 0.0046
住宿和餐饮业	0.0051	0.0004	0.0000	- 0.0068	0.0009	0.0021	0.0000	0.0003
金融业	0.0000	0.0017	- 0.0021	0.0012	0.0003	0.0004	0.0008	0.0017
房地产业	- 0.0012	0.0010	0.0006	0.0002	0.0009	- 0.0015	0.0018	- 0.0004
租赁和商务服务业	- 0.0001	- 0.0007	0.0000	0.0040	0.0000	0.0026	0.0000	0.0012
科学研究、技术服务和地质勘查业	0.0000	- 0.0001	- 0.0001	- 0.0007	0.0000	0.0012	0.0003	0.0011
水利、环境和公共设施管理业	- 0.0009	0.0000	0.0006	0.0006	0.0000	0.0005	0.0001	0.0001
居民服务和其他服务业	- 0.0016	- 0.0011	0.0000	0.0025	- 0.0002	0.0006	0.0000	0.0010
教育	0.0000	0.0012	0.0000	- 0.0034	0.0000	- 0.0011	0.0000	0.0017
卫生、社会保障和社会福利业	- 0.0001	- 0.0007	0.0000	- 0.0010	0.0000	0.0020	0.0000	- 0.0006
文化、体育和娱乐业	- 0.0007	0.0001	0.0000	0.0009	0.0000	0.0000	0.0000	0.0000

续表

行业	2009 年		2010 年		2011 年		2012 年	
	产业影响	结构影响	产业影响	结构影响	产业影响	结构影响	产业影响	结构影响
公共管理和社会组织	0.0001	−0.0046	0.0000	−0.0033	0.0000	−0.0006	0.0000	−0.0003
合计	0.0206	−0.0078	0.0075	−0.0079	0.0036	0.0064	0.0118	0.0011

资料来源：笔者根据相关年份《江苏统计年鉴》计算，劳动份额为劳动者报酬占增加值比重。

分行业看，2009 年产业影响最大的是批发和零售业，高达 0.0194；其次是住宿和餐饮业，为 0.0051。结构影响最高的是公共管理和社会组织，为 −0.0046，交通运输、仓储和邮政业的结构影响也达到 −0.0044。2010 年，产业影响最高的仍然是批发和零售业，为 0.0085；结构影响最高的是住宿和餐饮业，为 −0.0068。2011 年，产业影响和结构影响都不大，产业影响最高的是信息传输、计算机服务和软件业，结构影响最高的为房地产业。2012 年，批发和零售业与 2009 年一样是产业影响最高的行业，可以使当年第三产业劳动份额提高 0.79 个百分点；结构影响最高的也是批发和零售业，为 −0.0046，两者相抵，仅批发和零售业就使得当年第三产业劳动份额提升 0.33 个百分点，对当年第三产业劳动份额上升的贡献超过了 1/4。因此，就 2009—2012 年第三产业劳动份额变化的原因来看，产业内劳动份额变化，仍然是导致第三产业总劳动份额变化的主要因素。

第四节　计量分析

既然产业内劳动份额变化是第二产业劳动份额下降的主要原因，那么，是什么原因导致产业内劳动份额快速下降？本节将利用投入产出表数据进行初步的计量分析。此前，大多数研究依据分省收入法 GDP 核算数据所进行的研究，研究的时期主要集中在 2004 年之前。由于数据质量问题，分省收入法 GDP 核算资料并不可靠；同时，我国的劳动份额出现大幅下降主要发生在 2003 年之后，使用 2004 年之前的数据进行研究，其实证结论并不一定适合 2004 年之后的劳动份额变化；少数研究将数据扩展到 2004 年之后，但因为大部分省份 2004 年之后的收入法 GDP 核算数据相比 2004 年之前，在口径上并不一致，因此，利用投入产出表数据进行实证研究，是一个很好的选择。

一　数据来源

（一）被解释变量

根据白重恩、钱震杰（2009），对劳动份额进行回归时必须考虑遗漏变量和解释变量的内生性问题，所以我们以劳动份额变化作为被解释变量。利用 2005 年和 2007 年江苏 42 部门投入产出表，我们计算了第二产业各行业劳动者报酬占增加值比重及其变化作为被解释变量进行回归。

（二）解释变量

根据已有的文献，要素分配份额变化的影响因素很多。鉴于样本数量的限制，选择以下四个变量作为解释变量：

1. 资本劳动比

根据第二章的分析框架，给定要素替代弹性 σ 和技术进步性质，要素相对分配份额的变化由经济的资本劳动比所决定。在劳动收入份额的经验研究中，通常会利用资本劳动比来判断要素替代弹性水平（Guscina, 2006）。如果计量结果——资本劳动比的回归系数显著为正通常解释为 $\sigma<1$，而显著为负通常解释为 $\sigma>1$，当资本劳动比系数不显著通常解释为 σ 接近 1。由于我们研究的是劳动份额的变化，根据第二章的分析，当要素替代弹性大于 1 时，资本相对分配份额将上升，劳动相对分配份额将下降；当要素替代弹性小于 1 时，资本相对分配份额将下降，劳动相对分配份额将上升，所以资本劳动比回归结果的解释与劳动份额回归结果的解释正好相反。由于缺乏分行业的资本存量数据，我们用规模以上工业企业固定资产净值年平均余额除以当年全部从业人员年平均人数作为资本劳动比的代理变量，建筑业没有报告固定资产净值，我们用人均自有机械设备净值代替。

2. FDI 比重

贸易开放度是文献关注的影响劳动份额变化的另一个重要因素。对于江苏来说，外商投资和港澳台投资经济的发展水平远远高于全国平均水平。一般认为，外资企业通常人均资本较高并主要进入的是资本密集型产业，同时其外溢效应也会刺激内资企业增加资本密集程度，所以外商投资较为集中的行业，其平均资本密集程度较高，行业劳动份额也较低。同时，国际贸易提高了资本的谈判地位，使得劳动在收入分配中处于不利的地位。因此，理论预期 FDI 的比重越高，劳动份额的下降越显著。由于缺乏分行业 FDI 数据，我们用 2005 年规模以上工业企业主要经济指标报表中港澳台商投资企业和外商投资企业的固定资产净值年平均余额占全部规模以上工业企业固定资产净值年平均余额的比重，作为 FDI 比重的代理变量。

3. 国有经济比重

国有和非国有二元结构是中国经济转型期的重要特征。文献通常将国有经济比重引入回归，以控制其影响。由于国有企业倾向于过多雇用员工以保持社会稳定，从而使要素价格偏离其边际产值，国有企业劳动份额通常高于非国有经济，所以国有经济比重越高，其劳动份额也越高。由于规模以上工业企业经济指标没有报告细分行业的国有企业经济指标，所以用 2005 年国有控股工业企业增加值占工业增加值的比重作为国有经济比重的代理变量。由于建筑业没有报告增加值，我们用 2005 年国有建筑企业总产值占建筑业总产值的比重代替。

4. 垄断

在布兰查和基亚瓦兹（Blanchard and Giavazzi，2003）的研究中，产品市场的不完全竞争会带来垄断利润，因而垄断是影响劳动份额的另一个重要因素。在回归中，我们用自然垄断哑元变量来评估垄断的影响，参照岳希明、李实、史泰丽（2010）的研究，令石油和天然气开采业、食品制造及烟草加工业、石油加工、炼焦及核燃料加工业和电力、热力的生产和供应业、燃气生产和供应业和水的生产和供应业垄断哑元变量为 1，其余行业为 0。

二　计量结果

利用上述数据，我们估计了以下计量方程：

$$\log(LS07/LS05) = C + \beta_1\log(KY07/KY05) + \beta_2 MONO + \beta_3 SOE + \beta_4 FDI + \varepsilon \tag{5.2}$$

式中，$LS07$ 和 $LS05$ 分别为 2007 年和 2005 年行业劳动份额，$KY07$ 和 $KY05$ 分别为 2007 年和 2005 年资本劳动比，$MONO$ 为自然垄断哑元变量，垄断行业为 1，其余行业为 0，SOE 为国有经济比重，FDI 为 FDI 比重，ε 为残差。

表 5 -12　　　　　　　　　　　　　　　　计量分析结果

解释变量	被解释变量：log（LS07/LS05）			
	（1）	（2）	（3）	（4）
常数项	0.0807（0.98）	0.1040（1.39）	0.0842（0.99）	0.0767（0.86）
KY	-0.1605 ** （-2.33）	-0.2346 *** （-3.43）	-0.2272 *** （-3.20）	-0.2267 *** （-3.13）
MONO		0.3165 ** （2.54）	0.2826 * （1.99）	0.2967 * （1.98）
SOE			0.4434（0.53）	0.3186（0.35）
FDI				0.2454（0.36）
调整的 R²	0.2916	0.4748	0.4831	0.4871

注：括号内为 t 值，* 、** 、*** 分别表示变量在 90% 、95% 和 99% 水平下显著。

　　表 5 -12 报告了普通 OLS 回归结果。由表 5 -12，从拟合系数看，除第一个方程外，其余 3 个回归方程解释了近 50% 行业劳动份额变化。四个计量方程中，资本劳动比的变化 log（LS07/LS05）系数估计结果均为负且统计显著。方程（1）的资本劳动比变化系数为 -0.1605，在 95% 水平下显著。加入自然垄断变量 MONO 进行回归，资本劳动比变化的系数有所提高且在 99% 水平下显著。进一步加入国有经济比重 SOE 和 FDI 比重 FDI 后，资本劳动比变化的系数变化不大且继续在 99% 水平下显著。

　　按照通常的解释，资本劳动比系数为负，说明要素替代弹性小于 1，即资本与劳动之间的替代性不高。但我们回归的是劳动份额的变化，所以资本劳动比变化的系数为负，说明要素替代弹性大于 1。因为只有替代弹性较高，资本劳动比的变化越大，资本相对分配份额的提高就越多。令人奇怪的是，国有经济比重和 FDI 比重系数为正但不显著。一些研究发现，国有经济比重对劳动份额的变化会产生显著影响，但回归系数通常为负（如白重恩、钱震杰，2010）。回归结果为正的可能解释是，资本劳动比的变化捕获了国有经济的部分效应，因为国有企业的资本劳动比变化要远远大于其他类型所有制企业的资本劳动比变化；变量不显著可能的解释是，江苏国有企业的劳动份额尽管平均而言高于非公有制企业，但不同行业劳动份额的标准差较大，导致回归系数不显著。所以，对于国有经济的劳动份额及其变化，需要根据行业性质深入分析。

　　与一些实证研究（如邵敏、黄玖立，2010）不同的是，FDI 的回归结果并不显著，同时系数为正也不符合理论预期。对此可能的解释有：第一，FDI 在进入资本密集型行业的同时也进入了非资本密集型行业，并且在这一时期，FDI 在非资本密集型行业的比重较高。第二，相比其他所有制类型企业，外商投资和港澳台投资企业的要素替代弹性较低。第三，FDI 的行业分布比较分散。关于这三个可能的解释，将在后面的研究中寻找相应证据。

垄断变量为正，表明这一时期劳动份额的快速下降主要发生在竞争性行业，而非垄断行业。此前，白重恩等（2008）的研究发现，产品市场垄断程度的增加是我国工业部门劳动份额下降的主要原因。肖文、周明海（2010）用国有及国有控股企业增加值的比重作为衡量国有经济垄断的指标，发现了劳动份额与国有企业垄断程度下降呈显著的负相关关系。我们回归并没有发现国有垄断力量（以增加值占总增加值的比重度量）与劳动份额变化之间的显著关系，却发现了行业垄断与劳动份额变化之间的显著正向关系。我们认为，作为民营经济和外资经济非常发达的省份，江苏的国有经济主要存在于一些自然垄断性行业，由于其所有制性质，劳动者工资谈判地位相对较高导致了工资对利润形成了侵蚀。

第五节　本章小结

经济增长一般会伴随着剧烈的结构变化。因此，解释江苏劳动份额的动态变化，必须首先厘清结构变迁的影响。通过文献常用的结构分解方法，我们对 1993—2012 年江苏劳动份额变化的结构影响和产业影响进行了分解。与大多数针对全国劳动份额进行研究的文献结论不同的是，分析结果表明，产业内劳动份额变化而非结构变化是导致江苏劳动份额变化的主要原因。

针对产业内劳动份额变化，我们对 2005—2007 年第二产业以及 2005—2012 年第三产业内劳动份额变化的主要原因进行了分析。我们发现，仍然是产业影响而不是结构影响是 2005—2007 年第二产业和第三产业劳动份额下降的主要原因，也是 2008—2012 年第三产业劳动份额上升的主要原因。这样的结果说明，解释江苏劳动份额的变化和发展，应主要从产业（行业）内劳动份额的变化入手。

　　第二章所给出的分析框架表明，结构变化对经济总劳动份额构成主要影响通常发生在结构转型的早期，但江苏的第一产业远低于全国平均水平，第三产业比重落后于全国平均水平，而第二产业比重则远高于全国平均水平，这样的结构导致江苏总劳动份额在 20 世纪 90 年代之后的一个相当长时期内，结构影响并不明显，第二产业劳动份额变化是构成总劳动份额变化的主要原因。

　　既然结构影响并不能完全说明江苏总劳动份额变化，根据本书提出的双重转型经济三个阶段的劳动份额变化特征，我们认为，江苏劳动份额的变化已经超越第一阶段，体制转型因素以及产业内劳动份额变化的技术制度因素将决定江苏劳动份额的基本走向。我们利用 2005 年和 2007 年两年的 42 部门投入产出表数据进行了初步计量分析，实证分析结果提示我们，需要进一步分析不同所有制类型企业劳动份额的变化以及其他技术制度因素对劳动份额的影响机制，这些工作构成后面两个章节的主要内容。

第六章　体制转型与劳动份额

改革开放以来，中国的结构转型同时伴随着体制转型。以建立社会主义市场经济为标志，中国的体制转型自 20 世纪 90 年代初开始不断深化，主要体现在非公有制经济的快速发展而导致的所有制结构的重大变化上。那么，体制转型究竟如何影响总劳动份额？所有制结构变化和不同所有制经济内部劳动份额的变化哪一种因素对劳动份额的影响更大？本章将重点回答这些问题。

第一节　体制转型初步考察

一　非公有制经济的概念

在很多研究中，通常不加区分地使用民营经济和非公有制经济这两个术语，但在各级统计部门的统计分类中，使用的是非公有制而不是民营经济的概念。1998 年，国家统计局制定的《关于统计上划分经济成分的规定》中，明确规定了非公有制经济的统计范围，即非公有制经济包含私营和个体经济、港澳台经济和外商经济。然而，在统计部门公布的正式统计资料中，并没有直接分类统计公有制经济和非公有制经济，而是首先按是否属于法人企业区分法人企业和个体经营户。法人企业进一步区分为内资企业、港澳台商投资企业和外商投资企业，其中内资企业分为国有、集体、股份合作、联营、有限责任公司、股份有限公司、私营和其他几种类型。在上述内资企业分类中，股份合作、联营、有限责任公司、股份有限公司实际是混合所有制经济。从理论上讲，集体经济也可归于公有制经济，但由于集体经济规模不断缩小，同时相关统计资料也非常缺乏，所以在本书中，公有制经济主要指国有经济，同时非公有制经济按照国家统计局界定，主要指私营、个体、港澳台经济和外商经济。

二　江苏非公有制经济发展

江苏是非公有制经济发展领先的省份。根据江苏统计部门公布的数据，自 2000 年之后，非公有制经济就业占全部城镇就业人数的比重快速上升，国有经济的就业比重迅速下降。图 6 - 1 给出的是江苏国有经济、私营经济、个体经济和港澳台经济、外资经济就业占城镇从业人数比重的变化情况，我们看到，自 2000 年起，国有经济就业在城镇就业中的比重迅速下降，由 2000 年的 25.5% 下降到 2012 年的 10.1%，就业人数由 2000 年的 581.88 万人下降到 2012 年的 295.99 万人。① 与此同时，同期非公有制经济就业比重迅速上升。2000 年，江苏个体经济、私营经济、港澳台经济和外资经济就业人数分别为 81.18、96.57 和 51.38 万人，2003 年非公有制就业人数首次超过国有经济。到 2012 年，非公有制经济在城镇就业中的比重达 58%，就业总人数 1693.35 万人，是国有经济就业人数的 5.7 倍。特别是私营经济，就业人数由 2000 年的 177.75 万人增加到 2012 年的 1467.02 万人，增加了 7.3 倍。

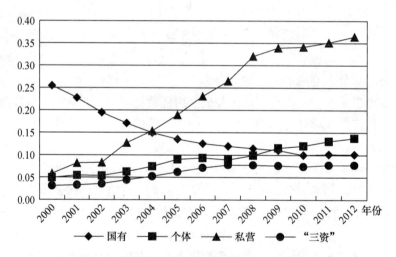

图 6 - 1　江苏城镇不同所有制经济就业占城镇就业比重

资料来源：笔者根据相关年份的《江苏统计年鉴》计算，"三资"经济包括港澳台经济和外资经济。《江苏统计年鉴》从 2000 年开始公布个体与私营经济从业人员，但城镇从业人员自 2002 年开始公布，图中 2001 年城镇从业人员取 2000 年与 2002 年的算术平均数。

———————————

① 事实上自 20 世纪 90 年代早期起，国有和集体企业的改革就逐步展开，早期以集体企业和中小型国有企业为主，1998 年后改革全面展开，大量国有企业就业人员通过身份转换转移到非公有制经济就业。因此，国有经济就业比重下降最为明显的是在 2000 年之前。由于《江苏统计年鉴》从 2000 年才开始公布个体与私营经济从业人员人数，城镇从业人员数自 2002 年开始公布，所以图 6 - 1 显示的起始年份为 2000 年。

　　从江苏非公有制经济固定资产投资情况看,非公有制经济尤其是私营经济投资快速增长,占全社会固定资产投资比重不断上升。图6-2给出的是2006年以来江苏非公有制经济固定资产投资占全社会固定资产投资的比重变化情况,从中可以看出,2006年,江苏私营经济固定资产投资额为3029.06亿元,占当年全社会固定资产投资总额的比重为30%,2012年提高到36.5%,固定资产投资总额达到11259.46亿元,6年间增长近4倍。个体经济、港澳台经济和外资经济的固定资产投资占全社会固定资产投资的比重,从2006年起逐年下降,个体经济由2.7%下降到1.3%,港澳台经济和外资经济由17.4%下降到12%,但投资额同样也在逐年增加。2012年,个体经济固定资产投资总额为404.92亿元,是2006年的1.5倍;港澳台经济和外资经济固定资产投资总额为3703.52亿元,是2006年的2.1倍。2012年,非公有制经济固定资产投资总额达15367.9亿元,占当年全社会固定资产投资总额的一半。

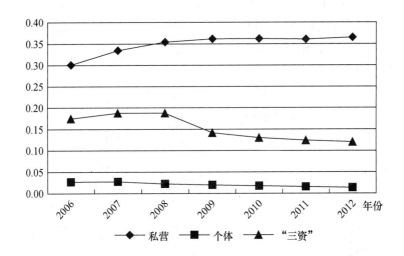

图6-2　江苏非公有制经济固定资产投资占全社会固定资产投资比重

　　资料来源:笔者根据相关年份的《江苏统计年鉴》计算,"三资"经济包括港澳台经济和外资经济。

　　根据相关年份《中国统计年鉴》公布的数据,我们计算了全国各种所有制经济的就业及投资结构数据。相比全国平均水平,江苏非公有制经济发展呈现如下特征:

第一，私营经济发展高于全国平均水平。2000年私营经济就业占城镇就业的比重，江苏为5.8%，全国平均水平为5.5%，江苏略高于全国平均水平。2012年私营经济就业占城镇就业比重，江苏高达36.4%，全国为20.4%，江苏高出全国平均水平16个百分点。私营经济的高速发展源于旺盛的民营资本投资。从固定资产投资来看，2006年江苏私营经济固定资产投资总额为3029.06亿元，占当年全省全社会固定资产投资比重高达30%，占当年全国私营经济固定资产投资总额的16%。2012年，私营经济固定资产投资占全社会固定资产投资比重达36.5%，与就业比重一样，高出全国平均水平16个百分点。

第二，港澳台经济和外资经济发展全国领先。江苏是外向型经济高度发达的省份，2000年有3.1%的城镇就业在港澳台经济和外资经济部门，高出全国平均水平0.4个百分点。2006年，港澳台经济和外资经济就业人数占城镇就业比重上升到7.1%，高出全国平均水平3个百分点，2012年虽有所降低，但仍领先全国平均水平近2个百分点。就固定资产投资来看，2006年江苏港澳台经济和外资经济固定资产投资总额达3753.52亿元，在全社会固定资产投资中的比重超过当年全国平均比重达16个百分点，2012年超出17.8个百分点。

第三，个体经济发展滞后于全国平均水平。从就业情况来看，2000年江苏个体就业占城镇就业的比重为4.9%，全国为9.2%，江苏低于全国平均水平4.3个百分点。近几年来，江苏个体经济的发展得到重视，个体经济从业人员不断上升，2012年，江苏个体经济占城镇就业比重提升到13.8%，但仍低于全国平均水平1.4个百分点。从个体经济固定资产投资来看，2006年，江苏个体经济固定资产投资总额为272.09亿元，占当年全国个体经济固定资产投资总额的5.3%，但在当年江苏全社会固定资产投资中的比重仅为2.7%，落后全国平均水平2.6个百分点，2012年的差距尽管有所缩小，但仍落后全国平均水平1.9个百分点。

第二节　个体经济发展对劳动份额的影响

在各国经济发展过程中，自雇者是一种重要的就业形式。在OECD国家中，农业、建筑业、批发零售及住宿餐饮业、交通运输及仓储业以及房地产、其他服务业等行业的自雇者比重较高。在中国，自雇者主要是农户和个体经营户雇主，按照国家统计局统计口径，自雇者收入全部纳入劳动者报酬统计，所以自雇者比重的高低及其行业分布，将直接对劳动份额产生影响。

一　个体经营户的行业分布

在我国，只有在全国经济普查时才对全部非公有经济单位进行全面的直接普查，对个体经济实行抽样调查，通过抽样推算和部门资料估算取得个体经济的数据。因此，我们利用已经公布的第一次和第二次经济普查数据对江苏个体经济的行业分布进行考察。

表6-1给出的是第一次全国经济普查和第二次全国经济普查结束后江苏统计部门报告的分行业个体经营户情况，数据来自《江苏经济普查年鉴》（2004）和《江苏经济普查年鉴》（2008）。由表6-1可知，2004年江苏个体经营户按总户数排名前五位的行业分别是零售业、交通运输业、工业、居民服务业和餐饮业，共有个体经营户2106716户，占全部个体经营户总户数的83.7%。2008年，江苏个体经营户按总户数排名前五位的行业分别是零售业、交通运输业、工业、批发业和餐饮业，共有个体经营户2595634户，占全部个体经营户总户数的81.8%。在工业中，个体经营户最多的三个行业分别是金属制品业、木材加工及木、竹、藤、棕、草制品业和非金属矿物制品业。两次经济普查结果显示，个体经营户如果按户数计，主要分布在零售业、交通运输业和工业三个行业中，其次是批发业、餐饮业和居民服务业。

表6-1　　　　　　　　**2004年和2008年江苏个体经营户情况**

行业	2004年			2008年		
	总户数（户）	有营业执照（户）	无营业执照（户）	总户数（户）	有营业执照（户）	无营业执照（户）
工业	307092	149769	157323	367139	158901	208238
建筑业	42355	11409	30946	131495	115210	1000104
交通运输业	333289	115753	217536	384436	93638	290798
批发业	153730	106430	47300	253818	152618	101200
零售业	1113556	811954	301602	1402708	987173	415535
住宿业	11399	9105	2294	22389	17221	5168

行业	2004 年			2008 年		
	总户数（户）	有营业执照（户）	无营业执照（户）	总户数（户）	有营业执照（户）	无营业执照（户）
餐饮业	158522	95606	62916	187533	111649	75884
房地产业	1991	1543	448	27596	3896	23700
租赁和商务服务业	26057	17959	8098	48984	19162	29822
教育	3194	1720	1474	4078	1693	2385
卫生和福利业	20275	11737	8538	14304	8791	5513
居民服务业	194257	113287	80970	148950	70890	78060
文化体育和娱乐业	19733	13507	6226	31045	12482	18563
其他服务业	130585	72570	58015	148950	70890	78060
合计	2516035	1532349	983686	3173425	1824214	2333030

资料来源：《江苏经济普查年鉴》（2004）和《江苏经济普查年鉴》（2008），其中 2008 年部分行业未列入，合计数不等于全省总计。

2004—2008 年，除卫生和福利业、居民服务业外，其他行业的个体经营户总户数均有不同幅度的增长，其中，房地产业的增长幅度最大，2008 年个体经营户总户数较 2004 年增长近 12 倍；建筑业其次，2008 年个体经营户总户数是 2004 年的 2 倍多；其他增长较快的行业还有批发业、住宿业、租赁与商业服务业；工业、餐饮业和其他服务业增长速度较低。显然，个体经营户的行业分布与法人企业一样，也经历着明显的结构变迁。

与发达国家相比，江苏个体经济在建筑业、房地产、其他服务业等行业的发展并不充分，金融业、电力、燃气及水的生产和供应业等垄断或公共服务行业的个体经济发展仍为空白，个体经济大量分布在零售业、交通运输业、批发业和餐饮业等传统服务行业。经过 4 年的发展，江苏个体经济的发展呈现出积极变化，表现在建筑业和房地产业个体经济的高速发展。

历年《江苏统计年鉴》公布了个体经济的从业人数，但一方面由于常规统计可能存在的漏统，另一方面统计数据并没有严格区分雇主和雇员，因此了解江苏个体经济的雇主即自雇者的行业分布仍然受到数据的限制。我们在第三章中曾经根据《江苏经济普查年鉴》（2004）资料，推算了当年个体经营户雇主人数及行业分布，表6-2给出了我们推算的结果。

表6-2 2004年个体经营户雇主人数占行业总就业人数比重

行业	个体经营户雇主人数（万人）	行业法人单位就业数（万人）	个体经营户雇主人数占行业就业人数比重
工业	68.84	1047.02	0.062
建筑业	8.88	330.40	0.026
批发和零售业	193.27	98.22	0.663
交通运输、仓储和邮政业	41.37	49.15	0.457
住宿和餐饮业	29.91	25.18	0.543
居民服务、修理和其他服务业	51.70	228.12	0.185
合计	393.97	1778.09	0.181

资料来源：笔者计算。

由表6-2可知，当年个体经营户的雇主人数约393.97万人，雇主人数最多的三个行业分别是批发和零售业、工业、居民服务、修理和其他服务业，而批发和零售业、住宿和餐饮业与交通运输、仓储和邮政业，是江苏自雇者比重最高的三个行业，其中，批发和零售业中自雇者比重高达66.3%，住宿餐饮业和交通运输、仓储和邮政业自雇者也分别达54.3%和45.7%，上述行业一半左右的就业者为自雇者。

二 个体经济的劳动份额

在我国，关于个体经营户财务状况数据极其罕见。到目前为止，我们能够使用的只有第一次经济普查结束后所公布的《江苏经济普查年鉴》（2004）。而2008年所进行的第二次经济普查，并没有公布相关的个体经济财务状况资料。根据第三章提出的推算方法，我们利用《江苏经济普查年鉴》（2004）所公布的资料，分别计算出2004年江苏个体经济分行业雇员报酬占增加值比重、包含个体经济雇员报酬和个体经营户营业盈余在内的劳动者报酬占增加值比重，结果见表6-3。表中第二列数据为雇员报酬占增加值比重，其中雇员报酬为《江苏经济普查年鉴》（2004）报告的数据；第三列为劳动者报酬占增加值比重，其中劳动者报酬按照国家统计局的统计口径包含了个体经营户的雇员报酬和营业盈余。

表 6 – 3   2004 年江苏部分行业个体经济劳动份额

行业	雇员报酬/增加值	劳动者报酬/增加值
工业	0.244	0.871
建筑业	0.465	0.845
交通运输业	0.824	0.859
批发业	0.146	0.792
零售业	0.079	0.931
住宿业	0.170	0.881
餐饮业	0.216	0.765
房地产业	0.258	0.888
租赁和商务服务业	0.312	0.894
教育	0.260	0.849
卫生和福利业	0.599	0.793
居民服务业	0.250	0.909
文化体育和娱乐业	0.319	0.890
其他服务业	0.225	0.854
总计	0.232	0.903

资料来源：笔者根据《江苏经济普查年鉴》（2004）计算。

观察表 6 – 3，江苏个体经济的雇员报酬占增加值比重并不高。除交通运输业、建筑业、卫生福利业外，大多数行业的雇员报酬占增加值的比重在 0.3 之下，平均比重为 0.232，远低于第二产业和第三产业劳动份额。但如果将个体经营户营业盈余纳入劳动者报酬，则劳动份额增加到 0.903，超过了当年第一产业劳动者报酬占增加值比重。分行业看，2004 年个体经济劳动份额零售业最高，达 0.931，批发业最低，为 0.792。

由于 2008 年所进行的第二次经济普查并没有公布个体经营户财务资料，所以个体经济部分行业劳动份额在这一期间是否像第二产业或第三产业的劳动份额一样呈现下降趋势，我们并不能确定。下面，我们假定个体经济劳动份额不变，分析个体经济总体发展水平及行业结构变化对总劳动份额的影响。

三 个体经济发展对总劳动份额的影响

前面我们已经说明，江苏个体经济的发展滞后于全国平均水平；与发达国家相比，个体经济的结构并不优。那么，江苏个体经济的发展状况和个体经济的主要特征会对总劳动份额产生什么样的影响，影响有多大，这是我们接下来所要讨论的主要问题。

图6-3给出的是江苏与全国雇员报酬占GDP比重变化情况。观察图6-3，如果不考虑农户和个体经营户收入，江苏雇员报酬占GDP比重除1993年外，其余年份均高于全国平均水平。从1994年开始，江苏雇员报酬占GDP比重开始超过全国平均水平后，1997—2003年，江苏雇员报酬占GDP比重始终高于全国平均水平2—4个百分点。2004年之后，两者的差距进一步扩大，2006年江苏雇员报酬占GDP比重高出全国平均水平近10个百分点。

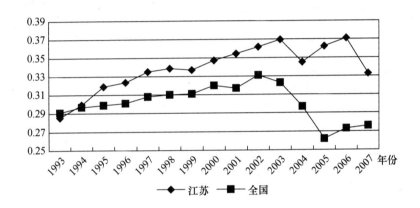

图6-3 江苏与全国雇员报酬占GDP比重

资料来源：笔者计算，雇员报酬为劳动者报酬减去农户和个体经营户混合收入。

在第四章中，我们曾经对江苏和全国劳动者报酬调整数占GDP比重进行过比较，发现江苏劳动者报酬占GDP的比重绝大多数年份低于全国平均水平。由于劳动者报酬调整数包括雇员报酬与个体业主的混合收入，在雇员报酬占GDP比重高于全国平均水平的情况下，很容易理解，江苏劳动者报酬调整数占GDP比重低于全国平均水平主要由个体经济在总量中的比重较低所致。

图6-4a和图6-4b我们分别给出了部分行业1996—2009年间个体经济营业收入（工业总产值、销售收入）变化情况，所有数据来自历年《江苏统计年鉴》个体工商业基本情况报表，2010年之后由于江苏统计年鉴报告的个体经济行业分类发生变化，故未包含在内。从图6-4a和图

6-4b可以看出，江苏个体经济的发展经历了自20世纪90年代中期开始的一段快速发展时期后，2002年之后陷于停滞并出现波动。2002年前，除交通运输业有几个年度相比上年有小幅下降外，其余年份其他行业的个体经济的总产值（营业收入）均较上年有较快增长。2003年，个体经济总量开始下滑，相比2002年，除建筑业、批发零售和住宿餐饮业的总产值（营业收入）略有增加外，制造业、交通运输业和居民服务业的总产值（营业收入）都出现了下降，其中，交通运输业和制造业的总产值（营业收入）下降幅度均超过20%。2004年，大部行业的个体经济总产值（营业收入）继续下降，其中建筑业和居民服务业的下降幅度较大，分别达到60.4%和53.5%。这一状况直到2005年才有所好转。2005年，除交通运输业外，其他行业的个体经济总产值（营业收入）均实现了正增长。2007年，江苏个体经济发展在经历短暂上升后又开始下滑，当年所有行业个体经济总产值（营业收入）较上年均出现了下降，其中制造业和交通运输业的下降幅度接近40%。

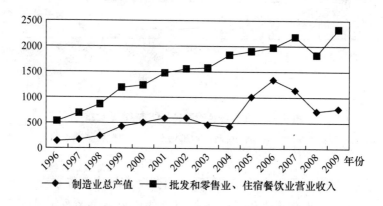

图6-4a　江苏部分行业个体经济发展情况

资料来源：笔者根据相关年份的《江苏统计年鉴》计算，单位为亿元。

我们注意到，江苏劳动份额出现显著下降正是在2003—2004年和2007年。2003年相比2002年，劳动者报酬调整数占GDP比重下降了0.94个百分点，2004年进一步下降了2.3个百分点，2005年下降幅度减小，仅0.23个百分点，2006年下降0.01个百分点。2007年，江苏劳动份额进入第二波下跌，当年下降了4.2个百分点。很容易理解，当个体经济的增长速度放缓甚

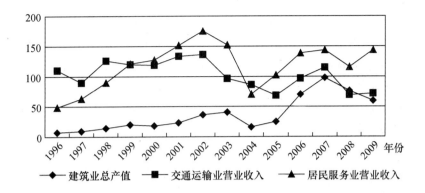

图6-4b　江苏部分行业个体经济发展情况

　　资料来源：笔者根据相关年份《江苏统计年鉴》计算，单位为亿元。2008年建筑业没有报告总产值数据，用营业收入代替。

至下降时，除非雇员报酬占GDP的比重的上升能够抵消个体经济的影响，否则必然会使经济总劳动份额趋于下降。

　　因为劳动者报酬占GDP比重等于雇员报酬占GDP比重与自雇者收入占GDP比重之和，所以对于第二产业和第三产业来说，通过考察雇员报酬占GDP比重和劳动者报酬占GDP比重的差异，可以非常清晰地看到个体经济的总体发展状况及对产业内劳动份额的影响。图6-5给出了1993—2012年江苏第二产业雇员报酬占增加值比重、劳动者报酬占增加值（调整值）比重的变化情况。

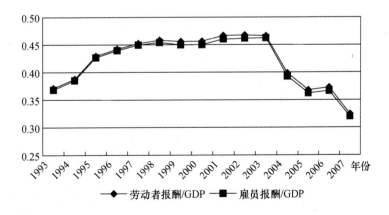

图6-5　江苏第二产业雇员报酬和劳动者报酬占GDP比重

资料来源：笔者计算。

我们看到，在 1998—2003 年间，由于个体经济的发展速度较快，雇员报酬占增加值比重与劳动者报酬占增加值比重相比，后者高出了前者0.5—0.8 个百分点；2003 年之后，由于第二产业个体经济发展速度减缓，两者的差距迅速缩小，除 2005 年和 2006 年的差距达到 0.5 外，其余年份的差距均不超过 0.5 个百分点。但从总体上来说，尽管个体经济有助于提升第二产业劳动份额，但提升幅度并不大，所以个体经济发展状况的变化对第二产业劳动份额的影响并不大。

个体经济发展状况的变化对第三产业劳动份额影响不容忽视。图 6-6是根据第二章计算结果给出了 1993—2012 年间江苏第三产业雇员报酬占增加值比重和劳动者报酬（调整值）占增加值比重的变化情况。根据我们前面的分析，由于个体经济主要集中在第三产业，所以个体经济发展状况对第三产业劳动份额的影响，要远远大于第二产业。从图中可以看到，在大多数年份，劳动者报酬占增加值比重大大高于雇员报酬占增加值比重。在 2004 年之前，劳动者报酬占增加值的比重平均比雇员报酬占增加值比重高出近 10 个百分点，2004 年之后，差距有所缩小，但平均仍超过5 个百分点，2010 年两者的差距接近 8 个百分点。因此，个体经济发展水平的高低，对于第三产业劳动份额的高低构成重要影响。

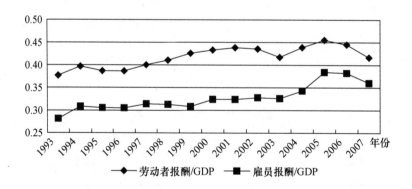

图 6-6　江苏第三产业雇员报酬和劳动者报酬占 GDP 的比重

资料来源：笔者计算。

另外，个体经济的发展状况的变化还对第三产业劳动份额变化趋势构成一定影响。由图 6-6 可知，在 2005 年之前，第三产业雇员报酬占增加值比重总体上处于上升趋势，2005 年雇员报酬占增加值比重，相比 1993

年上升了 10.1 个百分点。而这一期间第三产业劳动者报酬占增加值比重尽管在总体上也呈现上升趋势,与 2005 年相比,1993 年上升幅度比雇员报酬占增加值比重上升幅度降低了 2.3 个百分点。2000—2003 年,雇员报酬占增加值比重比较稳定,而这一时期劳动者报酬占增加值比重却出现较大幅度变化。特别是 2002—2003 年,雇员报酬占增加值比重与上年相比仅微降 0.2 个百分点,但同期劳动者报酬占增加值比重却下降了 0.9 个百分点。我们注意到,2002—2003 年的江苏个体经济正经历了高速发展后的首次下滑。显然,个体经济发展状况的好坏,尽管不能从根本上改变第三产业劳动份额的变化方向,但能够在很大程度上改变第三产业劳动份额的变化幅度。

第三节 私营、港澳台及外资经济发展对劳动份额的影响

在我们的两个产业三个部门经济模型中,现代非公有制部门在体制转型过程中对经济的初次收入分配状况构成直接影响,在特定时期甚至影响劳动份额的变化方向。江苏是私营经济非常发达的省份,也是港澳台资及外资经济发展全国领先的省份,所有制结构的快速变迁必然会对经济总劳动份额产生较大影响。

一 私营企业、港澳台资和外资企业行业分布

(一)私营企业行业分布

历年《江苏统计年鉴》公布的私营企业情况显示,私营企业分布的主要行业门类包括了农林牧渔业、制造业、建筑业、交通运输业、批发零售贸易业、餐饮业和社会服务业,其中制造业和批发零售贸易业、餐饮业是私营企业最为集中的三个行业。表 6-4 给出的是作者根据历年《江苏统计年鉴》资料计算的江苏私营企业主要行业门类的分布情况,行业比重为某行业私营企业户数占私营企业总户数的比重。从这张表中可以看出,私营企业最多的行业是制造业,就 1996—2009 年的平均行业比重而言,48% 的私营企业在制造业。其次是批发零售贸易业、餐饮业,平均有近 1/3 的私营企业分布在这两个行业。建筑业的私营企业近几年发展较快,2009 年建筑业私营企业占私营企业总数的比重达到 12.8%。

表6-4　　　　　　　　1996—2009 年江苏私营企业分布情况

年份	总户数（万户）	行业比重					
		农林牧渔业	制造业	建筑业	交通运输业	批发零售贸易业、餐饮业	社会服务业
1996	5.12	0.006	0.517	0.014	0.006	0.369	0.059
1997	6.99	0.007	0.517	0.019	0.005	0.375	0.060
1998	10.77	0.008	0.529	0.021	0.007	0.354	0.061
1999	13.57	0.010	0.541	0.022	0.006	0.336	0.066
2000	17.41	0.009	0.536	0.023	0.006	0.332	0.074
2001	22.55	0.009	0.504	0.026	0.007	0.341	0.086
2002	28.62	0.010	0.484	0.029	0.008	0.340	0.095
2003	34.37	0.011	0.476	0.038	0.011	0.308	0.049
2004	41.80	0.017	0.465	0.042	0.016	0.301	0.040
2005	50.74	0.019	0.453	0.046	0.017	0.298	0.037
2006	60.01	0.022	0.415	0.050	0.018	0.318	0.031
2007	67.60	0.022	0.371	0.054	0.021	0.354	0.030
2008	81.64	0.023	0.361	0.055	0.021	0.358	0.029
2009	1200.49	0.013	0.559	0.128	0.018	0.172	0.020

资料来源：笔者根据相关年份《江苏统计年鉴》计算，行业比重为行业私营企业户数与私营企业总户数之比。

（二）制造业私营企业行业分布

制造业作为私营企业最为集中的行业门类，其内部私营企业的分布并不平衡，私营企业主要集中在轻工、机械等行业。表6-5 给出的是笔者根据相关年份《江苏统计年鉴》计算的制造业主要行业大类私营企业增加值占制造业私营企业总增加值的比重。

表6-5　　　　　　　江苏制造业私营经济行业比重

行业	2003 年	2005 年	2006 年	2007 年
食品加工业	0.036	0.032	0.031	0.029
食品制造业	0.006	0.006	0.006	0.004
饮料制造业	0.007	0.005	0.005	0.005
烟草加工业				

续表

行业	2003 年	2005 年	2006 年	2007 年
纺织业	0.153	0.162	0.159	0.145
服装及纤维制品制造业	0.049	0.052	0.045	0.043
皮革毛皮羽绒及制品业	0.023	0.007	0.008	0.007
木材加工及竹藤棕草制品业	0.023	0.023	0.023	0.025
家具制造业	0.003	0.001	0.002	0.002
造纸及纸制品业	0.012	0.011	0.011	0.012
印刷业记录媒介的复制	0.006	0.005	0.004	0.005
文教体育用品制造业	0.016	0.012	0.009	0.009
石油加工及炼焦业	0.005	0.005	0.006	0.006
化学原料及制品制造业	0.093	0.086	0.085	0.087
医药制造业	0.010	0.010	0.010	0.008
化学纤维制造业	0.039	0.043	0.041	0.045
橡胶制品业	0.008	0.006	0.007	0.008
塑料制品业	0.041	0.025	0.024	0.024
非金属矿物制品业	0.046	0.046	0.041	0.043
黑色金属冶炼及压延加工业	0.060	0.098	0.093	0.092
有色金属冶炼及压延加工业	0.027	0.028	0.037	0.043
金属制品业	0.065	0.059	0.059	0.062
普通机械制造业	0.090	0.095	0.095	0.098
专用设备制造业	0.042	0.039	0.039	0.038
交通运输设备制造业	0.034	0.038	0.040	0.040
电气机械及器材制造业	0.070	0.069	0.079	0.081
电子及通信设备制造业	0.020	0.018	0.019	0.019
仪器仪表及文化办公用机械制造业	0.005	0.007	0.010	0.011
工艺品及其他制造业	0.010	0.009	0.009	0.009
废弃资源和废旧材料回收加工业	0.001	0.001	0.001	0.001

资料来源：笔者根据相关年份的《江苏统计年鉴》计算，行业比重为行业私营企业增加值占制造业私营企业总增加值比重。

观察表 6 – 5，2003 年私营企业最为集中的制造业行业是纺织业、化学原料及制品制造业和普通机械制造业，纺织业最高，达 15.3%；化学原料及制品制造业、普通机械制造业其次，在 9% 左右，上述三个行业的增加值占制造业全部私营企业增加值的 1/3。增加值比重超过 5% 的行业还有：黑色金属冶炼及压延加工业 6%，金属制品业 6.5%。此后的 2005—2007 年，纺织业仍然是制造业中私营企业最集中的行业，2006 年的比重达 16.2%，此后两年略有下降，2007 年仍高达 14.5%。黑色金属冶炼及压延加工业异军突起，取代化学原料及制品制造业，进入行业增加值比重排名前三的行业，2003—2005 年，行业比重大幅提升近 4 个百分点。

我们注意到一些原本私营企业比较集中的传统轻工业行业，如食品加工业、皮革毛皮羽绒及制品业以及塑料制品业，其行业比重呈现逐年下降的趋势。比如，皮革毛皮羽绒及制品业，2003 年的行业比重为 2.3%，2007 年下降到 0.7%；塑料制品业 2003 年的行业比重为 4.1%，2007 年下降到 2.4%。而资本密集型行业发展速度加快，行业比重不断提高。如化学纤维制造业的行业比重由 2003 年的 3.9% 提高到 2007 年的 4.5%。重化工业的私营企业发展也相当迅速，黑色金属冶炼及压延加工业、有色金属冶炼及压延加工业的行业比重上升明显。

上述数据表明，进入 21 世纪以来，江苏重化工业私营企业发展趋势已经初步显现。一些资本雄厚的企业向劳动份额较低的资本密集型重化工行业发展，是产业结构高度化的必然趋势，但这一发展趋势也导致了私营经济的劳动份额下降，成为第二产业乃至总劳动份额下降的重要原因。

（三）港澳台资及外资经济的行业分布

江苏是港澳台资和外商投资经济高度发达的省份之一。港澳台资和外商投资企业在三次产业中均有分布，但由于我国服务业截至目前尚未完全对外开放，所以港澳台资和外资企业在第三产业中比重并不高。根据《江苏统计年鉴》（2012）报告的数据，2011 年港澳台资和外资企业的营业收入占行业总营业收入的比重，批发零售业不足 3%，住宿餐饮业的比重也不足 6%，港澳台资和外资企业主要集中在工业。

表 6 - 6 给出了港澳台资和外资工业企业分布情况，数据来自相关年度《江苏统计年鉴》报告的"三资"工业企业主要经济指标报表。从这张表中我们可以看到，港澳台资和外资企业的行业分布与私营企业非常类似，区别在于港澳台资和外资在电力、蒸汽、热水生产和供应业等公共事业行业中也有分布，行业分布范围更为广泛。由表 6 - 6 可知，2003 年港澳台资和外资企业中，行业增加值占全部港澳台资和外资工业企业增加值

比重最高的行业是电气机械及器材制造业，为6.4%，化学原料及制品制造业其次，行业比重为6%。此外，纺织业、服装及纤维制品制造业、交通运输设备制造业、电力、蒸汽、热水生产和供应业的行业比重也较高，在4%—5%之间。

2007年与2003年相比，行业比重变化较大的行业有：化学原料及制品制造业，行业比重提高了3.3个百分点，黑色金属冶炼及压延加工业行业的比重提高了2.3个百分点，普通机械制造业的行业比重提高了1.2个百分点，交通运输设备制造业的行业比重提高了1个百分点。与私营经济行业分布变化趋势一样，一些传统轻工业行业如食品制造业、造纸及纸制品业等行业的比重下降幅度较大，而资本密集型行业的行业比重提升较快。到2007年，行业比重排名前三的行业分别为化学原料及制品制造业、电气机械及器材制造业和交通运输设备制造业，行业比重均超过了5%。

总体而言，港澳台资和外资企业的行业分布与私营企业有着类似的特征，但行业比重的变化要小于私营企业。之所以港澳台资和外资的行业分布与私营企业非常类似，是因为早期的港澳台资和外资企业，也有相当一部分与私营企业一样，是通过兼并国有或集体企业而建立的。与私营经济不同的是，由于服务业开放政策的限制，港澳台资和外资经济在第三产业中的比重较低。进入21世纪，随着内资企业竞争力的不断提升，港澳台资和外资经济在经济总量的份额不断下降，对经济总劳动份额的影响也在下降，但不容置疑的是，在2003—2007年江苏劳动份额特别是第二产业劳动份额发生剧烈变化的时期，港澳台资和外资经济的影响不容忽视。

表6-6　　　　　　江苏港澳台资和外资工业企业分布情况

行业	2003年	2005年	2006年	2007年
煤炭采选业	0.000	0.001	0.001	0.001
石油和天然气开采业	0.000	0.000	0.000	0.000
黑色金属矿采选业				0.001
食品加工业	0.022	0.023	0.022	0.021
食品制造业	0.013	0.009	0.008	0.008

续表

行业	2003 年	2005 年	2006 年	2007 年
饮料制造业	0.008	0.005	0.007	0.006
烟草加工业	—	—	—	—
纺织业	0.048	0.050	0.050	0.050
服装及纤维制品制造业	0.042	0.036	0.038	0.033
皮革毛皮羽绒及制品业	0.017	0.011	0.009	0.010
木材加工及竹藤棕草制品业	0.005	0.004	0.004	0.004
家具制造业	0.005	0.005	0.005	0.004
造纸及纸制品业	0.032	0.027	0.026	0.024
印刷业记录媒介的复制	0.004	0.004	0.004	0.004
文教体育用品制造业	0.010	0.009	0.011	0.009
石油加工及炼焦业	0.007	0.003	0.003	0.004
化学原料及制品制造业	0.060	0.070	0.082	0.093
医药制造业	0.019	0.017	0.014	0.015
化学纤维制造业	0.011	0.015	0.015	0.016
橡胶制品业	0.015	0.015	0.016	0.015
塑料制品业	0.020	0.021	0.022	0.020
非金属矿物制品业	0.021	0.021	0.020	0.021
黑色金属冶炼及压延加工业	0.021	0.037	0.039	0.044
有色金属冶炼及压延加工业	0.011	0.018	0.024	0.021
金属制品业	0.028	0.024	0.030	0.030
普通机械制造业	0.037	0.046	0.046	0.049
专用设备制造业	0.024	0.024	0.026	0.030
交通运输设备制造业	0.044	0.037	0.041	0.054
电气机械及器材制造业	0.064	0.064	0.062	0.066
电子及通信设备制造业	0.331	0.340	0.310	0.292
仪器仪表及文化办公用机械制造业	0.028	0.023	0.025	0.022
工艺品及其他制造业	0.007	0.004	0.004	0.004
废弃资源和废旧材料回收加工业	0.000	0.003	0.002	0.002
电力、蒸汽、热水生产和供应业	0.044	0.032	0.029	0.023
燃气生产和供应业	0.001	0.001	0.003	0.004
水的生产和供应业	0.000	0.000	0.000	0.000

资料来源：笔者根据相关年份《江苏统计年鉴》计算。行业比重为港澳台经济和外资经济增加值占全部港澳台经济和外资经济增加值的比重。

　　我们注意到，外商投资和港澳台投资企业并不总是投资于资本密集型行业，而是大量进入了传统的劳动密集型行业。如食品、纺织都是传统的劳动密集型行业，2003—2007 年，外资和港澳台资在这两个行业的比重均超过了 4%；此外，机械电气制造行业也是外资及港澳台资集中的行业，其比重超过了 15%。而一些资本密集型重化工行业，如化工、冶金，外资和港澳台资企业的比重甚至低于私营企业。这验证了上一章第四节的计量分析结果，即 FDI 也大量分布在劳动密集型行业。

　　事实上，根据我国的要素禀赋结构，外资及港澳台资大量进入劳动密集型行业是企业利润最大化的必然选择，所以，很容易理解上一章所作回归中 FDI 的系数估计结果为正的原因。当然，也应当看到，随着我国人均收入水平的提高，资本密集型产品的需求也会不断增加，会有相当数量外资及港澳台资企业逐步进入资本密集型行业，行业构成将日趋资本密集化。但是，这种技术选择的变化是因为我国国内市场需求的变化而引致的，与国际贸易影响劳动份额的机理是截然不同的。

　　表 6-7 给出了 2003 年、2005—2007 年国有工业企业、私营工业企业、港澳台资和外资工业企业增加值占当年工业企业增加值的比重。从这张表中可以看出，在 2003—2007 年的 5 年间，国有工业企业、私营工业企业、港澳台资和外资工业企业增加值占当年工业增加值比重均出现了较大幅度的上升。三类企业中，私营提高最多，由 2003 年的 17% 提高到 2007 年的 28.6%，增长了 68%；国有工业企业次之，由 8.5% 提高到 13.4%，增长了 57.6%；港澳台资和外资工业企业最低，由 26.2% 提高到 40.4%，增长了 54%。从三类企业相对份额的变化来看，私营企业相对份额提高最为明显，港澳台资和外资工业企业的相对份额则出现下降。尽管如此，由于港澳台资和外资工业企业的绝对份额相对较高，所以港澳台资和外资经济劳动份额的变化，仍然会对江苏总劳动份额变化产生较大影响。

表 6-7　　　　　不同所有制工业企业增加值占工业增加值比重

登记注册类型	2003 年	2005 年	2006 年	2007 年
国有企业	0.085	0.132	0.144	0.134
私营企业	0.170	0.211	0.253	0.286

续表

登记注册类型	2003 年	2005 年	2006 年	2007 年
港澳台资和外资企业	0.262	0.349	0.372	0.404

资料来源：笔者根据相关年份《江苏统计年鉴》计算。

二 私营经济、港澳台资和外资经济劳动份额

(一) 数据来源及估计方法

在各级统计部门正式公布的各类统计资料中，并没有按注册类型分类的收入法增加值核算资料。即使是经济普查年份，所公布经济普查资料也没有给出可供估算各种所有制经济增加值及其收入法构成结构的基础资料。同时，由于我国第三产业统计的相对滞后，很难根据各种正式公布的统计资料进行增加值核算。统计资料的缺乏给我们分析不同所有制经济劳动份额及其变化的影响带来了很大困难。

鉴于江苏劳动份额出现剧烈下降主要发生在第二产业，并且主要发生在 2003—2007 年，因此我们将集中分析 2003—2007 年不同所有制工业企业劳动份额及其变化情况。相比第一产业和第三产业统计，我国第二产业统计相对比较全面。历年《江苏统计年鉴》公布了较为详细的工业企业财务数据，尽管无法直接估算出劳动份额，但我们可以通过工资占增加值的比重来间接考察劳动份额及其变化情况。需要指出的是，工资与劳动者报酬在统计范围上有所区别，后者的统计范围更为宽泛，不但包括了工资，企业的三项费用的一部分也被纳入了劳动者报酬统计范围，因此工资占增加值的比重通常要低于劳动者报酬占增加值比重。

每年正式出版的《江苏统计年鉴》分别公布了国有控股工业企业主要经济指标、"私营"工业企业主要经济指标和"三资"工业企业主要经济指标，其中，2003 年、2005—2007 年报告了分行业增加值数据和全部从业人员年平均人数。同时，历年《江苏统计年鉴》还报告了包括国有单位在内的细分行业城镇单位从业人员平均工资以及制造业在岗职工平均工资。用细分行业国有单位平均工资和制造业国有单位在岗职工平均工资乘以国有控股细分行业工业企业从业人员年平均人数，可以得到当年国有控股工业企业的工资总额，用它除以增加值可以得到国有控股工业企业工资占增加值比重。

然而，《江苏统计年鉴》并没有公布分行业港澳台资和外商投资企业

平均工资数据，所公布的细分行业城镇单位从业人员平均工资仅包含国有单位、集体单位和其他单位，外商投资经济、港澳台投资经济单位从业人员平均工资在其他单位从业人员平均工资中统计。由于其他单位的统计范围还包含了联营经济、股份制经济单位，用其他单位从业人员平均工资代替外商投资经济和港澳台投资经济从业人员平均工资可能会产生较大的统计误差。因此，我们根据城镇单位（不含私营个体）从业人员年平均劳动报酬报告的港澳台投资和外商投资单位从业人员年平均劳动报酬，按照城镇就业人员中港澳台投资和外商投资单位就业人数进行加权平均，得到港澳台投资和外商投资单位作为整体的年平均劳动报酬，用它除以国有单位从业人员年平均劳动报酬得到折算系数，再用国有单位细分行业城镇单位从业人员平均工资和制造业在岗职工平均工资乘以折算系数，得到细分行业港澳台投资和外商投资单位平均工资，以此计算细分行业港澳台投资和外商投资工业企业工资总额占增加值比重。

我国私营单位从业人员工资统计工作一直滞后，直到 2011 年，各级统计部门才开始公布城镇私营单位从业人员平均工资数据，并且仅公布主要行业门类，缺乏细分行业的从业人员平均工资数据。因此，我们以《江苏统计年鉴》公布的 2011 年和 2012 年城镇私营单位从业人员平均工资数据，先按行业门类计算出城镇私营单位从业人员平均工资与国有单位从业人员平均工资之比作为折算系数，然后用国有单位细分行业城镇单位从业人员平均工资和制造业在岗职工平均工资乘以折算系数，得到私营单位细分行业从业人员平均工资和制造业在岗职工平均工资，以此来计算分行业私营工业企业工资总额占增加值比重。

（二）计算结果

表 6-8 给出的是根据上述方法计算的 2003 年和 2005—2007 年三种不同所有制类型工业企业工资总额占增加值比重的计算结果，每一类企业我们不但报告了工资占增加值比重的平均值，还报告了标准差。

表 6-8　　　　不同所有制类型工业企业工资总额占增加值比重

企业类型	2003 年		2005 年		2006 年		2007 年	
	比重	标准差	比重	标准差	比重	标准差	比重	标准差
国有	0.159	0.662	0.139	0.601	0.122	0.388	0.114	0.380

企业类型	2003 年		2005 年		2006 年		2007 年	
	比重	标准差	比重	标准差	比重	标准差	比重	标准差
私营	0.114	0.186	0.120	0.059	0.111	0.074	0.109	0.161
港澳台资和外资	0.125	0.081	0.113	0.070	0.115	0.071	0.118	0.101

资料来源：笔者根据相关年份的《江苏统计年鉴》计算，其中私营企业、港澳台资和外资企业工资根据国有单位从业人员平均工资推算。

由表 6－8 可知，三种所有制类型的工业企业中，国有工业企业工资总额占增加值比重最高，2003 年和 2005—2007 年平均为 0.1335，港澳台资和外资工业企业其次，平均为 0.1178，私营工业企业最低，平均为 0.1135。从变化趋势上看，国有工业企业工资占增加值比重下降明显，由 2003 年的 0.159 下降到 2007 年的 0.114，下降幅度达 28%。与国有工业企业形成鲜明对比的是，港澳台资和外资工业企业工资占增加值比重由 2003 年的 0.125 下降到 2007 年的 0.118，下降幅度仅为 5.6%；私营工业企业工资占增加值比重从 2003 年的 0.114 下降到 2007 年的 0.109，下降幅度还不到 5%。

我们注意到，三种不同所有制类型企业的工资占增加值比重存在趋同现象。2003 年，国有工业企业工资占增加值比重比港澳台资及外资企业工资占增加值的比重高出 3.4 个百分点，比私营企业高出 4.5 个百分点；2007 年，国有企业工资占增加值比重比港澳台资及外资企业低 0.4 个百分点，比私营企业仅高 0.5 个百分点。这意味着，不同所有制经济劳动份额的差异对总劳动份额的影响主要集中在 2007 年之前，体制转型对劳动份额的影响逐渐缩小，在这一时期劳动份额的演进可能已经超越双重转型经济劳动份额变化的第二阶段。

我们还计算了三种所有制类型企业工资占增加值比重的标准差。相比而言，国有企业的标准差最大，这显示出初次分配的行业差距很大。相反，私营企业和外资、港澳台资企业工资占增加值比重的标准差较小，显示出尽管非公有制企业的劳动分配份额较低，但行业间收入分配的差距较小，所以非公有制经济的发展虽然会使劳动收入分配处于不利地位，但有助于缩小行业分配差距。

运用同样的方法，我们计算了 38 个工业大类行业的国有工业企业、私营工业企业和港澳台资、外资工业企业工资总额占增加值的比重，结果见表 6 - 9。我们看到，2003—2007 年，38 个行业中有 26 个行业的工资占增加值的比重出现下降，下降幅度较大的行业有煤炭采选业，由 0.8 下降到 0.32，饮料制造业由 0.178 下降到 0.065，化学原料及制品制造业由 0.251 下降到 0.066，有色金属冶炼及压延加工业由 0.534 下降到 0.0579，电子及通信设备制造业由 0.428 下降到 0.202，仪器仪表及文化办公用机械制造业由 0.547 下降到 0.197。国有工业企业行业比重较高的行业中，除化学原料及制品制造业下降幅度非常显著外，其他行业也出现不同幅度的下降。其中，黑色金属冶炼及压延加工业的工资占增加值比重由 0.082 下降到 0.046，烟草加工业由 0.029 下降到 0.018，交通运输设备制造业由 0.182 下降到 0.169，电力、蒸汽、热水生产和供应业由 0.127 下降到 0.09。

与国有工业企业相比，私营工业企业工资占增加值比重出现下降的行业较少，全部 34 个行业中，下降的行业 18 个，比国有企业少 8 个。其中，下降幅度较大的行业有：木材加工及竹藤棕草制品业由 0.08 下降到 0.05，黑色金属冶炼及压延加工业由 0.066 下降到 0.034，仪器仪表及文化办公用机械制造业由 0.202 下降到 0.081，燃气生产和供应业由 0.242 下降到 0.149。行业增加值比重比较高的几个行业中，除黑色金属冶炼及压延加工业下降幅度较大、化学原料及制品制造业由 0.074 微降到 0.068 外，其他行业工资占增加值比重变化不大甚至出现一定的上升，其中，纺织业由 0.123 上升到 0.143，金属制品业由 0.123 上升到 0.145，普通机械制造业由 0.163 上升到 0.187。

港澳台资和外资工业企业分布的 34 个行业中，有 20 个行业工资占增加值比重下降，与私营工业企业较为接近。在下降幅度比较明显的行业中，食品加工业由 0.037 下降到 0.024，服装及纤维制品制造业由 0.316 下降到 0.216，木材加工及竹藤棕草制品业由 0.102 下降到 0.059，文教体育用品制造业由 0.349 下降到 0.213，化学原料及制品制造业由 0.058 下降到 0.038，橡胶制品业由 0.232 下降到 0.084，黑色金属冶炼及压延加工业由 0.053 下降到 0.024，废弃资源和废旧材料回收加工业由 0.085 下降到 0.015，燃气生产和供应业由 0.166 下降到 0.065。在港澳台资和外资分布较多的行业中，除化学原料及制品制造业下降幅度较为显著、纺织业由 0.183 微降到 0.178 外，其他行业都有不同程度的上升，其中，电气机械及器材制造业由 0.109 上升到 0.143，电子及通信设备制造业由 0.111 上升到 0.134。

表6-9　分行业不同所有制类型工业企业工资总额占增加值比重

行业	国有				私营				港澳合资和外资			
	2003年	2005年	2006年	2007年	2003年	2005年	2006年	2007年	2003年	2005年	2006年	2007年
煤炭采选业	0.800	0.310	0.362	0.321	0.247	0.033			0.138	0.080	0.111	0.527
石油和天然气开采业	0.159	0.061	0.091	0.094	1.141	0.122			0.193	0.104		0.021
黑色金属矿采选业	0.262	0.303	0.278	0.273	0.001	0.030						0.093
有色金属矿采选业	0.444	3.726	0.424	0.468								
非金属矿采选业	0.612	0.512	0.649	0.655								
食品加工业	0.116	0.115	0.121	0.114	0.036	0.045	0.043	0.037	0.037	0.029	0.028	0.024
食品制造业	0.163	0.165	0.137	0.147	0.074	0.090	0.069	0.094	0.077	0.070	0.061	0.061
饮料制造业	0.178	0.092	0.070	0.065	0.059	0.065	0.048	0.049	0.041	0.034	0.026	0.033
烟草加工业	0.029	0.031	0.026	0.018								
纺织业	0.218	0.289	0.321	0.327	0.124	0.127	0.131	0.143	0.183	0.164	0.172	0.178
服装及纤维制品制造业	0.390	0.520	0.688	0.682	0.193	0.166	0.207	0.151	0.316	0.257	0.268	0.216
皮革毛皮羽绒及制品业	0.152	0.158	0.711	0.663	0.088	0.170	0.134	0.171	0.170	0.197	0.204	0.215
木材加工及竹藤棕草制品业	0.207	0.055	0.040		0.080	0.079	0.058	0.052	0.102	0.104	0.058	0.059
家具制造业	0.331	0.254	0.694	0.567	0.131	0.130	0.139	0.128	0.245	0.179	0.179	0.190
造纸及纸制品业	0.103	0.192	0.132	0.089	0.123	0.150	0.145	0.137	0.057	0.067	0.073	0.079
印刷业记录媒介的复制	0.382	0.298	0.172	0.284	0.129	0.158	0.171	0.160	0.121	0.159	0.123	0.150
文教体育用品制造业	0.225		0.197	0.281	0.165	0.121	0.104	0.129	0.349	0.178	0.166	0.213
石油加工及炼焦业	0.040	0.094	0.101	0.059	0.066	0.064	0.056	0.048	0.019	0.058	0.040	0.037
化学原料及制品制造业	0.251	0.075	0.069	0.066	0.074	0.071	0.069	0.068	0.058	0.043	0.039	0.038
医药制造业	0.155	0.103	0.119	0.144	0.110	0.073	0.076	0.086	0.083	0.047	0.061	0.059

续表

行业	国有				私营				港澳台资和外资			
	2003年	2005年	2006年	2007年	2003年	2005年	2006年	2007年	2003年	2005年	2006年	2007年
化学纤维制造业	0.918	0.058	0.000	0.000	0.033	0.028	0.000	0.000	0.036	0.043	0.000	0.000
橡胶制品业	0.456	0.107	0.234	0.257	0.177	0.120	0.079	0.075	0.232	0.116	0.087	0.084
塑料制品业	1.694	0.465	0.107	0.243	0.092	0.182	0.129	0.149	0.169	0.279	0.190	0.217
非金属矿物制品业	0.262	0.302	0.187	0.193	0.167	0.207	0.212	0.195	0.212	0.220	0.212	0.206
黑色金属冶炼及压延加工业	0.082	0.066	0.045	0.046	0.066	0.054	0.035	0.034	0.053	0.039	0.028	0.024
有色金属冶炼及压延加工业	0.537	0.241	0.110	0.058	0.045	0.047	0.039	0.033	0.068	0.046	0.041	0.041
金属制品业	0.087	0.099	0.113	0.096	0.123	0.163	0.163	0.145	0.189	0.174	0.176	0.150
普通机械制造业	0.394	0.287	0.222	0.257	0.163	0.179	0.179	0.187	0.145	0.157	0.157	0.175
专用设备制造业	0.311	0.254	0.190	0.193	0.127	0.141	0.114	0.113	0.118	0.151	0.126	0.125
交通运输设备制造业	0.182	0.265	0.197	0.169	0.177	0.171	0.140	0.147	0.140	0.155	0.143	0.110
电气机械及器材制造业	0.203	0.152	0.098	0.105	0.097	0.118	0.105	0.097	0.109	0.153	0.158	0.143
电子及通信设备制造业	0.428	0.113	0.211	0.202	0.186	0.145	0.139	0.149	0.111	0.093	0.112	0.134
仪器仪表及文化办公用机械制造业	0.547	0.277	0.201	0.197	0.202	0.141	0.084	0.081	0.133	0.112	0.087	0.097
工艺品及其他制造业	0.244	0.362	0.215	0.259	0.162	0.119	0.108	0.123	0.248	0.172	0.202	0.205
废弃资源和废旧材料回收加工业	0.062		0.035	0.026	0.023	0.073	0.040	0.038	0.085	0.013	0.009	0.015
电力、蒸汽、热水生产和供应业	0.127	0.104	0.086	0.090	0.134	0.272	0.146	0.154	0.050	0.045	0.045	0.054
燃气生产和供应业	3.955	0.508	0.322	0.162	0.242	0.153	0.070	0.149	0.166	0.198	0.125	0.065
水的生产和供应业	0.307	0.285	0.281	0.286		0.234	0.399	0.231	0.195	0.170	0.212	0.228

资料来源：笔者根据相关年份《江苏统计年鉴》计算。其中私营企业、港澳台资和外资企业工资根据国有单位从业人员平均工资推算。2003年塑料制品业和燃气生产和供应业国有企业国有企业增加值数据有疑问。

综上所述，2003—2007 年三种所有制企业劳动份额的变化，既有共性特征也有个性特征。共性特征是，由于江苏重化工业化特征明显，像黑色金属冶炼及压延加工业、化学工业等重化工代表行业的工资占增加值比重，三种所有制企业都呈现下降趋势，显示出重化工业化要素分配结构变化的共同特征。个性特征，国有企业的工资占增加值比重的变化与非公有制企业差异较大，前者出现下降，后者下降幅度较小或出现微升。这一差异在 2005—2007 年更为明显，而 2005—2007 年也是江苏工业劳动份额出现大幅下降的时期之一，这提示我们，必须从所有制差异出发，研究劳动份额影响因素在不同类型所有制经济的影响机理。

三　所有制结构变化对劳动份额的影响

通过考察 2003—2007 年工资占增加值比重这一比较接近于劳动份额的指标及其变化情况可以得到的结论是，不论是所有制结构的变化还是不同所有制经济劳动份额的变化，都倾向于降低劳动份额。那么，所有制结构变化的影响和不同所有制经济劳动份额变化的影响，哪一种影响更大，需要进一步的分析。

借鉴第五章使用的因素分解方法，我们分别对三类不同所有制类型工业企业工资占增加值比重的影响因素进行了分解，结果报告在表 6 - 10 中。在表 6 - 10 中，第 2 列报告的是在假定国有工业企业增加值比重不变的情况下，由国有企业工资占增加值比重发生变化所产生的影响，我们称为所有制影响；第 3 列和第 4 列分别报告的是私营企业和港澳台资、外资企业的所有制影响；第 5 列报告的是假定工资占增加值比重保持不变的情况下，由于各种所有制类型经济相对比重发生变化所产生的结构影响。2005 年报告的是相对于 2003 年的所有制影响和结构影响，其余年份报告的是相对于上年的所有制影响和结构影响。

表 6 - 10　　　　　　不同所有制类型工业企业工资占
增加值比重变化因素分解结果

时期	国有企业 所有制影响	私营企业 所有制影响	港澳台资、外资企业 所有制影响	结构影响
2005 年	- 0. 0032	0. 0019	- 0. 0058	0. 0003
2006 年	- 0. 0032	- 0. 0025	0. 0008	- 0. 0001
2007 年	- 0. 0015	- 0. 0008	0. 0014	- 0. 0001

时期	国有企业 所有制影响	私营企业 所有制影响	港澳台资、外资企业 所有制影响	结构影响
2005—2007 年	- 0.0073	- 0.0017	- 0.0021	- 0.0019

资料来源：笔者计算，其中，2005 年报告的是相对 2003 年的所有制影响和结构影响，其余年份报告的是相对上年的所有制影响和结构影响。

由表 6 - 10 可以看到，在三种所有制类型工业企业中，各个年份国有企业的所有制影响均为负，其中 2006 年的所有制影响最大，达 - 0.0032，2003—2007 年的所有制影响累计达 - 0.0073。私营企业的所有制影响 2005 年为正，2006 年和 2007 年为负，其中 2006 年的所有制影响较大，达 - 0.0025，就 2005—2007 年整体来看，所有制影响为负，但不足国有企业所有制影响的 1/4。港澳台资和外资企业的所有制影响，2005 年较高，达 - 0.0058，高于国有企业，但 2006 年、2007 年所有制影响均为正，2005—2007 年的所有制影响为 - 0.0021，略高于私营企业，但远低于国有企业。从不同所有制类型工业企业所有制影响的贡献来看，国有企业贡献了全部所有制影响的 66%。从结构影响来看，尽管 2005—2007 年的结构影响为负，但远低于所有制影响，对于同期工资占增加值比重变化贡献仅为 14.6%。

分年份来看，2005 年相对 2003 年，由于工资占增加值比重最高的国有企业增加值比重由 0.085 上升到 0.132，高于私营企业和港澳台资、外资企业，所以结构影响为正。同样的，由于国有经济相对比重的下降，2006 年和 2007 年的结构影响转为负。总体而言，所有制结构的变化对 2003—2007 年工业进而第二产业的劳动份额构成了负面影响，但并不是主要因素，主要因素来自各种所有制经济内部劳动份额的下降，并且国有经济劳动份额下降的影响远远高于私营经济、港澳台资和外资经济。

分行业来看，不同所有制类型企业工资占增加值比重变化呈现不同特征。以化学原料及制品制造业为例，作为江苏第二产业各大类行业中行业比重最高的行业之一，三种所有制经济工资占增加值比重的变化，国有工业企业下降幅度最大，港澳台资和外资企业下降幅度次之，私营企业却仅出现微降，见表 6 - 11。我们看到，化学原料及制品制造业工资占增加值比重，2003 年三种所有制类型企业之间的差异相当大，国有企业最高，

达 0.251，私营企业次之，为 0.074，港澳台资、外资企业最低，仅为
0.058。到 2007 年，国有企业工资占增加值的比重下降到 0.066，不足
2005 年的 1/3；港澳台资、外资企业也由 2003 年的 0.058 下降到 2007 年
的 0.038，下降幅度也非常明显。与国有企业、港澳台资和外资企业不同
的是，该行业私营企业工资占增加值比重由 2003 年的 0.074 微降到 2007
年的 0.068，下降幅度远小于国有企业、港澳台资和外资企业。其他行
业，如电子及通信设备制造业，工资占增加值比重国有企业和私营企业均
出现了下降，但外资及港澳台资企业却出现了上升。同一行业不同所有制
类型经济的劳动份额变化呈现出不同的特点，提示我们应该研究不同所有
制类型经济的经济技术特点并由经济技术特点决定的劳动份额影响机理。

表 6 - 11　　　　　　　　化学原料及制品制造业工资占增加值比重

	2003 年	2005 年	2006 年	2007 年
国有企业	0.251	0.075	0.069	0.066
私营企业	0.074	0.071	0.069	0.068
港澳台资和外资企业	0.058	0.043	0.039	0.038

资料来源：笔者计算。

第四节　垄断、全球化和劳资谈判地位变化的影响

从 20 世纪 90 年代开始，随着我国经济体制改革的深化，国有经济大
量从一般竞争领域退出，其市场垄断力量有所提高；同时，由于农村劳动
力特别是中西部农村劳动力大量转移到东部地区，使得资本在工资谈判中
的地位不断得到强化；江苏经济国际化进程的不断深入，吸引了大量外资
进入，促进了外向型私营经济快速发展。所以，体制转型也导致了产品和
要素市场竞争性、国际贸易和劳资谈判地位发生变化。本节我们将关注体
制转型对行业垄断和劳资双方谈判地位进而对劳动份额的影响。

一　垄断

一般认为，垄断行业利润过高是造成劳动份额下降的一个重要原因。

尽管垄断行业的劳动者收入比其他行业的要高，但因为这些行业的超额利润比社会平均利润要高得更多，所以劳动份额较低。导致垄断的原因主要有三个：企业合谋、规模经济和行政管制。在我国，行业垄断具有明显的特征，其主要形式是行政垄断。根据岳希明等（2010）的研究，下列行业在我国属于垄断程度比较高的行业：石油和天然气开采业、烟草制品业、石油加工、炼焦及核燃料加工业、电力、燃气及水的生产和供应业、铁路运输业、水上运输业、航空运输业、邮政业、电信和其他信息传输服务业、金融业。

表6-12给出根据2005年和2007年江苏42部门投入产出表数据计算的主要垄断行业劳动份额。根据国民经济行业分类（GBT4754—2002），前述的10个垄断行业中，烟草制品业属于42部门中的食品制造及烟草加工业，铁路运输业、水上运输业、航空运输业属于交通运输及仓储业，电信和其他信息传输服务业属于信息传输、计算机服务和软件业。我们看到，上述垄断行业的劳动份额除邮政外，其余行业均远远低于相关产业的劳动份额。第二产业中，电力、热力的生产和供应业的劳动份额最低，不到第二产业劳动份额的一半。第三产业中，信息传输、计算机服务和软件业最低，2005年的劳动份额也不到当年第三产业劳动份额的一半，这表明垄断行业的劳动份额远远低于非垄断行业劳动份额的基本事实。

表6-12　　　　　　　　　　**主要垄断行业劳动份额变化**

行业	2005 年	2007 年
石油和天然气开采业	0.234	0.166
食品制造及烟草加工业	0.206	0.292
电力、热力的生产和供应业	0.169	0.166
石油加工、炼焦及核燃料加工业	0.230	0.305
金融业	0.238	0.223
信息传输、计算机服务和软件业	0.172	0.203
邮政业	0.701	0.767
交通运输业	0.252	0.373
第二产业劳动份额	0.348	0.308
第三产业劳动份额	0.385	0.365

资料来源：根据2005年和2007年江苏42部门投入产出表数据计算。

但是，就各主要垄断行业劳动份额变化看，第二产业除石油和天然气开采业、第三产业除金融业外，其他行业却仅出现微降甚至上升，如石油加工、炼焦及核燃料加工业上升了 7.5 个百分点，信息传输、计算机服务和软件业上升了 3.1 个百分点，交通运输业上升了 12.1 个百分点。① 因此，并没有足够的证据表明，垄断与劳动份额的下降有关。相反，在第五章所进行的简单回归中，我们却发现了垄断与劳动份额变化之间的正相关关系。②

二　劳资工资谈判地位变化

大规模劳动力转移所带来的一个直接效应是阶段性递增报酬，表现在工资产出比的下降与劳动力转移速度之间存在确定的关系（唐文健，2009）。这显然会强化资本的谈判地位，进而对要素相对分配份额产生影响。然而，我国的大规模劳动力转移主要发生在 20 世纪 90 年代，2000 年之后，"用工难"现象在各地普遍存在着，这显然会使劳动者在工资谈判中的地位逐步得到改善，进而有助于提高劳动分配份额。

从 2006 年起《江苏统计年鉴》报告当年人民法院各类一审案件收结案情况，表 6 - 13 报告了劳动和社会保障一审案件收结案情况，其中结案包括维持、撤销、驳回、撤诉和单独赔偿 5 个类型。我们认为，劳动和社会保障收案数、撤诉数占结案数的比重、驳回数占结案数的比重 3 个指标，可以很好地反映劳资工资谈判地位的变化。收案数的增加表明劳动者维权意识的增强，也表明劳动者面对可能的不公正劳动和社会保障条件，具有通过法律进行讨价还价的能力。撤诉通常是劳资双方在庭外达成妥协的结果，其占结案数比重的增加，表明资方在劳动与社会保障冲突中的妥协和让步。驳回数比重是劳动者进行劳动和社会保障维权成功率的负向指标，这一指标越小，说明维权成功率越高，在劳资工资谈判中的威胁越强。③

---

① 由于 42 部门数据报告到主要的行业大类，所以部分行业的劳动份额与上述的垄断行业劳动份额会有所区别，个别行业的差异会很大。比如，根据 2002 年江苏 122 部门投入产出表数据计算，当年烟草制品业的劳动份额仅为 0.046。

② 尽管垄断所造成的价格加成有助于提升资本份额，但由于垄断行业大多是国有经济集中的行业，其劳动者的工资谈判地位可能比私营或外资企业高，如果考虑"内部人控制"因素，垄断加成所获得的超额利润越高，内部人侵蚀的份额可能越大。

③ 驳回率越低，劳动者在劳资谈判中"打官司"威胁的可置信度越高。

表6-13   人民法院劳动和社会保障一审案件收结案情况

年份	收案数（件）	结案数（件）	撤诉数（件）	驳回数（件）	撤诉数占结案数比重	驳回数占结案数比重
2006	555	549	189	137	0.344	0.250
2007	688	687	282	191	0.410	0.278
2008	859	866	409	202	0.472	0.233
2009	866	859	395	200	0.460	0.233
2010	849	866	453	179	0.523	0.207
2011	952	947	395	214	0.417	0.226
2012	1250	1242	803	345	0.647	0.278

资料来源：笔者根据相关年份的《江苏统计年鉴》计算。

从表6-13可以看到，人民法院劳动和社会保障一审案件收案数总体呈现上升趋势，撤诉数占结案数比重也在上升，2006年，撤诉数占结案数的比重仅为0.344，2008年之后上升到0.4以上，2012年达到了0.647，这表明越来越多的劳动与社会保障案件通过庭外的谈判得到了妥协。驳回数占结案数的比重除2012年外，也呈下降之势，表明越来越多的劳动和社会保障案件的法律诉求可以在一定程度上被满足。上述数据及变化表明，尽管我国劳动者在工资谈判中的地位不高，但至少是在2006年之后，劳动者在工资谈判中讨价还价的能力在不断增强，所以劳动者在工资谈判中的弱势地位可以解释一个较低的劳动份额水平，但难以说明2006年之后劳动份额的下降。

第五节　本章小结

根据第二章的分析框架，分别从个体经济和非公有制企业两个方面着手，研究自20世纪90年代以来由体制转型带来的所有制结构变化对劳动份额的影响。研究结果表明，体制转型对劳动份额的变化具有不可忽视的影响，构成21世纪前10年江苏劳动份额剧烈下降的重要原因之一。

第一，个体经济发展水平相对滞后是江苏劳动份额较低并落后于全国平均水平的一个最为突出的原因。尽管江苏经济发展走在了全国的前列，但个体经济占总量的比重，无论从就业还是从投资来衡量均落后于全国平均水平。我们的研究发现，江苏雇员报酬占 GDP 比重自 1994 年以来一直高于全国平均水平，但由于个体经济的发展出现停滞甚至倒退，使得经济总劳动份额落后于全国平均水平并出现较大幅度的下降。

由于个体经济主要集中在第三产业，所以个体经济发展水平的滞后主要对第三产业劳动份额形成负面影响。一般而言，第三产业资本密集程度低于第二产业，所以通常其劳动份额要高于第二产业。然而我们的研究却发现，由于个体经济的发展不足，在相当长一段时期内江苏第三产业的劳动份额低于第二产业。2004 年之后，江苏个体经济发展重新提速，与全国平均水平的差距不断缩小，使得第三产业劳动者报酬占 GDP 比重超过第二产业。但 2008 年之后，江苏个体经济的发展速度又有所下降，导致了江苏第三产业劳动份额在这一期间又出现了小幅下降，这也直接导致江苏总劳动份额在这一期间没有延续 2008—2009 年间的上升趋势，呈现出振荡下降的走势。

第二，私营经济与港澳台资、外资经济的高速发展，是 2002 年以来江苏劳动份额特别是第二产业劳动份额出现大幅下降的重要原因。由于数据原因无法估计不同所有制经济的劳动份额，但我们用工业企业工资总额占增加值比重作为替代进行分析后发现，由于私营经济与港澳台资、外资经济工资占增加值的比重低于国有企业，非公有制经济的快速发展降低了总劳动份额。特别是私营经济，其迅速发展对江苏总劳动份额产生了强烈的"下拉"作用。由于私营经济和港澳台资、外资经济主要集中在第二产业，所以所有制结构变化对第二产业的劳动份额构成了显著影响。

第三，国有经济劳动份额的快速下降是江苏第二产业劳动份额下降的一个极其重要的原因。由于国有经济劳动份额较高，其劳动份额的下降幅度也远高于非公有制经济，所以在第二产业劳动份额下降中国有经济劳动份额下降影响远高于非公有制经济。我们对 2003—2007 年国有经济的影响进行了粗略估计，结果表明，国有工业企业劳动份额的下降导致了第二产业劳动份额下降超过了 3 个百分点，这一时期江苏第二产业劳动者报酬占 GDP 比重降幅的近 20%。

第七章　技术进步与劳动份额

改革开放以来中国经济增长的一个典型特征是高投资、高增长（李扬、殷剑峰，2005），而资本积累与资本体现型技术进步的动态融合是中国经济增长的典型事实（赵志耘等，2007），也是影响中国工业生产率增长的重要因素（黄先海、刘毅群，2006）。由于资本体现型技术进步与非资本体现型技术进步通过不同机制影响经济增长，并且不同行业的资本体现型技术进步也存在巨大差异，所以分析这一技术进步方式对经济增长进而要素分配的影响机制，对于理解江苏产业内劳动份额变化及其趋势至关重要。

第一节　资本体现型技术进步估计

一　投资特征

改革开放以来，江苏经济的增长特征与全国一样呈现高投资高增长的特点。特别是进入 21 世纪，江苏的投资增长尤其迅速，2012 年，江苏全社会固定资产投资达 31706.6 亿元，是 2000 年的 10.6 倍。表 7 - 1 给出的是按支出法计算的 1993—2012 年江苏地区生产总值构成情况，我们看到，1993—2012 年江苏资本形成占地区生产总值的比重平均达 48.8%，并且呈现前低后高格局。1993—2002 年，江苏资本形成占 GDP 的比重平均为 47.3%，2003—2012 年平均高达 50.3%，在 1993—2012 年的 20 个年份中，资本形成占 GDP 比重超过 50% 的年份多达 7 个。

在全社会固定资本投资中，设备工器具购置投资比重很高。全社会固定资产投资也称全社会固定资产投资完成额，是指以货币形式表现的在一定时期内全社会建造和购置固定资产的工作量与此有关费用的总称。固定资产是指使用年限在一年以上，单位价值在规定的标准以上，并在使用过

表 7-1　　　　　　　　　　江苏 GDP 构成结构

年份	最终消费（%）	资本形成总额（%）	货物和服务净出口（%）	年份	最终消费（%）	资本形成总额（%）	货物和服务净出口（%）
1993	41.7	53.0	5.2	2003	44.1	49.7	6.2
1994	42.4	49.8	7.8	2004	41.5	53.0	5.5
1995	43.7	48.1	8.2	2005	41.2	50.9	7.9
1996	45.3	46.6	8.1	2006	41.6	49.3	9.1
1997	45.2	43.8	11.0	2007	42.0	48.1	9.9
1998	43.9	46.1	10.0	2008	41.5	48.5	10.1
1999	43.4	46.2	10.4	2009	41.7	51.0	7.3
2000	43.4	47.3	9.3	2010	41.6	51.1	7.3
2001	43.8	46.5	9.7	2011	42.1	51.0	6.9
2002	45.3	45.3	9.4	2012	42.0	50.4	7.6

资料来源：《江苏统计年鉴》（2013）。

程中保持原来物质形态的资产。固定资产投资按构成分为建筑安装工程，设备、工具、器具购置，其他费用三个部分。其中，设备、工具、器具购置指建设单位或企、事业单位购置或自制的，达到固定资产标准的设备、工具、器具的价值。表 7-2 报告的是 1995—2012 年江苏全社会固定资产投资构成结构。从这张表中可以看到，江苏全社会固定资产投资中，设备工器具购置投资的比重一直较高，1995—2013 年，江苏全社会固定资产投资中，设备工器具购置投资的比重平均达 29.5%。[①]

表 7-2　　　　　江苏全社会固定资产投资构成结构　　　　　单位:%

年份	建筑安装工程	设备工器具购置	其他费用	年份	建筑安装工程	设备工器具购置	其他费用
1995	58.5	31.9	9.6	2005	55.8	29.1	15.1
1996	59.0	30.8	10.2	2006	55.9	29.2	14.9
1997	59.3	31.3	9.4	2007	55.5	29.0	15.5
1998	59.3	29.8	10.9	2008	55.2	30.5	14.3
1999	61.4	27.2	11.4	2009	55.2	31.1	13.7

---

① 2010 年的比重按照新口径计算。

年份	建筑安装工程	设备工器具购置	其他费用	年份	建筑安装工程	设备工器具购置	其他费用
2000	60.6	29.0	10.4	2010	54.4	30.4	15.2
2001	57.6	29.3	13.1	2010（新口径）	54.5	29.7	15.7
2002	54.3	30.1	15.6	2011	44.9	24.5	12.9
2003	54.5	28.3	17.2	2012	55.4	30.8	13.8
2004	56.9	28.3	14.8				

资料来源：相关年份《江苏统计年鉴》，1995 年之前的数据缺失。

相对于公有制经济，非公有制在全社会固定资产投资中的比重较高。表 7-3 给出的是江苏和全国非公有制经济固定资本投资占全社会固定资产比重，其中"三资"指的是外商投资经济和港澳台商投资经济。可以看出，江苏非公有制经济固定资产投资非常旺盛，2006—2012 年，非公有制经济的投资比重平均高达 52.1%，除 2012 年外，所有年份的投资比重均超过了 50%。相比江苏，全国非公有制经济投资比重明显较低，2006—2012 年的平均比重为 33.3%，比江苏低 18.8 个百分点。在三种主要的非公有制经济类型中，江苏外资及港澳台资和私营经济的投资比重远远高于全国平均水平，其中，外商投资经济和港澳台商投资经济的投资比重，2006—2012 年平均为 15.6%，是同期全国平均水平的 2 倍，私营经济投资比重是全国平均水平的 1.4 倍。

表 7-3　　非公有制经济固定资产投资占全社会固定资产投资比重

年份	江苏				全国			
	私营	个体	"三资"	合计	私营	个体	"三资"	合计
2006	0.301	0.027	0.174	0.502	0.175	0.052	0.099	0.326
2007	0.334	0.027	0.188	0.549	0.197	0.049	0.097	0.343
2008	0.354	0.022	0.188	0.564	0.206	0.046	0.089	0.341
2009	0.361	0.020	0.142	0.523	0.209	0.043	0.069	0.320
2010	0.362	0.018	0.130	0.509	0.241	0.036	0.068	0.345
2011	0.361	0.016	0.124	0.500	0.229	0.036	0.060	0.325
2012	0.365	0.013	0.120	0.498	0.244	0.033	0.056	0.332

资料来源：笔者根据相关年份的《中国统计年鉴》、《江苏统计年鉴》计算，"三资"包括外商投资经济和港澳台商投资经济。

从江苏投资增长及其总体特征来看，投资在江苏经济增长中占着决定性地位，但如果没有技术进步的支撑，长达 20 年的 50% 左右的投资率无法在增长理论的框架下做出解释。从固定资产的投资构成来看，江苏的设备工器具购置投资比重很高并保持了基本稳定，而设备投资的体现型技术进步要远远快于其他固定资产投资。因此，江苏投资增长的上述特点决定了资本体现型技术进步在江苏经济增长中起着不可替代的作用，必须研究其对生产要素分配的影响及其机理。

二 江苏资本体现型技术进步估计

（一）估计方法

资本体现型技术进步速度可以通过计算经过质量调整的投资品相对消费品价格下降速度获得。一般来说，以设备工器具购置为代表的设备的资本体现型技术进步速度，要远高于以建筑安装工程和其他费用为代表的非设备资本体现型技术进步速度，所以文献通常的做法是用官方未经调整的价格数据估计非设备资本体现型技术进步，而估计设备资本体现型技术进步则需要用经过质量调整的价格指数。由于我国各级统计部门尚未提供经过质量调整的价格指数，估计中国设备资本体现型技术进步通常有以下两种方法：

第一种方法是基于未经调整的价格指数估计设备资本体现型技术进步。赵志耘（2007）等的研究使用了这一方法，即直接使用国家统计局公布的价格指数估计设备资本体现型技术进步速度。国家统计局从 1991 年之后开始公布固定资产投资价格指数以及设备、工器具（简称设备）投资价格指数，可以用这一数据构成投资品价格指数序列。根据格林伍德等（Greenwood et al.，1997）、康明斯和维奥兰特（Cummins and Violante，2002）的做法，消费品价格指数应该使用非耐用消费品价格指数，由于缺乏有关数据，可以使用居民消费价格指数，它在概念上与非耐用消费品价格指数最为接近。用投资品价格指数序列除以居民消费价格指数，可以得到各个年份各类资本品相对价格，在此基础上可以计算出各个年份设备资本体现型技术进步速度和非设备资本体现型技术进步。需要提出的是，在计算相对价格时，必须选定基期并对价格指数序列数据进行重新计算。

第二种方法是通过其他数据来源间接推算设备资本体现型技术进步率。萨克拉里斯和维瑟拉尔（Sakellaris and Vijselaar，2005）在研究资本体现型技术进步对欧盟国家经济增长贡献时，采用了一种间接方法估计设备资本体现型技术进步率。他们的做法是：根据戈登、康明斯和维奥兰特提供的24种设备和信息处理设备与软件（IPES）、工业设备（IE）、交通设备（TE）和其他设备（OE）四大类设备投资质量调整价格指数，先根据美国的各类投资的比重进行分解，然后再根据欧盟国家的权重进行链式加总，进而得到欧盟国家各类设备投资的质量调整价格指数。这样做的理论基础是"一价律"，即对于经济联系相当密切的美国与欧盟来说，同样质量的资本品在不同国家应该具有相同的价格。但是，正如萨克拉里斯和维瑟拉尔自己所指出的，这样的处理方法忽略了不同国家的通货膨胀国别效应。从中国的现实来讲，通货膨胀的国别效应比较明显，直接运用美国的设备质量调整价格指数推算中国的设备质量调整价格指数可能存在较大的偏差，因而可以根据戈登、康明斯和维奥兰特数据计算的不同设备的资本体现型技术进步速度来间接估计中国的设备资本体现型技术进步速度。具体计算方法是：首先按照康明斯和维奥兰计算的IPES、IE、TE和OE设备分类方法，将我国相关行业分类到上述四大类设备分类，根据相关行业的行业比重计算各大类设备的相对权重，然后根据每一类设备的资本体现型技术进步速度，按照各自权重计算出总的设备资本体现型技术进步速度。当然，这种方法也存在一定的偏差，但在缺乏直接数据的情况下，估计误差对于一个较长时期的样本并不是太大（唐文健、李琦，2008）。

（二）数据处理及估计结果

在上述两个估计方法中，第二种方法需要较长时期的样本。历年《江苏统计年鉴》公布了全社会固定资产投资价格指数，但最早的数据是1995年，对1995年之前的数据进行扩展，会遇到大量数据缺失障碍。根据我们的研究，按照第一种方法估计的设备资本体现型技术进步相对第二种方法的估计结果低，平均而言，为第一种估计方法估计结果的70%—80%，但两者动态变化的阶段性特征还是相当一致的（唐文健、李琦，2008）。所以，我们采取了第一种估计方法，即采用江苏统计部门公布的未经质量调整的各类固定资产投资价格指数和居民消费价格指数，来计算资本体现型技术进步速度。

根据历年《江苏统计年鉴》公布的固定资产投资环比价格指数，我们以1994年为基期，重新计算1994—2012年各类固定资产投资价格指数。根据历年居民消费价格环比指数，计算了以1994年为基期的

1994—2012 年居民消费价格指数。据此，我们计算出 1995—2012 年江苏设备与非设备的资本体现型技术进步速度。其中，设备投资指的是固定资产投资中的设备、工器具购置投资，非设备指的是固定资产投资中的建筑安装工程和其他费用投资，其投资价格指数按照建筑安装工程和其他费用投资价格指数及其投资的相对比重计算。表 7－4 给出了计算结果。

表 7－4　　　1995—2012 年江苏各类投资资本体现型技术进步速度

年份	设备	非设备	年份	设备	非设备
1995	－0.100	－0.07	2004	0.036	0.07
1996	0.065	－0.06	2005	0.016	－0.01
1997	0.053	－0.02	2006	0.008	0.00
1998	0.046	0.01	2007	0.046	0.03
1999	0.031	0.01	2008	0.048	0.07
2000	0.024	0.02	2009	0.035	－0.02
2001	0.011	0.01	2010	0.021	0.03
2002	0.006	0.04	2011	0.041	0.04
2003	0.035	0.06	2012	0.045	－0.04

资料来源：根据历年《江苏统计年鉴》计算。设备为固定资产投资中的设备、工器具购置投资，非设备为固定资产投资中的建筑安装工程和其他费用投资，2010 年之后数据采用新口径计算。

由表 7－4 可以看出，即使按照未经质量调整的固定资产投资价格指数计算，江苏的资本体现型技术进步速度并不低，设备投资的体现型技术进步更高。我们看到，18 个年份中，设备投资的资本体现型技术进步除 1995 年为负外，其余年份均为正，1994—2012 年平均速度达 5.1%，同期非设备资本体现型技术进步速度为 0.9%。分阶段看，设备投资的资本体现型技术速度呈现出前高后低的趋势，但下降幅度并不大，2003—2012 年相比 1994—2002 年，设备投资资本体现型技术进步平均速度仅下降 0.6%，而非设备则微升了 0.1%，见表 7－5。

表7-5 各阶段江苏各类固定资产投资资本体现型技术进步平均速度

时期（年）	设备	非设备
1994—2002	0.054	-0.012
2003—2012	0.048	-0.011

资料来源：根据表7-4计算。

唐文健（2009）曾经对1981—2005年资本体现型技术进步对中国经济增长贡献进行实证分析，利用包含资本体现型技术进步的增长核算框架，将中国产出的增长分解为资本、劳动、中性技术进步和资本体现型技术进步的贡献。他发现：第一，驱动中国经济增长的主要因素是投资。1994—1999年，投资增长的贡献率达79%；2000—2005年，投资增长的贡献率高达88%。第二，除20世纪80年代早期外，中性技术进步并不明显，设备投资技术进步对产出增长的贡献逐年提高，经济的技术进步主要来自设备投资的资本体现型技术进步。基于江苏资本体现型技术进步速度比全国平均水平更高，所以我们有理由相信，资本体现型技术进步对江苏经济增长的作用更为明显。鉴于这样的认识，研究江苏劳动份额及其变化的技术进步机理，就必须认真研究资本体现型技术对要素分配的影响机制。

第二节 体现型技术进步对劳动份额的影响机理

一 体现型技术进步与总劳动份额变化：初步考察

图7-1给出的是1993—2012年江苏投资率的变化情况。我们看到，20世纪90年代前期和中期，江苏的投资率逐年下降，1997年的投资率创历年最低，仅43.8%，之后几年一直维持在46%左右。从2003年开始，江苏投资率开始迅速上升，2004年投资率创历年最高，达53%，之后基本在50%左右波动，2003—2012年，江苏的平均投资率为50.3%，较1993—2002年期间平均投资率的47.3%，上升了3个百分点。

与埃尔斯比等（Elsby et al.，2013）发现一样，我们也发现江苏的投资率会随着资本体现型技术进步速度变化而变化。由表7-4可以看到，1995—1997年，江苏的资本体现技术进步速度并不快，设备与非设备技

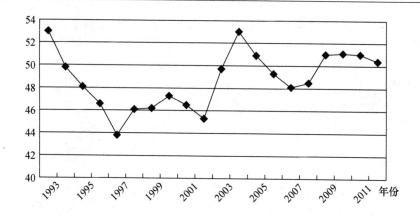

图 7 - 1　江苏 1993—2012 年投资率

资料来源:《江苏统计年鉴》(2013)。

术进步速度之和除 1997 年达到 0.033 外, 1995 年为负, 1996 年仅为 0.005, 我们看到这一时期的投资率也经历了大幅下降。1998 年之后, 由于资本体现型技术进步速度回升, 投资率也开始回升。2003 年和 2004 年, 江苏设备和非设备体现型技术进步之和达到创纪录的 0.095 和 0.106。此后两年, 资本体现型技术进步速度开始下降, 而同期的投资率也随之下降。

鉴于资本体现型技术进步与投资率之间的正向关系, 可以得到以下第一个判断: 即要素替代弹性会随着资本体现型技术进步速度的加快而提高。很容易理解, 因为不断攀升的投资率将致使经济的资本劳动比迅速上升, 在其他条件没有发生重大变化的情况下, 这意味着资本对劳动的更快替代。根据第二章的分析, 当要素替代弹性超过 1 时, 要素分配份额将向资本倾斜, 劳动分配份额将下降。因此, 资本体现型技术进步将通过影响要素替代弹性对要素分配份额产生影响。

根据表 7 - 4 的数据, 1995—2012 年江苏各类投资资本体现型技术进步速度, 设备与非设备之和超过 7% 的年份有 5 个年份, 分别是 2003 年、2004 年、2007 年、2008 年和 2011 年。除发生全球金融危机的 2008 年, 其余年份的江苏劳动份额特别是第二产业的劳动份额均出现了较大幅度的下降。设备与非设备体现技术进步速度小于 1 的年份有 4 个, 分别是 1995 年、1996 年、2005 年和 2012 年, 这 4 个年份的劳动份额除 2005 年微降 0.2 个百分点外, 其余年份分别较上年上升 2 个百分点、0.3 个百分点和 0.5 个百分点。[①] 上述简单观察可以得到以下第二个判断：江苏第二产业的要素替代弹性在 20 世纪 90 年代可能低于 1，之后随着投资率的上升，替代弹性在 2000 年之后可能接近 1，2003 年前后可能远大于 1。我们看到，在 20 世纪 90 年代，江苏劳动份额并没有呈现明显的下降趋势，而部门内劳动份额无论是第三产业还是第二产业均呈现明显的上升趋势。对此比较合理的解释是，这一时期江苏第二产业特别是工业部门的要素替代弹性可能小于 1。[②] 进入 21 世纪，由于投资率的大幅上升，江苏经济特别是工业部门资本对劳动的替代速度加快，要素替代弹性不断提高并进而大于 1。因为只有替代弹性大于 1，劳动份额的变化才与体现型技术进步呈反向变化。

二　体现型技术进步与产业内劳动份额变化

下面通过考察产业内劳动份额变化与投资率之间的关系，分析资本体现型技术进步对产业内劳动份额的影响。图 7-2 给出了江苏 1993—2012 年全社会固定资产投资的产业构成与劳动份额的变化情况。从全社会固定资产投资的产业构成来看，自 20 世纪 90 年代以来，第二产业与第三产业的构成变化呈现出不同的特征，反映了第二产业与第三产业投资增长的变化。我们看到，1993—1999 年，第二产业投资占全社会固定资产投资的比重逐年下降，表明这一时期资本对劳动的替代并不快。从 2002 年起，第二产业投资比重开始逐年上升，2003 年超过第三产业并在 2005 年提升到最高的 0.557，之后几年保持在 0.55 左右，2009 年开始下降。这一变化模式显示出，至少在 2003—2008 年间，江苏第二产业资本对劳动的替代速度明显加快。2009 年之后，第二产业投资比重开始小幅下降，而第三产业投资比重却在小幅上升，表明了第二产业资本对劳动的替代速度开始下降。我们看到，第三产业投资比重自 1999 年开始下降后，2008 年开始逆转，最近几年呈现逐年上升的趋势，表明在第三产业内部，资本对劳动的替代开始加快。

---

　① 由于固定资产投资中非设备投资比重较大（江苏在 70% 左右），而设备投资体现型技术进步速度通常要快于非设备，所以当设备与非设备投资体现型技术进步速度小于 1% 时，总投资的体现型技术进步速度可能为负。

　② 第三产业的设备及工器具投资较少，因而其资本体现型技术进步比第二产业要慢得多；同时，已有研究对中国总体上要素替代弹性小于 1 且工业部门的要素替代弹性高于经济总替代弹性的结论争议并不大，这意味着第三产业的要素替代弹性要远低于 1。因此，在 20 世纪 90 年代，资本劳动比的上升和资本体现型技术进步将有助于第三产业内劳动份额的提升。

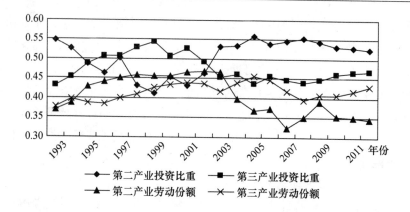

图 7 - 2　1993—2012 年江苏全社会固定资产投资产业构成与劳动份额

资料来源：笔者计算。

　　我们看到，江苏第二产业劳动份额的变化与其固定资产投资比重的变化，在考虑固定资产投资到形成生产能力的滞后性后，两者呈现一定的负相关性。由图 7 - 2 可知，自 1993 年起江苏第二产业的投资率持续下降，两年后的 1995 年，第二产业劳动份额开始上升。2002 年第二产业投资率开始上升，两年后的 2004 年劳动份额开始大幅下降。2005 年之后，第二产业投资率达到最高值后开始缓慢下降，而 2008 年江苏第二产业劳动份额也停止了快速下降。劳动份额的变化滞后于固定资产投资比重变化 2 年左右。我们认为，在从业人员数缓慢增加的情况下，投资率的上升与下降，意味着资本对劳动替代程度的上升和下降，这导致了劳动份额的相应变化。据此判断，江苏第二产业要素替代弹性在 20 世纪 90 年代可能略低于 1，在 2000 年之后开始高于 1，从而导致了劳动份额与投资率的变化呈现出一定的负相关性。[①]

　　我们注意到，第三产业的劳动份额变化与投资率的变化存在一定的正相关性。很容易理解，由于第三产业要素替代弹性较小（小于 1），资本劳动比的上升会导致劳动份额的上升。但相比第二产业，第三产业劳动份额变化的滞后期更长，显示出第三产业的投资到形成生产或服务能力更为滞后。

----

　　① 白重恩、钱震杰（2010），对我国工业部门的要素替代弹性判断是在 1 左右，江苏作为制造业发达省份，高于全国平均水平是完全可能的。

三　不同所有制经济体现型技术进步及劳动份额

根据第二章的分析，当 $\sigma>1$ 时，资本体现型技术进步总是趋于降低经济的劳动份额，当 $\sigma<1$ 时，资本体现型技术进步总是趋于提高经济的劳动份额。由于资本体现型技术进步是通过投资而获得的，除非投资结构有较大差异，否则不同所有制类型经济的资本体现型技术进步速度应该不存在多大差异。但我们在第六章的研究却发现，工业部门不同所有制企业劳动份额的变化存在较大差异，表现在国有经济劳动份额下降更快，私营企业的劳动份额下降较慢，外资及港澳台投资经济的劳动份额在 2005 年之后甚至呈现上升的趋势。我们注意到，国有经济与非公有制经济相比，其相对份额总体上是下降的，理论上其资本体现型技术进步对劳动份额的影响要低于非公有制经济，但是，数据表明，国有企业劳动份额的下降贡献却高于非公有制经济，那么，是什么原因导致了资本体现型技术进步差异并不大的情况下，不同所有制类型劳动份额的变化影响出现如此大的差异呢？下面将集中回答这一问题。

（一）影响机理

根据第二章的分析，当资本体现型技术速度一定时，要素相对分配份额变化要由资本劳动比的变化以及要素替代弹性的变化来说明。从资本劳动比变化影响看，当 $\sigma<1$ 时，资本劳动比对要素相对分配份额的影响呈反向关系，即当资本劳动比增加时，资本的分配份额将下降，劳动分配份额将上升。当 $\sigma>1$ 时，资本劳动比的增加将会提高资本的相对分配份额，同时降低劳动的相对份额。从要素替代弹性的影响来看，无论 $\sigma<1$ 还是 $\sigma>1$，要素替代弹性的增加都将会在降低资本分配份额的同时提高劳动分配份额，但要素替代弹性变化对要素相对份额影响要小于资本体现型技术和资本劳动比变化的影响。所以，只要 $\sigma>1$ 时，劳动份额将会下降，并且 σ 越大，下降的速度就越快。因此，不同所有制类型经济劳动份额的变化方向及幅度的差异，可以用要素替代弹性的差异来解释。

我们注意到，从生产要素的名义价格来看，中国各种期限的贷款利率除 20 世纪 80 年代后期和 90 年代中期通货膨胀高涨时期外，大部分年份在 10% 以下，进入 21 世纪以来名义利率更低，在 3% 以下，所以名义利率总体是下降的。从职工工资的变化来看，名义工资逐年增长，特别是进入 21 世纪后，增长速度明显加快。因此，劳动相对资本的价格除了 20 世纪八九十年代一段时期外，总体上是上升的。这必然会引致资本对劳动的替代。根据第二章所提出的理论假说，我们认为，由于国有经济可以以较低成本获得较多的金融资源，国有企业工资占增加值比重的快速下降，可以用国有企业资本对劳动的更快替代而导致的要素替代弹性增加进而大于 1 来解释；而外资企业和港澳台资企业资本对劳动替代较慢，其替代弹性较低并小于 1，进而其工资占增加值的比重在 2005 年之后出现了上升。

（二）不同所有制经济要素替代弹性分析

由于存在资本体现型技术进步，我们无法使用传统的实证方法估计要素替代弹性；同时，由于数据原因，也无法估计不同所有制经济的要素替代弹性。下面提出一种替代方法，即用规模以上工业企业的人均固定资产净值及其变化来代替资本劳动比及其变化，来考察不同所有制经济要素替代弹性的差异。由于统计口径的变化，同时劳动份额出现明显下降趋势是在 2003 年之后，所以我们将考察的重点放在 2003 年之后。

根据国家统计局的解释，固定资产原价是指企业在建造、购置、安装、改建、扩建、技术改造某项固定资产时所支出的全部货币总额，它一般包括买价、包装费、运杂费和安装费等。从这个定义来看，企业固定资产不仅包括设备、工具、器具购置，也包括建筑安装工程和其他费用。但是，从不同行业的固定资产投资构成来看，设备、工具、器具购置投资主要发生在工业部门，设备、工具、器具购置占总全部设备、工具、器具购置投资的 90% 左右，因此可以认为，资本体现型技术进步主要发生在工业部门。由于固定资产净值是固定资产原价减去历年已提折旧额后的净额，所以这一指标非常接近资本存量的定义。

历年《江苏统计年鉴》公布了分登记注册类型的规模以上工业企业经济指标数据，我们用固定资产净额除以全部从业人员年平均数，得到 2003—2012 年除统计年鉴没有报告的 2008—2009 年之外所有年份的人均固定资产净额，见表 7 - 6。由表 7 - 6 可以看出，不同所有制类型工业企业的人均固定资产净额的差异很大，国有企业最高，外商投资企业次之，再次是港澳台商投资企业，私营企业最低。2003 年，国有企业人均固定资产净额是私营企业的 6 倍多，是外商投资企业的 1.5 倍。从上述数据能够推断出的一个重要结论是，国有企业在用资本替代劳动方面比非公有制企业特别是外资及港台资经济走得更远。

表 7 - 6　　　　　不同所有制类型工业企业人均固定资产净额　　　单位：万元

年份	总计	国有企业	私营企业	港澳台商投资企业	外商投资企业
2003	9.8	24.2	3.9	10.4	16.5
2004	10.8	27.7	4.5	11.0	16.8
2005	12.4	41.1	5.4	12.6	17.8
2006	13.6	44.7	6.2	13.1	17.5
2007	14.9	57.5	6.9	13.8	18.3
2008					
2009					
2010	18.9	91.7	10.7	18.4	21.3
2011	21.4	114.4	13.3	20.9	24.3
2012	24.5	125.4	14.8	22.3	25.2

资料来源：根据历年《江苏统计年鉴》计算，2008 年和 2009 年数据缺失。

　　为了更为清楚地认识这一点，我们计算了 2004—2012 年不同所有制类型工业企业的人均固定资产净额的变化情况，结果如表 7 - 7 所示。由表 7 - 7 可以看出，国有企业的人均固定资产净额增长速度最快，私营企业其次，港澳台商投资企业和外商投资企业最慢。2003—2012 年，国有企业人均固定资产净额年均增长 41.8%，是全部规模以上工业企业人均固定资产净额年均增长速度的 2.8 倍。相对国有经济，港澳台商投资企业和外商投资企业人均固定资产净额增长速度则相对较低，港澳台商投资企业稍高，为 11.4%，接近国有企业的 1/4，外商投资企业较低，仅为 5.3%，只相当于国有企业的 1/5。

表 7 - 7　　　　不同所有制类型工业企业人均固定资产净额增长速度

年份	总计	国有企业	私营企业	港澳台商投资企业	外商投资企业
2004	0.100	0.145	0.155	0.053	0.017
2005	0.152	0.484	0.197	0.151	0.060
2006	0.098	0.088	0.137	0.034	-0.017
2007	0.094	0.286	0.114	0.060	0.048
2008					
2009					

年份	总计	国有企业	私营企业	港澳台商投资企业	外商投资企业
2010	0.264	0.594	0.561	0.331	0.164
2011	0.134	0.248	0.242	0.132	0.139
2012	0.145	0.095	0.115	0.071	0.038
2003—2012	0.150	0.418	0.278	0.114	0.053

资料来源：根据表 7 - 6 计算，其中 2010 年计算的是相对 2007 年的人均固定资产净额增长速度，2008 年和 2009 年数据缺失。

从上述数据看，尽管无法获知不同所有制类型企业要素相对价格变化情况，但不同所有制类型企业人均固定资产净额的变化情况显示，国有经济资本对劳动的替代最快，私营企业其次，而港澳台商投资企业和外商投资企业则较慢。根据替代弹性与要素相对分配份额之间的关系以及不同所有制企业工资占增加值比重的变化情况，可以认为，国有企业的替代弹性可能远大于1，私营企业的替代弹性也可能大于1，而港澳台商投资企业和外商投资企业的替代弹性可能小于1。

国有企业更快的资本对劳动的替代，代表着由要素替代弹性增加所引致劳动份额上升的影响较小，劳动份额下降的可能性及下降幅度更大；而港澳台商投资企业和外商投资企业较慢的资本对劳动的替代，表明替代弹性可能会低于1，从而导致了劳动份额的上升。因此，我们所提出的理论框架较好地说明了，为什么国有经济的劳动份额相对非公有制经济的劳动份额下降更快，又为什么外资及港澳台投资经济劳动份额甚至出现了上升的现象。

由于数据问题难以在考虑资本体现型技术进步情况下估算要素的替代弹性。我们注意到，一些研究估计出远低于 1 的要素替代弹性（郝枫等，2012），我们认为，这仅仅就统计意义而言。事实上，以总量时序生产函数估算要素替代弹性，对于中国来说，存在三个比较明显的局限性。一是估算需要引入很强的行为与制度假设，如利润最大化假设和完全竞争市场假设。对于中国这样一个仍然处在转型时期的发展中国家来说，这些假设恐怕很难满足。二是估算通常并不考虑资本体现型技术进步问题，而资本体现型技术进步恰恰是高投资高增长经济一个重要的技术进步来源。三是为测算产出弹性的需要，通常要求一个较长时期的时间序列数据样本，所以文献的一般做法是将 20 世纪 80 年代的时间序列数据包含在内，而 20 世纪 80 年代与 90 年代特别是 2000 年之后的制度环境存在质的区别，前者无论如何都不能称为市场经济。因此，对要素替代弹性的估计，如果不能考虑到不同时期的制度差异，其结论就难以经得起时间的推敲。

实际上，用要素替代弹性刻画国有企业的生产要素配置特点也不准确。对于国有企业来说，除利润最大化目标外，还有可能追求税收最大化目标（刘小玄、刘芍佳，1998）。同时，就国有企业的历史来看，它是"赶超战略"的产物，其目标服从于国家利益（林毅夫、刘培林，2003）。所以，多目标下的国有企业对生产要素相对价格的变动并不敏感，即使资本价格上升，也未必能看到劳动对资本的替代。同时，在中国现有体制背景下，转轨经济的增长方式扭曲了要素价格，导致了资本对劳动的更多的替代（李文溥、李静，2011）。因此，无论是国有企业还是私营企业，其要素替代大于 1，都存在现实的制度基础。

第三节　基于面板数据工业部门劳动份额影响因素分析

在上节中，我们详细讨论了资本体现型技术进步对要素相对分配份额的影响机理，发现当生产要素的替代性较高的情况下，资本体现型技术进步会产生类似于资本偏向型技术进步的效应，即趋于降低劳动份额。当要素替代弹性较小时，劳动份额的变化将出现相反情况。本节中，我们通过 2002—2010 年江苏 36 个工业部门的面板数据检验上述思想。

一　计量模型和数据

（一）劳动份额水平计量模型

劳动份额的高低受分配系数、资本劳动比和资本品相对价格、要素替代弹性等因素影响，计量方程如下：

$$\log(KLS_{i,t}) = \alpha_1 \log(klr_{i,t}) + \alpha_2 \log(q_{i,t}) + \alpha_3 tax_{i,t} + \alpha_4 fdi_{i,t} + \varepsilon_{i,t} \quad (7.1)$$

式中，KLS 为要素相对分配份额，$KLS = (1 - LS)/LS$，LS 为工资占增加值的比重，klr 为资本劳动比。q 为资本品相对价格的倒数，在本书为居民消费价格指数与相关投资的固定资产价格指数之比。tax 和 fdi 为控制变量，分别为税收占增加值比重和外资及港澳台资经济份额，ε 为残差。由于分配系数 γ 与行业有关但不可观察，所以选择固定效应面板数据模型去除分配系数差异的影响。

根据第二章的分析，当 $\sigma > 1$ 时，资本劳动比 klr 越大，资本分配份额越高，劳动分配份额越低，所以我们预期其系数为正。资本品的相对价格的倒数 q 与要素相对份额也呈正向关系，即资本品相对价格的倒数越大，资本分配份额越高。tax 为税收占增加值的比重，税率越高，对投资的抑制越大，所以我们预期其系数估计为负。fdi 为外资及港澳台资经济份额，一些经验研究认为，外资及港澳台资进入的是资本密集型行业，所以如果系数估计显著为负，说明外资及港澳台资确实是文献所判断的那样，趋于降低资本。

（二）劳动份额变化计量模型

劳动份额变化的影响因素主要包括资本体现型技术进步的影响、资本劳动比变化的影响和要素替代弹性的影响，计量方程如下：

$$dKLS_{i,t} = \alpha_1 dklr_{i,t} + \alpha_2 dq_{i,t} + \alpha_3 dfsr_{i,t} + \alpha_4 klr_{i,t} + \alpha_5 tax_{i,t} + \alpha_6 fdi_{i,t} + \varepsilon_{i,t}$$

$$(7.2)$$

式（7.2）中，被解释变量 $dKLS$ 为要素相对分配份额的变化。解释变量中，$dklr$ 为资本劳动比的变化，当 $\sigma > 1$，它与要素相对份额之间呈现正向关系，即系数估计为正；当 $\sigma < 1$，它与要素相对份额之间呈现反向关系，系数估计为负。dq 为资本体现型技术进步速度，当 $\sigma > 1$ 时，它与要素相对份额之间呈正向关系，即资本体现型技术进步速度越快，资本相对份额提升越大，因而系数估计为正。当 $\sigma < 1$ 时，两者之间呈现反向关系，系数估计为负。$dfsr$ 为要素替代弹性的变化，$dfsr$ 估计系数应为负，即它总是趋于提升劳动的相对分配份额。klr 为资本劳动比，是面板回归的控制变量。tax 也是控制变量，因为间接税降低了资本相对份额的上升幅度，所以 tax 应为负。fdi 与 tax 和 klr 一样也是控制变量，根据前面的分析，我们预期 fdi 系数为负，即 fdi 比重的提高会趋于提高劳动份额。

（三）数据

我们利用 2002—2010 年江苏工业 36 个部门规模以上企业数据组成面板数据，这些行业包括采矿业的 4 个行业，制造业的 29 个行业和电力、燃气及水的生产和供应业的 3 个行业。由于 2002 年之前和 2010 年之后所执行的行业分类标准均与 2002—2010 年不同，所以我们没有将这两个时期的行业数据包含在内。

（1）要素相对份额。由于缺乏细分行业的收入法增加值核算数据，无法对细分行业的劳动份额进行估计，所以我们仍然用工资总额占增加值的比重作为劳动份额的代理变量。由于《江苏统计年鉴》并没有报告2004年和2010年分行业规模以上企业增加值数据，我们假定不同行业的增加值率即行业增加值占营业收入（销售收入）的比重与上年相同，根据2003年、2009年细分行业增加值占销售收入（营业收入）的比重，用2004年、2010年细分行业销售收入（营业收入）推算当年的增加值。历年统计年鉴报告了上年细分行业城镇单位从业人员平均劳动报酬和制造业分行业在岗职工平均工资，我们用城镇单位从业人员平均劳动报酬报告的采矿业和电力、燃气及水的生产和供应业的平均劳动报酬，乘以4个采矿业行业和3个电力、燃气及水的生产和供应业行业全部从业人员年平均人数，得到采矿业和电力、燃气及水的生产和供应业7个行业的工资总额；用制造业分行业在岗职工平均工资乘以全部从业人员年平均人数得到29个制造业行业的工资总额，用计算出的工资总额除以行业增加值得到工资占增加值的比重。假定工资占增加值比重等于劳动份额，进而计算要素相对分配份额。

（2）资本劳动比。由于缺乏分行业资本形成数据，仍以人均固定资产净额作为资本劳动比的代理变量。其中，2009年规模以上企业主要经济指标并没有报告固定资产净额，我们假定，2009年和2010年单位固定资产净额的产出相同，用2010年营业收入推算2009年的固定资产净额。

（3）资本品相对价格和资本体现型技术进步速度。资本品相对价格为根据行业投资构成计算的消费品相对资本品的加权价格。由于不同行业固定资产投资构成的差异很大，所以，我们根据不同行业固定资产投资中的设备投资即设备、工器具投资，非设备投资即建筑安装工程和其他费用投资数和相应的固定资产投资价格指数，先计算出投资的加权价格，然后用居民消费价格指数除以所计算出的加权价格得到资本品相对价格的倒数。分行业资本体现型技术进步速度，是根据行业投资构成计算的设备和非设备资本体现型技术进步加权速度，权重的确定与资本品相对价格的计算相同。

（4）替代弹性。要素替代弹性不可观察，由于数据和估计方法原因，无法具体获得分行业要素替代弹性数据，所以假定各行业的要素相对价格及其变化相同，以人均固定资产净额的变化率作为要素替代弹性的代理变量进行估计。根据这样的假定，式（7.2）的计量方程改写为：

$$dKLS_{i,t} = \alpha_1 dq_{i,t} + \alpha_2 dklr_{i,t} + \alpha_3 dfsr_{i,t} + \alpha_4 klr_{i,t} + \alpha_5 tax_{i,t} + \alpha_6 fdi_{i,t} + \varepsilon_{i,t}$$

$$(7.3)$$

式中，dq 为资本体现型技术进步速度，$dklr$ 为人均固定资产净额的变化，$dfsr$ 为人均固定资产净额的变化率，klr 为人均固定资产净额，tax 为税收占增加值比重，fdi 为外资及港澳台资经济比重。

（5）税收占增加值比重。为应交增值税和主营业务（产品销售）税金及附加之和占增加值比重。

（6）外资及港澳台资经济份额。我们以行业外资及港澳台资企业营业收入（销售收入）占行业总营业收入（销售收入）比重度量。

二 计量分析结果

表 7-8 报告了式（7.1）的计量结果。根据前述的分析，由于分配系数 γ 不可观察且与行业有关，所以通过固定效应模型去除分配系数的行业效应。在回归中，我们进行了 Hausman 检验，检验结果拒绝了随机效应模型。

表 7-8   计量结果：资本相对分配份额的决定

变量	固定效应模型				
	模型①	模型②	模型③	模型④	模型⑤
klr	0.2545 **	0.2678 **	0.4736 ***	0.4813 ***	0.4767 ***
	(2.15)	(2.10)	(3.92)	(3.97)	(3.78)
pk		0.2107 **	0.7405 **	0.7056 *	0.6930 *
		(2.06)	(2.32)	(1.70)	(1.64)
tax			-0.4812 ***	-0.4927 ***	-0.4913 ***
			(-6.55)	(-6.54)	(-6.46)
fdi				-0.1171	-0.1184
				(-0.71)	(-0.71)
常数项	0.3425	0.2692	-1.738 **	-1.760 ***	-1.734 **
	(0.56)	(0.41)	(-2.57)	(-2.60)	(-2.46)
观察值	250	250	250	250	250
组数	36	36	36	36	36

注：括号内为 z 值，*、**、*** 分别表示变量在 90%、95% 和 99% 水平下显著。

　　根据固定效应面板模型的估计结果，5 个模型估计的资本劳动比系数均为正，表明要素的替代弹性 $\sigma > 1$，这与第五章利用 2005 年和 2007 年两年投入产出表数据所进行了简单 OLS 回归的结论一致。资本品相对价格的倒数的系数估计结果也为正，这再一次支持要素替代弹性大于 1 的假定，因为只有要素替代弹性大于 1，要素相对分配份额才与资本劳动比和资本品相对价格的倒数呈同方向变化。模型③、模型④、模型⑤对于税收占增加值比重的系数估计为负且显著，表明税收对资本相对份额构成负面影响，税收越高，对投资的影响越大，资本分配份额将趋于下降。fdi 系数尽管为负，但不显著。fdi 系数为负，表明外资及港澳台资企业的要素替代弹性可能小于 1，进而有助于降低资本相对分配份额和提高劳动相对分配份额。

　　白重恩、钱震杰（2010）认为，资本产出比具有内生性，其机制是因为最低工资政策或人力资本增加等因素对劳动收入份额会产生影响，这些因素会同时降低资本边际回报率和企业最优资本存量。从理论上讲，人力资本增加等因素类似于资本体现型技术进步对劳动份额的影响，只不过方向相反。为检验白重恩、钱震杰的上述思想，我们同时利用了面板 GMM 方法对式（7.1）进行了估计，估计结果与固定效应模型的估计结果相差并不大，显示出人力资本等因素对劳动份额的影响并不大。我们认为，这与我国的经济发展方式有关，因为投资是支撑中国经济增长最为重要的因素，技术进步的最主要的来源是伴随着投资而产生的资本体现型技术进步，所以资本劳动比的内生性并不严重。

　　表 7-9 报告了式（7.3）的估计结果，Hausman 检验的结果同样拒绝了随机效应模型。

表 7-9　　　　　　　　计量结果：资本相对分配份额变化的影响因素

变量	固定效应模型					
	模型①	模型②	模型③	模型④	模型⑤	模型⑥
dq	0.3468	0.3449 *	0.4919 **	0.2522 **	0.3221 ***	0.3301 ***
	(1.45)	(1.74)	(2.04)	(2.06)	(2.65)	(2.62)
dklr		0.066 *	0.7794 ***	1.070 ***	1.163 ***	1.162 ***
		(1.68)	(3.04)	(3.89)	(4.26)	(4.25)

续表

变量	固定效应模型					
	模型①	模型②	模型③	模型④	模型⑤	模型⑥
$dfsr$			-3.776*	-5.161***	-5.619***	-5.616***
			(-3.02)	(-3.86)	(-4.23)	(-4.22)
klr				-0.1299***	-0.1111**	-0.112**
				(2.69)	(2.31)	(2.32)
tax					-0.3905***	-0.3804**
					(2.69)	(2.56)
fdi						0.0205
						(0.34)
常数项	0.0036	0.0044	0.0182**	0.6485***	0.6129**	0.6088**
	(0.46)	(0.55)	(2.03)	(2.61)	(2.50)	(2.48)
观察值	252	252	252	252	252	252
组数	36	36	36	36	36	36

注：括号内为 z 值，*、**、*** 分别表示变量在90%、95%和99%水平下显著。

由表7-9可以看出，面板固定效应模型的估计结果支持第二章关于存在资本体现型技术进步条件下影响劳动份额变化的主要因素及其影响机制的理论分析。我们看到，资本体现型技术进步 dq 的估计结果显著为正，显示出在生产要素的替代性较高的情况下，资本体现型技术进步是导致劳动份额下降的重要因素。资本劳动比变化的系数估计结果与理论预期一致，说明如果不考虑资本体现型技术进步因素，人均资本存量的提升也是导致资本分配份额上升、劳动分配份额下降的重要原因，这也间接说明了要素的替代弹性大于1。人均固定资产净额变化率的系数估计为负，说明要素替代弹性与资本相对分配份额之间的负相关关系。由于其系数估计的结果较大，说明要素替代弹性的增加对要素相对分配份额的影响较大。人均固定资产净额即资本劳动比的系数估计为负，说明了在其他条件给定的情况下，资本劳动比的增加有助于提高劳动份额。我们看到，模型④是控制了资本体现型技术进步、资本劳动比的变化及要素替代弹性变化的回归结果，所以理论上资本劳动比的上升将会在降低资本分配份额的同时提高劳动分配份额。tax 的系数估计为负，说明税收会导致资本分配份额下降和劳动分配份额上升，因为间接税的提高会导致资本分配份额上升的幅度和劳动分配份额下降幅度的减少。*fdi* 系数估计为正但不显著，说明外资及港澳台资经济的比重的高低对要素相对分配份额并没有直接的影响，其影响主要通过资本体现型技术进步、资本劳动比的变化和要素替代弹性的变化实现。

三　稳健性分析

由于数据及口径问题，我们没有在一个较长的时期内考察工业部门工资占增加值比重及其变化的决定因素，所以我们必须进一步分析表 7 - 9 报告的计量结果是否会因样本时期和样本对象的变化而发生变化。因此，为了检验计量结果的稳健性，我们选择了不同时期和不同样本对模型 (7.3) 进行稳健性检验。表 7 - 10 报告了有关结果，所有模型均为固定效应模型。稳健性检验的结果表明，式 (7.3) 计量所得到的主要结论基本上是稳健的。

表 7 - 10 中，结果①为 2005 年之后的样本回归结果，结果②为 2007 年之前的样本回归结果，结果③为除去电力、燃气及水的生产和供应业 3 个行业的回归结果，结果④为除去电力、燃气及水的生产和供应业 3 个行业和采矿业 4 个行业后制造业 29 个行业的回归结果。四个结果中，结果③和结果④的估计结果与表 7 - 18 模型④的估计结果相当接近，结果①和结果②对于资本体现型技术进步和资本劳动比的变化的估计结果与模型④的估计也较接近，但结果①的估计结果，资本体现型技术进步的影响更大，结果②的估计结果，资本劳动比变化对资本相对分配份额的影响更大。

我们注意到，其他系数的估计结果与模型④的估计结果出现了不同。结果②中，资本劳动比的系数为正且不显著，说明了资本劳动比的提高存在使劳动份额下降的可能性，但并不确定。结果①资本劳动比的估计结果显著为正，表明就 2005 年之后的样本而言，资本劳动比的提高是导致劳动份额下降的一个重要因素，这与模型④形成了对比。我们认为，出现这样结果最大的可能性原因在于，资本体现型技术进步系数估计捕获了资本劳动比对资本相对分配份额的效应。

结果①相比模型④估计结果的另一个差异是，尽管其系数估计结果较小，但税收对资本相对分配份额产生了提升作用，同时资本劳动比变化的估计结果与模型④相比低得多，我们认为这是由于 *tax* 的估计结果捕获了资本劳动比变量的部分效应。2005 年之后，江苏税收占增加值的比重呈逐年下降的趋势，2008 年和 2009 年因全球金融危机的冲击出现较大降幅。由于结果①的样本为 2005 年之后的样本，税收占增加值的比重变化远大于包含 2005 年及之前的整个样本，所以它会导致一个较低的估计系数，而结果②是 2007 年之前的样本，所以它产生了一个较高的估计系数，且方向与结果①正好相反。

表 7 - 10　　　　　　　　　　不同样本计量结果

变量	固定效应模型			
	结果①	结果②	结果③	结果④
dq	1.008 **	0.6281 *	0.6328 **	0.555 **
	(2.20)	(1.78)	(2.54)	(2.4)
$dklr$	0.5134 *	1.447 ***	0.9281 ***	0.9309 ***
	(1.59)	(3.34)	(2.81)	(3.25)
$dfsr$	-2.456 ***	-3.005 ***	-4.4945 ***	-4.509 ***
	(-3.23)	(-3.19)	(-2.81)	(-3.24)
klr	0.2348 **	0.2511	-0.1128 **	-0.1164 **
	(2.41)	(1.07)	(2.14)	(2.31)
tax	0.0199 ***	-0.6014 **	-0.3326 *	-0.2735 *
	(2.83)	(2.26)	(2.14)	(1.82)
fdi	0.1198	0.0289	0.0600	0.0816 *
	(0.63))	(0.44)	(1.35)	(1.68)
常数项	1.145 **	0.0594	0.5808 **	0.5815 **
	(2.29)	(1.00)	(2.23)	(2.33)
观察值	144	108	224	189
组数	36	36	36	36

注：括号内为 z 值，*、**、*** 分别表示变量在 90%、95% 和 99% 水平下显著。结果①为 2005 年之后的样本回归结果，结果②为 2007 年之前样本回归结果，结果③为除去电力、燃气及水的生产和供应业 3 个行业的回归结果，结果④为除去电力、燃气及水的生产和供应业 3 个行业和采矿业 4 个行业后制造业 29 个行业的回归结果。

第四节　本章小结

本章分析了在存在资本体现型技术进步条件下劳动份额及其变化的决

定问题。从我国经济增长实际来看,投资与因投资而产生的资本体现型技术进步对于改革开放以来我国经济长期保持高速增长具有较强的解释力。我们认为,在经济的技术进步主要表现为资本体现型技术进步时,由于要素替代弹性较大,资本体现型技术进步、资本劳动比的上升,共同构成江苏工业部门劳动份额下降的主要原因。

鉴于要素替代弹性不可观察,我们通过计量方法间接检验本书提出的理论假说,实证分析结果支持了工业部门要素替代弹性大于1的判断。当然,我们也观察到诸如外商和港澳台商投资企业要素替代弹性低于1的现象,我们认为,这与我国的经济转型特征相联系。由于资本使用成本即利率长期为国家控制,低利率政策一个重要后果是中国的投资率长期保持在一个很高的水平。同时,由于国有企业在获得资金的便利性方面要远远高于其他企业,使用成本也远远低于其他企业,所以其投资的增长更快,进而其资本对劳动的替代更为显著。

由于数据原因,我们无法对第三产业劳动份额的决定进行类似的实证分析,但根据可以观察到的证据,可以对其劳动份额的变化及其机理进行一个总体上的梳理。我们注意到,大部分研究认为我国总体上的要素替代弹性小于1,在工业部门要素替代弹性大于1的情况下,第三产业的要素替代弹性极有可能小于1。由于非设备的资本体现型技术进步速度总体上为负,所以在要素替代弹性小于1的情况下,负的资本体现型技术进步也会导致劳动份额的下降。当然,与设备投资体现型技术进步不同的是,非设备投资资本体现型技术进步速度波动较大,部分年份为正,在替代弹性小于1的情况下,不能排除部分年份的劳动份额会因此而上升。所以,第三产业劳动份额的变化要比工业部门劳动份额变化,在动态特征上复杂得多。

需要指出的是,在20世纪90年代,设备投资体现型技术进步也较高,但工业部门的劳动份额却呈上升趋势,这一方面与要素替代弹性相对较低有关,另一方面也与体制转型早期所有制结构调整较慢有关。一个较低的要素替代弹性意味着不同所有制企业的劳动份额均呈现上升趋势,而所有制结构调整较慢,意味着劳动份额较低的非公有制企业对工业部门劳动份额的影响较小,进而导致工业部门劳动份额的变化,在20世纪90年代与2003年之后,出现了不同的变化趋势。

第八章 初次分配格局的未来展望

第五、第六、第七章从我国经济所特有的双重转型背景出发，实证分析了结构转型、体制转型以及资本体现型技术进步对江苏劳动份额及其变化的影响机理。根据这些认识，未来包括江苏在内的中国劳动份额将朝什么方向演进？是进一步延续多年持续下降的趋势？还是可以在预期的未来时间内再次发生转折并重新上升？本章将根据本书提出的理论框架，对江苏劳动份额未来变化趋势做出一个概略性预测。同时，从增长理论揭示的收入分配理论含义出发，结合发达国家劳动份额的演进历史，探讨劳动份额变化的一般规律，对包括江苏在内的我国劳动份额长期变化趋势做出基本判断。最后，给出政策建议。

第一节 江苏劳动份额近中期预测

自 2009 年开始，由于双重转型速度的减缓，包括产业结构变化和所有制结构调整在内的结构性因素对劳动份额的影响已经出现了积极趋势，主要表现在第一产业比重下降速度减缓，第三产业的比重重新上升。那么，未来这一趋势能否得到强化，同时资本体现型技术进步和资本劳动比的上升等非结构性因素对劳动份额的影响会发生什么变化，这对于理解和把握包括江苏在内的中国劳动份额未来变化趋势至关重要。

一 产业结构变化趋势

经济发展的过程同时也是三次产业结构不断高度化的过程。根据钱纳里（1975）工业化阶段理论，目前江苏的经济发展整体上即将跨越重化工业阶段，正向工业化后期阶段转变。在这一时期，一方面，以重化工业为主的资本密集型产业发展仍将持续一定时期；另一方面，第三产业开始由平稳增长转入持续高速增长并成为区域经济增长的主要力量。

从目前来看，未来一段时期第二产业特别是工业对经济增长的贡献将逐步下降，第三产业将替代第二产业成为经济增长的主导产业拉动江苏经济保持10—20年的次高速度增长，在2020年前，第三产业增加值占GDP的比重将有望超过第二产业。做出这样判断的主要依据有四个：第一，从产业结构转变的规律来看，目前江苏的工业化正处于工业化后期，因而在未来可以预期的时间内工业发展增速将放缓；同时，工业化后期也是服务业特别是现代服务业发展的提速期，第三产业的比重将不断提升并超过第二产业。第二，当前江苏适龄劳动人口比重开始下降，劳动力转移速度正在放缓，劳动力成本进入上升通道，第二产业特别是制造业低成本扩张的优势已不复存在。第三，当前全球经济复苏的基础并不坚实，世界经济依然面临增长动力不足问题，江苏工业经济发展将不断受到外部需求不足的制约。第四，以美国为主导，发达国家间正在谋求建立跨国和跨区域超大自由贸易区，对发展中国家产业转移的速度明显放缓，对江苏开放型经济发展模式形成的冲击可能由短期转变成一个长期因素。鉴于上述几方面的原因，未来5—10年中，我们预计，江苏经济将维持8%左右的次高速增长，"十三五"期间的江苏产业结构将发生历史性变化，服务业产值比重将首次超过第二产业，在"十三五"末期达到或接近50%。由于我国目前的第三产业发展水平存在被低估现象，按照低估2—3个百分点计，2020年江苏三次产业的结构有望调整为4:43:53。

随着三次产业结构的变化，产业内各行业的相对比重也将发生变化。一方面，随着江苏经济发展跨越重化工业阶段，第二产业内部各行业的比重将发生变化，表现在部分劳动密集型行业大幅度萎缩，资本密集型重化工行业比重逐渐下降，以电子信息、新能源以及绿色产业为主新兴产业比重将大幅度提升。另一方面，第三产业内部各行业结构也将发生重大变化，传统服务业的比重将逐渐下降，现代服务业的比重将逐渐上升。

二 所有制结构变化趋势

江苏作为非公有制经济发展全国领先省份，其所有制结构调整已远远走在全国的前列。未来江苏的所有制结构仍将进一步发生变化，但速度将有所放缓。但是，随着改革的深入，个体经济将可能迎来新一轮发展的高潮。

当前，江苏国有经济的比重，无论是工业，还是建筑业、批发零售业，已经低于8%。就工业来看，国有经济的比重已经下降到5%以下。

我们认为，从保证国有经济控制力出发，未来进一步调整的空间非常小。私营经济的比重在工业、建筑业、批发和零售业中已经超过了30%，特别是工业与建筑业已达到36%，超过了总量的1/3。我们认为，私营经济未来的发展空间并不大，因为一方面有相当部分的私营企业仍未摆脱"家族制"问题制约而存在天然不足；另一方面在国家大力发展混合所有制经济大背景下，部分私营企业未来将被改造成为混合所有制企业。

但是，港澳台商投资企业和外商投资企业的未来发展仍存在较大变数。一方面，江苏工业中港澳台商投资和外商投资经济的比重已经接近40%，未来随着我国劳动力低成本优势的逐步丧失，工业中劳动密集型行业外资和港澳台资经济的规模将出现下降；另一方面，由于江苏拥有非常好的基础设施条件，随着制造业技术水平的进一步提升，未来将接收发达国家高端制造业的产业转移。但由于目前发达国家的产业转移越来越审慎，可以预期未来江苏工业中港澳台商投资和外商投资经济的比重将会缓慢下降。对于第三产业来讲，未来我国新一轮深化体制改革，服务业的对外开放将成为重点领域。在这样背景下，我们预期江苏第三产业中港澳台商投资和外商投资经济的比重将在今后一段时期得到提高。如果服务业开放达到工业对外开放的程度，江苏作为吸引港澳台商投资和外商投资的大省，未来5—10年江苏第三产业中港澳台商投资和外商投资经济比重将有可能超过20%。

党的十八届三中全会《关于全面深化改革若干重大问题的决定》强调，要让一切劳动、知识、技术、管理、资本的活力竞相迸发，让一切创造社会财富的源泉充分涌流。未来，随着改革的深入和经济发展方式的转变，劳动者个体创业将可能出现新一轮高潮。我们认为，只要深化改革取得预期效果，个体创业的制度性障碍被彻底去除，未来江苏个体经济的发展将有较大的上升空间。根据我们的估计，发达国家非农混合收入占GDP的比重一般在7%—12%之间，而江苏非农混合收入占GDP的比重在1993—2012年间平均为2.8%，远远低于发达国家平均水平。当前，我国宏观政策的供给主义倾向十分明显，所以我们预期，随着创业环境的不断优化和政府的积极扶持，江苏个体经济占GDP比重将大幅提升，在未来5—10年内极可能达到5%左右，长期发展空间更大。

三 技术进步性质的变化

对于发展中国家来说，技术进步既可以通过投入资源进行研发

（R&D）来产生，也可以通过主动模仿、学习、吸收和消化发达经济的技术来推进技术进步。资本体现型技术进步的性质属于后者。但是，随着人均资本的增加，发展中国家的技术水平与前沿技术差距也将越来越小，伴随投资而产生的资本体现型技术进步速度也将放慢。另外，由于由资本体现型技术进步而产生的投资收益逐渐下降，投入资源进行 R&D 获得技术进步收益就变得有利可图。理论上，如果通过投资获得体现型技术进步的收益在边际上小于投入资源进行 R&D 的收益，企业将选择 R&D。

尽管通过投入资源进行 R&D 也会引致投资增长，进而带来投资率的提高（Klenow and Rodriguez-Clare，1997），但由于经济需要投入资源进行 R&D 而获取技术进步，所以生产部门资本劳动比上升要比同样速度的资本体现型技术进步的资本劳动比上升要低得多。而技术进步部门也存在收益递减，随着经济的技术水平与前沿技术的差距不断缩小，同样资源投入所获得的技术进步收益也会下降，这导致了这一技术进步模式下经济投资率不可能出现持续大幅增加的现象，因此资本对劳动的替代速度也不会出现资本体现型技术进步那样不断攀升的现象。如果未来我国技术进步方式发生了这样的转变，我们认为即使在工业部门，要素替代弹性大于1的情况很难出现，非结构性因素对劳动份额的影响将有望从负面转向正面。

四　其他非结构性因素的未来变化

尽管本书没有给予更多的关注，但事实上产品和要素市场竞争性、劳资双方工资谈判地位的变化、经济全球化等因素对劳动份额的影响也不容忽视。江苏劳动份额比全国平均水平低，上述因素也是较为重要的原因。那么，未来这些因素发生的变化，对于我们预测未来江苏劳动份额的变化趋势也相当重要。

党的十八届三中全会的《关于全面深化改革若干重大问题的决定》提出，要加快形成企业自主经营、公平竞争，消费者自由选择、自主消费，商品和要素自由流动、平等交换的现代市场体系，着力清除市场壁垒，提高资源配置效率和公平性。我们预期，随着全面深化改革的不断深入，一些影响劳动份额的非结构性因素将发生重大变化。首先，垄断和不正当竞争现象将得到有效遏制。进入 2013 年以来，发改委反垄断调查力度开始加大，被调查的企业除了涉及高通、微软、IBM 等众多科技企业外，还包括丰田、本田、日产、奥迪、克莱斯勒等汽车企业以及零配件供应商等，这些涉嫌垄断的企业都将面临巨额罚款。其次，要素市场的改革将进一步加快。我们预期，未来劳动力市场的改革，将逐步取消地域界线、户籍界限、行业界限，淡化所有制身份，实现劳动力自由流动和优化配置，这将有效提高劳动者在工资谈判中的地位。同时，政府将逐步放弃对利率的直接管制，利率市场化进程未来将进一步加快，利率将逐步反映资金使用成本。各类市场主体也将较为平等地使用金融资源，国有经济投资过快扩张的势头将会得到遏制。最后，东部地区将迎来服务业外商投资新高潮。我们预期，由于劳动力成本大幅提高以及资源环境承载能力下降，东部地区一般制造业外商投资的"门槛"将快速抬高，进而推动外资向内陆地区转移；同时，随着服务业对外资准入限制放宽，东部地区服务业外商投资将迅速增加，我国外资分布将逐步形成"东部服务业"、"内陆制造业"双峰分布新格局。

综合上述讨论，我们预期未来产品和要素市场的竞争性、劳资双方工资谈判地位、国际贸易等因素的变化，将对江苏劳动份额的提升产生积极影响。

五　江苏劳动份额近中期预测结果

2012 年，江苏第二产业投资比重为 52%，较 2005 年下降了 4 个百分点，同期第三产业的投资比重则上升了 3 个百分点。如果江苏未来固定资产投资结构继续按照这一趋势变化的话，2020 年前，江苏第三产业的投资比重有望超过 50%，第二产业的投资比重有望下降到 45% 以下。从历史数据看，当第二产业投资比重出现持续大幅下降时，第二产业产业内劳动份额将出现上升；当第三产业投资比重出现持续大幅上升时，第三产业产业内劳动份额也将出现上升。这种投资结构变化的背后含义是第二产业和第三产业资本对劳动替代速度的变化所导致的要素替代弹性性质的变化，即江苏第二产业的要素替代弹性将重新回到 1 附近甚至更低，同时第三产业的要素替代弹性也将有所提高。考虑替代弹性的变化方向，我们预期，未来江苏的技术进步总体上会逐渐呈现出劳动偏向技术进步特征并在较长时期内持续，劳动份额将进入一个较长时期的持续上升过程。

我们预期，到 2020 年，江苏三次产业的比例将调整到 4:43:53，个体经济的比重将提升到 5%；到 2030 年，江苏三次产业的比例将调整到 2.5:37.5:60，个体经济的比重将提升到 7%。由于不同所有制的劳动份额已出现趋同，所以我们假定除个体经济外，所有制结构调整不会对劳动份额产生影响。由于第二产业个体经济比重极低，所以我们假定所有的非农混合收入属于第三产业。综合考虑结构性和非结构性因素的影响，我们预期第三产业劳动份额到 2020 年将提高到 0.5，2030 年以后达到 0.55。同时，随着江苏跨越重化工业阶段，工业中劳动份额相对较低行业的比重将下降；劳动份额相对较高的行业，如电气机械和器材制造业、计算机、通信和其他电子设备制造业的行业比重将得到提高。由此预期，2020 年，江苏第二产业劳动份额将达到 0.4，恢复到 2004 年的水平；到 2030 年进一步达到 0.45，恢复到 20 世纪 90 年代中期水平。基于上述分析，我们认为，江苏总劳动份额，2020 年有望达到 0.476，恢复到 2003 年前后的水平；2030 年超过 0.53 左右，有望超过 20 世纪 90 年代中期水平，见表8－1。

表 8－1　　　　　　　　　　　江苏劳动份额近中期预测

产业	2012 年	2020 年	2030 年
第一产业比重	0.063	0.040	0.025
第二产业比重	0.502	0.430	0.375
第三产业比重	0.435	0.530	0.600
非农混合收入/GDP	0.014	0.050	0.070
第一产业劳动份额	0.985	0.985	0.985
第二产业劳动份额	0.347	0.400	0.450
第三产业劳动份额	0.429	0.500	0.550
总劳动份额	0.423	0.476	0.523

资料来源：笔者计算，劳动份额为劳动者报酬占增加值比重，非农混合收入假定全部属于第三产业。

第二节　劳动份额的长期趋势： 从熊彼特到卡尔多

20 世纪 90 年代以来，包括美国在内的许多发达国家的劳动份额下降，使部分经济学家对"卡尔多事实"提出了质疑（如 Elsby et al.，2013），但也有部分经济学家仍然对"卡尔多事实"坚信不疑（如 Coliin，

2002；Young，2007；Zuleta，2007）。那么，如何看待发达国家劳动和物质资本在国民收入中所占的近乎稳定历史，如何看待包括中国在内的近几十年全球劳动份额下降的现实，这关乎我们对中国初次分配长期趋势的把握。

一 劳动份额的恒定与变化：中期现象还是长期趋势？

李稻葵、刘霖林、王红领（2009）在一篇引起较大争议的文章中提出，在经济发展过程中，劳动份额在初次分配演变中存在着 U 形规律，即劳动份额会呈现先下降后上升的演进趋势，转折点约为人均 GDP6000 美元（2000 年购买力平价）。他们认为，中国初次分配中劳动份额的变动趋势基本符合这一规律，因此他们预期中国经济未来两年左右在初次分配中劳动份额可能进入上升通道。按照李稻葵等的预测，目前中国人均 GDP（2000 年购买力平价）已超过 6000 美元，未来的劳动份额是否就此进入上升通道？特别是江苏的人均 GDP 早在 2005 年已经突破 6000 美元（2000 年购买力平价），但 2005 年之后的江苏劳动份额并没有出现李稻葵等人所预测的上升，相反却出现了大幅下降，最低的 2008 年相比 2005 年下降了 5.6 个百分点，最近几年虽有所回升，但仍较 2005 年低 4 个百分点。[1][2]

事实上，当前对劳动份额变化的趋势性认识，大多是基于中期数据所归纳出的阶段性规律。1928 年，柯布—道格拉斯（Cobb and Douglas，1928）根据美国制造业 1899—1922 年的数据提出了著名的不变规模报酬和不变要素分配份额的 C—D 生产函数，发现劳动收入在总产出中的份额保持在 3/4。1939 年，凯恩斯（Keynes，1939）在对 20 世纪二三十年代英国和美国工资占国民收入份额进行考察时，进一步验证了劳动份额的稳定性。索洛（1958）的研究则进一步发现，尽管部门内部劳动份额变动明显，但是它们的作用相互抵消最终使得经济总劳动份额保持稳定。上述现象后来被卡尔多归纳为经济增长的 6 个程式化事实之一。

与发达国家自工业革命后近 200 年的现代增长史相比，无论是柯布—道格拉斯还是凯恩斯，他们所发现劳动份额几乎恒定的特征，充其量只能

---

① 按照李稻葵等的估计，2000 年购买力平价的人均 GDP 6000 美元大约等于人均 GDP 3000 美元（2000 年名义汇率）。按照这一换算关系计算，江苏 2005 年的人均 GDP 就达到 3000 美元（2000 年名义汇率），2012 年已超过 8000 美元。

② 劳动份额为作者所计算的劳动者报酬调整数占 GDP 比重。

说是中期。我国改革开放从 1978 年算起，至今也不过 30 多年时间。几十年的初次分配结构变化，无论如何不能代表一个国家从传统社会到现代社会上百年的历史变迁。所以，对劳动份额的长期趋势的认识，必须将短期波动、中期变化和长期趋势区分开来。从短期来看，劳动份额从来都不是恒定的，其变动在很大程度上取决于生产上的技术关系，市场因素、商业周期等因素也会对要素分配结构产生扰动甚至冲击。而从中期来看，制度技术的阶段性变化，如结构变化、制度变迁和阶段性技术进步特点等都会对要素分配的基本格局产生影响，会使劳动份额的变化呈现阶段性特征。在长期，尽管影响劳动份额影响因素增多，作用机制更为复杂，但从现代经济发展的历史来看，生产力与生产关系的相互运动构成劳动份额长期演进的最为重要的因素。

二 历史上的劳动份额

正如前面指出的，无论是要素分配份额几乎恒定的观点，还是所谓的倒 U 形规律，都不能代表经济发展的长期规律。把握劳动份额长期变化趋势，必须放在一个更长的历史时期进行考察。然而，正如库兹涅茨所指出的，由于反映国民收入分配结构的长期数据极为缺乏，要得到分配份额随时间变动的长期趋势非常困难。尽管如此，我们还是要利用能够搜集到的资料，通过考察发达国家劳动份额变化历史，对经济发展与初次分配结构的变迁关系有一个初步认识。

我们所考察的国家包括最早完成工业化的英国、稍晚完成工业化的美国、法国和德国，以及战后增长业绩最为突出的日本，考察的时期从 19 世纪中后期西方国家工业化开始到 20 世纪末，时期跨度近 150 年。表 8 - 2 报告了上述国家劳动份额的演进历史。我们看到，至少在 20 世纪 50 年代之前，劳动份额长期变化趋势呈现的是一种长期的上升趋势或者基本保持不变的格局。并且，不管这些国家的初始劳动份额有多大差异，其最终一般会收敛到 70%—80%。我们看到，从 19 世纪中叶到 20 世纪中叶的 100 年中（日本则从 19 世纪早期到 20 世纪 90 年代），英国的劳动份额从 1857 年的 57.8% 上升到 1953 年的 70%，美国由 66.7% 上升到 77.3%，法国从 56% 上升到 81%，日本从 1924 年的 66.4% 上升到 1992 年的 72.5%，德国是例外，1873—1953 年 70 年间劳动份额微降 1.8 个百分点。当然，如果考察上述国家劳动份额的阶段性变化，我们同样发现劳动份额在总体上呈现上升趋势的同时，会呈现阶段性上升或下降。比如，英国

1856—1873 年期间劳动份额下降了 3.4 个百分点，美国 1856—1873 年期间劳动份额下降了 3.7 个百分点，德国 1873—1913 年期间劳动份额下降了 5.7 个百分点；日本 1953—1973 年期间劳动份额下降了 6.9 个百分点。1913—1924 年间，各国的劳动份额普遍经历了上升，上升幅度从 4 个百分点到 18 个百分点不等。而战后除英国外，其他国家的劳动份额则同时出现了下降。

表 8－2　　　　　　　　部分发达国家劳动份额　　　　　　单位：%

年份	英国	德国	日本	法国	美国
1856	57.8			56.0	66.7
1873	54.4	76.4			63.0
1913	56.0	70.7	63.8	67.0	62.4
1924	66.6	89.2	66.4	71.0	71.5
1937	65.1	76.6	59.9		76.5
1953	70.0	74.6	75.6	81.0	77.3
1964	71.4		70.1		
1973	72.8		68.5		
1973—1982	74.5	70.0	70.8	69.5	73.3
1992	71.9		72.5	68.1	66.4

资料来源：De La Escosura 和 Rosés（2003）。

三　经济增长与要素分配：从熊彼特到卡尔多

资本积累与技术进步是推动经济增长的最重要力量。新古典增长理论认为，如果投资没有任何外部性，在要素边际报酬规律作用下，单位资本存量增加而导致的产出增加在资本积累过程中将趋于减小，进而导致经济的投资意愿和产出增长速度下降。因此，不论其他条件有什么样差异，经济增长最终会趋于稳态。当经济处于稳态增长时，经济中各项指标的相对比例包括要素分配相对份额将趋于恒定，所以新古典增长理论似乎能较好地解释劳动和物质资本在国民收入中所占份额近乎稳定这样的经济增长程式化事实。

与新古典增长理论不同的是，内生增长模型突破了要素边际报酬递减规律的束缚，在不变报酬甚至是递增报酬的框架下解释经济增长。通过引入各种阻碍要素边际报酬递减因素特别是将熊彼特"创造性毁灭"思想引入增长模型，这一理论体系将微观层次可以广泛观察到的影响经济增长的因素纳入总量增长模型，使得对经济增长机制的揭示更加深入，政策含义更加丰富。但是，由于突破了要素边际报酬递减的束缚，这一理论体系主要关注的是"稳态"增长特征，而很多关注新古典理论所讨论的"过渡动态"，即在人均资本收敛到稳态过程中经济增长的动态特征。

事实上，熊彼特的理论既是一种经济发展理论，也是经济周期理论。在熊彼特看来，创新就是生产要素的重新组合，企业家的职能就是通过引进新组合，获得潜在的利润并最大限度地获取超额利润。因此，经济发展就是整个经济不断进行创新的过程。当可以获取超额利润的创新扩散到整个经济后，超额利润将不复存在，新一轮创新也开始孕育。正是因为创新过程的非连续性和非均衡性，导致了周期性经济波动，使得经济在周期波动中发展。从18世纪开始，全球一共经历了三次重大技术革命，包括以蒸汽机为标志的第一次技术革命、以电动机为标志的第二次技术革命和以电子计算机为标志的第三次科学技术革命。三次技术革命极大地改变了人类的生产和生活，也使得资本主义经济一次又一次摆脱了资本边际报酬递减规律的约束，实现了近二百年的经济增长。在重大技术革命发生后的一段时期，熊彼特"创造性毁灭"过程可以在整个经济中被广泛观察到，在传统而古老的产业形态迅速消亡、新产业和新业态不断出现的过程中投资大幅增长，经济一片繁荣。然而，具有重大而全局意义的技术革命并不是随时可以发生的，它要在技术与知识积累到一定程度才会出现，因此即使局部性技术创新不断出现，但经济增长在大多数时间呈现出的是新古典特征，即要么处于人均资本向稳态收敛的过渡动态过程中，人均资本和人均收入的增长逐步由快变慢；要么处于人均指标稳定增长的稳态增长过程，即呈现出"卡尔多式的增长"。所以，长期经济增长表现出阶段性"熊彼特式爆炸式增长"与阶段性"卡尔多式稳定增长"相交替的过程。

图8-1显示了卡尔多式增长与熊彼特式增长的交替过程。下方曲线为第一条卡尔多式增长的储蓄曲线。在要素边际报酬递减规律的作用下，如果没有新的技术进步，由传统技术决定的经济增长其人均资本将最终收敛到稳态 K^* 并保持稳定增长。如果在 $K = \tilde{K}$ 时，经济发生全局性技术进步，经济增长将跃升到上面一条储蓄曲线，新技术下稳态人均资本存量将

增加到 K^{**}，K^{**} 远远大于 K^*，经济增长进入新的过渡动态并逐渐收敛到新的稳态增长路径。

在经济增长由上一个过渡过程跃升到下一个过渡过程时，由于创新带来的超额利润和全社会投资的快速增长，资本收入份额将迅速上升，同时劳动收入份额将迅速下降，要素分配结构短期开始出现重大变化。由于知识和技术的准公共品性质，技术革命带来的短期超额利润会随着新的进入者增加而不断摊薄，当超额利润和投资增长下降时，资本收入份额也开始停止上升、劳动收入份额停止下降，要素分配结构的变化将出现拐点。此时，技术革命对社会经济所产生的深远影响并没有结束，人们关于新技术运用和对新技术的累积性改进仍将维持相当长的时期，而这一时期的增长并不是由于技术革命而产生的巨大市场机会而引致的，也不依靠大规模投资来实现，而主要依赖生产经验的积累和生产制度结构的变化来实现，这会使劳动的边际生产力短期内上升或者其下降慢于资本边际生产率下降。这使得劳动分配份额随着经济增长而缓慢提高，这一过程将持续到新的重大技术变革的到来。

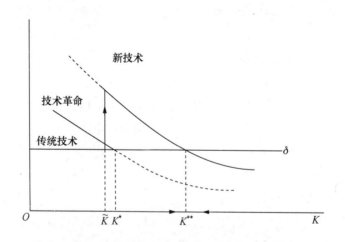

图 8-1　卡尔多式增长与熊彼特式增长交替过程

从发达国家的劳动份额变化历史来看，以电动机为标志的第二次产业革命，的确使英国工资占国民收入的比重和劳动份额出现了阶段性下降。而自 20 世纪 90 年代发达国家劳动份额的重新下降，显然也是以 IT 技术为代表的第三次技术革命的必然结果，特别是信息技术革命促成资金信息和技术知识的广泛而迅捷的流动，推动了经济全球化的深入发展，进一步强化了资本在全球增长的地位。然而，每一次劳动份额阶段性下降后，都伴随着报复式上升，使得劳动份额从长期看是一个上升并收敛的过程。尽管过程相当缓慢，但除非有重大而全局性技术革新出现，其上升并向新的稳态收敛的趋势难以阻挡。

改革开放以来，我国经济发展创造了世界经济增长史上的奇迹，这一方面与我国人均收入水平低、增长空间大有关；另一方面也因为制度变迁释放了经济活力。但我们认为，创造增长奇迹的更为重要的因素是我们通过对外开放实现了与世界经济的紧密联系，收获了第三次技术革命巨大的增长红利。我们注意到，就雇员报酬占 GDP 的比重而言，无论是全国还是江苏，在 20 世纪 90 年代一直是上升的。随着我国加入世界贸易组织，雇员报酬占 GDP 比重出现拐点并迅速下降，这正是第三次技术革命对我国经济产生深远影响的重要表现，而第三次技术革命的冲击与适逢其时的重大制度变迁冲击一起，使得我国的劳动份额在短期内出现了巨大的降幅。但随着冲击影响的逐渐消退，未来包括江苏在内的我国的劳动份额将与发达国家历史上的劳动份额变迁一样，将逐步并收敛到发达国家的平均水平，即使第四次技术革命能够如期发生并产生重大影响，但劳动份额振荡上升的长期趋势并不会因此打断。

第三节 政策建议

应当认识到，包括江苏在内的中国劳动份额下降是经济发展过程中的一种客观现象，但短期大幅下降则是我国经济转型各种制度技术经济因素作用叠加的结果，特别是经济转型过程中一些制度安排和政策导向阻碍了劳动收入的提升，未来应提高劳动收入比重、优化收入分配结构，并实现以下几个改变：

第一，尽快摆脱过分依赖工业的发展模式，大力发展劳动份额较高的第三产业。各国经济发展的历史表明，第三产业总是伴随工业化而发展，其比重一般要高于第二产业在总量中的比重。与国际同等发展水平国家和地区相比，我国的第二产业比重显得太高，第三产业的比重又显得太低，三次产业结构的优化目标迟迟得不到实现。导致这一问题的一个重要原因，是地方政府在经济发展理念上存在"工业偏好"。客观上讲，除房地产业等少数行业外，第三产业效率改进较慢，对经济增长的贡献难以与第二产业特别是工业相提并论；同时项目的单体投资小、财政贡献低，导致了各级政府对第三产业发展的重视程度远远比不上工业经济。然而，随着全球经济增长进入新常态，我国新一轮发展的内外部环境制约不断加大，工业经济运行风险开始积聚，迫切需要寻找新的增长空间和产业支撑。因此，未来相当长一段时期，加快新型城镇化和服务业发展，尽快摆脱过分依赖工业的发展模式，适应以服务业和新型城镇化拉动的中高速增长的新常态，应该成为包括江苏在内的我国经济结构实现重大调整的基本着力点。这不但有助于经济增长获得新的支撑，也有助于劳动在初次分配中地位的改善，让人民更多分享发展成果。

第二，加快结构转型的步伐，尽快跨越主要依靠资本扩张的重化工业化发展阶段，提升劳动收入上升空间。重化工产业的劳动份额较低，劳动收入上升空间不大。从目前来看，尽管重化工业化发展阶段是工业化不可逾越的阶段，但由于资源与环境的约束，我们不能走发达国家的老路。我们注意到，江苏"十二五"规划中，石油化工业仍作为主导产业被列入，包括精细化工、石油炼化等仍是重点发展的行业。在传统产业中，黑色金属和有色金属加工业仍被列入重点提升行业。我们认为，当前国际产业对我国东部地区的转移已经向中、高端环节推进，已经形成的重化工行业固然需要提升竞争优势，但在战略重点上必须明确新一轮结构调整的方向，顺应国际产业转移趋势，促进产业价值链由低端向高端延伸，为劳动者收入水平的提高赢得较大空间。

第三，优化公共财政支出结构，尽快实现由重视"投资者"向重视"创业者"政策导向上的转变，改善劳动在收入分配中的地位。从政府财政收支状况看，从1995年开始，江苏财政总收入增长迅猛，由350.08亿元增加到2012年的14843.89亿元，增加了40倍；其占地区生产总值的比重也由6.79%上升到28%左右。与发达国家相近发展阶段相比，美国20世纪50年代的税收收入占GDP的比重大致在20%，日本政府收入占GDP的比重在20世纪70年代大致在23%，江苏财政收入占GDP的比重明显偏高，分配结构具有明显的政府倾斜趋势。从公共财政支出结构来看，科教文卫和城市维护支出则相对较少。因此，各级政府要改变当前旨在提高资本产出效率的基本建设支出过高的现象，公共财政支出重点实现从重视"投资者"向重视"创业者"政策导向上的转变，进一步加大对教育、卫生和职业培训等公共服务支出，不断提升劳动力综合素质，增强劳动产出效率，通过要素结构升级实现资本与劳动收入结构优化。特别要注意加大社会领域改革力度，扩大基本公共服务供给和基本公共服务均等化，合理控制城市房价，健全社会保障，降低城市生活和创业成本，促进劳动者在各个领域特别是在第三产业自主创业，优化就业结构，提升劳动者报酬中个体劳动者报酬比重。

第四，着力清除市场壁垒，尽快在各种特许经营的领域引入竞争机制，改变部分行业劳动份额过低现状。在未来的深化改革中，要着力优化垄断行业的产权结构，切实放松烟草生产等特许经营行业和铁路、电信、电力等基础产业以及金融、出版等服务业和部分城市公共事业的管制，按照发挥市场在资源配置中起决定性作用的要求，通过发展混合所有制经济引入竞争机制，使这些传统上由国有经济垄断的行业在得到效率改善的同时，资本与劳动的分配差距得到有效控制。国有企业和国有资本在性质上是一种全民保障性资产，应该成为我国保障体系建设稳定的资金筹集渠道之一。其经营或出售取得的收入，部分应通过再分配方式转变为政府公共服务支出和居民可支配收入。所以，未来收入分配制度的改革一方面要通过发展混合所有制经济优化初次分配结构，另一方面也要探索国有资本经营收益再分配的方式和途径，使二次分配真正体现公平。

第五，加强劳动力市场制度建设，尽快改变劳动谈判地位弱势现象，为职工工资正常增长提供制度性保障。在目前劳动力总体供大于求背景下，要提高劳动报酬在初次分配中的比重应充分考虑短期措施与长期策略。短期内，可从劳动力市场制度、配套体系建设等入手，通过政策引导、市场建设等途径，如通过建立和完善工资集体协商制度，改变劳动者与企业间信息不对称，构建和谐的劳动关系，为实现企业职工工资正常增长提供制度性保障。长期来看，在劳动力资源总量相对稳定情况下，劳动者收入分配比例的提高尤其是人均收入水平的提高，主要依赖于劳动力边际产出增长。由于要素价格体系改革滞后，使要素市场不能真实反映市场供求和资源稀缺程度，由此导致的低成本扩张阻碍了产业和经济结构升级，一定程度阻碍了劳动边际产出的提升。因此，实现我国要素收入分配结构优化的根本途径，是尽快加快劳动力资源的结构升级，全面提高劳动力素质，实现劳动供给结构、初次分配结构与产业结构同步优化。

  第六，重视经济统计特别是第三产业统计，尽快提高统计数据质量，为调整优化初次分配结构提供全面准确的决策依据。我国目前的国民收入核算特别是收入法 GDP 核算数据还存在一定质量问题，江苏经过重新估算的劳动份额的下降速度要比原有数据高得多，这影响了对劳动收入分配问题性质及趋势的把握。未来我国劳动份额的提升，一方面要依靠初次分配结构优化来实现，更为重要的是要通过二次分配来提高劳动者收入。江苏作为发达省份，很有必要尽快建立较完善的统计制度特别是第三产业统计制度，使统计资料更为全面准确地反映国民经济收入分配的现实情况和动态特征，更好地服务政府的经济决策。

参考文献

[1] Acemoglu, Daron, "Labor-and Capital-Augmenting Technical Change", *NBER Working Paper* W7544, 2000.

[2] Acemoglu, Daron, "Directed Technical Change", *Review of Economic Studies*, Vol. 69, Issue, pp. 781 –809.

[3] Acemoglu, Daron and Veronica Guerrieri, "Capital Deepening and Non-balanced Economic Growth", *Journal of Political Economy*, 116 (3), 2008, pp. 467 –498.

[4] Aghion, P. and Howitt, P., "A Model of growth Through Creative Destruction", *Econometrica*, (2), 1992, pp. 323 –351.

[5] Arpaia, Alfonso, Esther Perez and Karl Pichelmann, "Understanding Labour Income Share Dynamics in Europe", *MPRA Paper* 15649, 2009.

[6] Barro, R. J. and Sala-i-Martin, X., *Economic Growth (2nd Ed)*, Cambridge: MIT Press, 2004.

[7] Benhabib, Jess and Rustichini, Aldo, "Vintage Capital, Investment and Growth", *Working Papers*, 90 –22, *C. V. Starr Center for Applied Economics*, New York University, Revised, 1990.

[8] Bentolila, S. and G. Saint-Paul, "Explaining Movements in the Labor Share", *Contributions to Macroeconomics*, Berkeley Electronic Press, 3 (1), 2003, pp. 1 –33.

[9] Berman, E., J. Bound and Z. Griliches, "Changes in the Demand for Skilled Labor within US Manufacturing: Evidence from the Annual Survey of Manufactures", *Quarterly Journal of Economics*, 109 (2), 1994, pp. 367 –397.

[10] Blanchard, Olivier J., "The Medium Run", *Brookings Papers on Economic Activity*, (2), 1997, pp. 89 –158.

[11] Blanchard, Olivier J. , "European Unemployment: The Evolution of Facts and Ideas", *Economic Policy Journal*, 21 (45), 2006, pp. 5 – 59.

[12] Blanchard, O. and Giavazzi, F. , "Macroeconomic Effects of Regulation and Deregulation in Goods and Labor Markets", *The Quarterly Journal of Economics*, 118 (3), 2003, pp. 879 – 907.

[13] Cobb, Charles W. and Paul H. Douglas, "A Theory of Production", *American Economic Review*, 18 (1), 1928, pp. 139 – 165.

[14] Cooley, T. F. , Greenwood, J. and Yorukoglu, M. , "The Replacement Problem", *RCER Working Paper*, No. 444, 1994.

[15] Cummins, J. and Violante, G. L. , "Investment-Specific Technical Change in the United States (1947 – 2000): Measurement and Macroeconomic Consequences", *Review of Economic Dynamics*, (2), 2002, pp. 243 – 84.

[16] De la Escosura, L. P. and Joan R. Rosés, "Wages and Labor Income In History: A Survey", *Working Paper*, http://docubib. uc3m. es/ WORKINGPAPERS/WH/wh031006. pdf.

[17] De Long, J. B. and Summers, L. H. , "Equipment Investment and Economic Growth", *Quarterly Journal of Economics*, (2), 1991, pp. 445 – 502.

[18] De Long, J. B. and Summers, L. H. , "How Strongly do Developing Countries Benefit from Equipment Investment", *Journal of Monetary Economics*, (32), 1993, pp. 395 – 415.

[19] De Serres, Alain, Stefano Scarpetta, and Christine de la Maisonneuve, "Sectoral Shifts in Europe and the United States: How They Affect Aggregate Labour Shares and the Properties of Wage Equations", *OECD Economics Department Working Papers* 326, OECD Publishing April 2002.

[20] Easterly, William and Stanley Fischer, "The Soviet Economic Decline: Historical and Republican Data", *Policy Research Working Paper Series*, No. 1284, 1994.

[21] Elsby, M. , Bart Hobijn and Aysegül Sahin, "The Decline of the U. S. Labor Share", No. 2013 – 27, *Working Paper Series*, *Federal Reserve Bank of San Francisco*, 2013.

[22] Gollin, D. , "Getting Income Shares Right", *Journal of Political Econ-*

omy, Vol. 110, No. 2, 2002, pp. 458 – 474.

[23] Gomme, Paul and Peter Rupert, "Measuring Labor's Share of Income", *Policy Discussion Paper 7, Federal Reserve Bank of Cleveland*, 2004.

[24] Gordon, R. J., *The Measurement of Durable Goods Prices*, Chicago: University of Chicago Press, 1990.

[25] Gort, M., Greenwood, J. and Rupert, P., "Measuring the Rate of Technological Progress in Structures", *Review of Economic Dynamics*, (2), 1999, pp. 207 – 230.

[26] Greenwood, J., Hercowitz, Z. and Krusell, P., "Long-run Implications of Investment specific Technological Change", *American Economic Review*, (87), 1997, pp. 342 – 362.

[27] Greenwood, Jeremy, and Krusell, Per., "Growth Accounting with Investment-Specific Technological Progress: A Discussion of Two Approaches", *Journal of Monetary Economics*, (4), 2007, pp. 1300 – 1310.

[28] Grossman, G. M. and Helpman, E., *Innovation and Growth in the Global Economy*, Cambridge, MA: MIT Press, 1991.

[29] Guscina, A., "Effects of Globalization on Labor's Share in National Income", *IMF Working Paper*, No. 294, 2006.

[30] Hall, Robert E., and Jones, Charles I., "Why Do Some Countries Produce So Much Output Per Worker Than Others", *The Quarterly Journal of Economics*, (1), 1999, pp. 83 – 116.

[31] Harrison, Anne E., "Has Globalization Eroded Labor's Share? Some Cross-Country Evidence", Mimeo, 2002.

[32] Hendricks, Lutz, "Equipment Investment and Growth in Developing Countries", *Journal of Development Economics*, (2), 2000, pp. 335 – 364.

[33] Heckscher, E. and B. Ohlin, *Heckscher-Ohlin Trade Theory*, Cambridge: MIT Press, 1933.

[34] Hercowitz, Zvi, "The 'Embodiment' Controversy: A Review Essay", *Journal of Monetary Economics*, (1), 1998, pp. 217 – 224.

[35] Hicks, John R., *The Theory of Wages*, London: Macmillan, 1932.

[36] Hulten, Charles, "Growth Accounting when Technical Change is Embod-

ied in Capital", *American Economic Review*, (4), 1992, pp. 964 – 980.

[37] Jacobson, M. and F. Occhino, "Behind the Decline in Labor's Share", *Federal Reserve Bank of Cleveland*, *Economic Trends*, 2012/02/03.

[38] Jaumotte, Florence and Irina Tytell, "How has the Globalization of Labor Affected the Labor Income Share in Advanced Countries?", *IMF Working Papers* 07/298, 2008.

[39] Jayadev, A. , "Capital Account Openness and the Labour Share of Income", *Cambridge Journal of Economics*, Oxford University Press, 31 (3), 2007, pp. 423 – 443.

[40] Johnosn, D. G. , "The Functional Distribution of Income in the United States, 1850 – 1952", *The Review of Economics and Statistics*, Vol. 36, No. 2, 1954, pp. 175 – 182.

[41] Jones, C. I. , "Economic Growth and the Relative Price of Capital", *Journal of Monetary Economics*, 1994, (34): pp. 359 – 82.

[42] Jorgenson, D. W. , "The Embodiment Hypothesis", *Journal of Political Economy*, (1), 1966, pp. 1 – 17.

[43] Jovanovic, Boyan and Rafael Rob, "Solow vs Solow: Machine Prices and Development", *NBER Working Papers* W5871, 1997.

[44] Kaldor, Nicholas, "Capital Accumulation and Economic Growth", in F. Lutz and D. C. Hague eds. , *The Theory of Capital*, 1961.

[45] Klenow, Peter J. and Rodriguez-Clare, Andres, "Economic growth: A Review Essay", *Journal of Monetary Economics*, (3), 1997, pp. 597 – 617.

[46] Klump, R. , McAdam, P. and Willman, A. , "Factor Substitution and Factor Augmenting Technical Progress in the US: A Normalized Supply-side System Approach", *The Review of Economics and Statistics*, 89 (1), 2007, pp. 183 – 192.

[47] Klump, R. , McAdam, P. and A. Willman, "The Normalized CES Production Function: Theory and Empirics", *ECB Working Paper Series* No. 1294, 2011.

[48] Krueger, A. B. , "Measuring Labor's Share", *NBER Working Paper* No. 7006, 1999.

[49] Lawless, Martina and Karl T. Whelan, "Understanding the Dynamics of Labor Shares and Inflation", *Journal of Macroeconomics*, 33 (2), 2011, pp. 121 – 136.

[50] Lee, J. W., "Capital Goods Imports and Long-run Growth", *Journal of Development Economics*, (48), 1995, pp. 91 – 110.

[51] Lewis, W. Arthur, "Economic Development with Unlimited Supplies of Labor", *Manchester School of Economic and Social Studies*, (22), 1954, pp. 139191.

[52] Lewis, W. Arthur, *The Theory of Economic Growth*, London: Routledge, 1955.

[53] Lucas, Robert E., "On the Mechanics of Economic Development", *Journal of Monetary Economics*, (1), 1988, pp. 3 – 42.

[54] Madsen, Jakob B., "The Causality between Investment and Economic Growth", *Economics Letters*, (2), 2002, pp. 157 – 63.

[55] Mallick, D., "The Role of the Elasticity of Substitution in Economic Growth: A Cross-country Investigation", *Journal Labour Economics*, 19 (5), 2012, pp. 682 – 694.

[56] Parente, Stephen L., "Learning-by-Using and the Switch to Better Machines", *Review of Economic Dynamics*, (4), 2000, pp. 675 – 703.

[57] Ranis, G. and J. C., H. Fei, "A Theory of Economic Development", *American Economic Review*, (4), 1961, pp. 533 – 565.

[58] Rebelo, Sergio, "Long-Run Policy Analysis and Long-Run Growth", *Journal of Political Economy*, (3), 1991, pp. 500 – 521.

[59] Revankar, N. S., "A Class of Variable Elasticity of Substitution Production Functions", *Econometrica*, 39 (1), 1971, pp. 61 – 71.

[60] Romer, Paul M., "Increasing Returns and Long-Run Growth", *Journal of Political Economy*, (5), 1986, pp. 1002 – 1037.

[61] Romer, P., "Endogenous Technological Change", *Journal of Political Economy*, (S5), 1990, pp. 71 – 102.

[62] Ruiz, Carmen Garrido, "Are Factor Shares Constant? An Empirical Assessment from a New Perspective", Technical Report, 2005.

[63] Sakellaris, P. andVijselaar, F., "Capital Quality Improvement and the

Sources of Economic Growth in the Euro Area", *Economic Policy*, (4), 2005, pp. 267 – 306.

[64] Samuelson, P., "International Trade and the Equalisation of Factor Prices", *The Economic Journal*, 58, 1948, pp. 163 – 184.

[65] Samuelson, P., "International Factor Price Equalisation Once Again", *The Economic Journal*, 59, 1949, pp. 181 – 197.

[66] Sato, K., "A Two-Level Constant-Elasticity-of-Substitution Production Function", *Review of Economic Studies*, 43, 1967, pp. 201 – 218.

[67] Schneider, D., "The Labor Share: A Review of Theory and Evidence", *Discussion Paper* No. 2011 – 069, 2011.

[68] Stolper, W. and P. Samuelson, "Protection and Real Wages", *Review of Economic Studies*, 9 (1), 1941, pp. 58 – 73.

[69] Solow, Robert M., "A Contribution to the Theory of Economic Growth", *Quarterly Journal of Economics*, (70), 1956, pp. 65 – 94.

[70] Solow, Robert M., "A Skeptical Note on the Constancy of Relative Shares", *American Economic Review*, 48 (4), 1958, pp. 618 – 631.

[71] Solow, R. M., "Investment and technical progress", in Kenneth, J. et al., *Mathematical Methods in the Social Sciences*, Stanford: Stanford University Press, 1960.

[72] Swan, Trevor W., "Economic Growth and Capital Accumulation", *Economic Record*, (2), 1956, pp. 334 – 361.

[73] Temple, J. R. W., "Equipment Investment and the Solow Model", *Oxford Economic Papers*, (1), 1998, pp. 39 – 62.

[74] Young, A., "The Tyranny of Numbers: Confronting the Statistical Realities of the East Asian Growth Experience", *The Quarterly Journal of Economics*, Vol. 110, (3), 1995, pp. 641 – 680.

[75] 白重恩、钱震杰:《国民收入的要素分配:统计数据背后的故事》,《经济研究》2009 年第 3 期。

[76] 白重恩、钱震杰:《谁在挤占居民的收入——中国国民收入分配格局分析》,《中国社会科学》2009 年第 5 期。

[77] 白重恩、钱震杰:《劳动收入份额决定因素:来自中国省际面板数据的证据》,《世界经济》2010 年第 12 期。

［78］ 白重恩、钱震杰、武康平：《中国工业部门要素分配份额决定因素研究》，《经济研究》2008 年第 8 期。

［79］ 陈凯、史红亮：《中国钢铁行业全要素生产效率实证分析》，《经济问题》2011 年第 1 期。

［80］ 陈宇峰、贵斌威、陈启清：《技术偏向与中国劳动收入份额的再考察》，《经济研究》2013 年第 6 期。

［81］ 大卫·李嘉图：《政治经济学及赋税原理》（中文版），商务印书馆 1983 年版。

［82］ 戴天仕、徐现祥：《中国的技术进步方向》，《世界经济》2010 年第 11 期。

［83］ 方文全：《中国劳动收入份额决定因素的实证研究：结构调整抑或财政效应?》，《金融研究》2011 年第 2 期。

［84］ 傅晓霞、吴利学：《偏性效率改进与中国要素回报份额变化》，《世界经济》2013 年第 10 期。

［85］ 郭庆旺、贾俊雪：《中国全要素生产率的估算：1979—2004》，《经济研究》2005 年第 6 期。

［86］ 郭庆旺、吕冰洋：《论税收对要素收入分配的影响》，《经济研究》2011 年第 6 期。

［87］ 郭玉清、姜磊：《FDI 对劳动收入份额的影响：理论与中国的实证研究》，《经济评论》2012 年第 5 期。

［88］ 国家统计局：《中国国民经济核算体系（2002）》，中国统计出版社 2003 年版。

［89］ 国家统计局国民经济核算司：《中国国内生产总值核算历史资料：1996—2002》，中国统计出版社 2004 年版。

［90］ 国家统计局国民经济核算司：《中国国内生产总值核算历史资料：1952—2004》，中国统计出版社 2007 年版。

［91］ 国家统计局国民经济核算司：《中国经济普查年度国内生产总值核算方法》，中国统计出版社 2007 年版。

［92］ 国家统计局国民经济核算司：《中国非经济普查年度国内生产总值核算方法》，中国统计出版社 2008 年版。

［93］ 郝枫：《劳动份额"$\sqrt{}$形"演进规律》，《统计研究》2012 年第 6 期。

[94] 郝枫、盛卫燕：《中国要素替代弹性估计》，《统计研究》2014 年第
7 期。

[95] 华生：《劳动者报酬占 GDP 比重低被严重误读——中国收入分配问
题研究报告之二》，《中国证券报》2010 年 10 月 14 日。

[96] 黄先海、刘毅群：《物化技术进步与我国工业生产率增长》，《数量
经济技术经济研究》2006 年第 6 期。

[97] 黄先海、徐圣：《中国劳动收入比重下降成因分析——基于劳动节
约型技术进步的视角》，《经济研究》2009 年第 7 期。

[98] 贾康、韩晓明、刘微：《中国居民收入占比并非过低》，《中国证券
报》2010 年 5 月 11 日。

[99] 姜磊、郭玉清：《中国的劳动收入份额为什么趋于下降——基于二
元经济模型的观察与解释》，《经济社会体制比较》2012 年第 1 期。

[100] 蒋为、黄玖立：《国际生产分割、要素禀赋与劳动收入份额：理论
与经验研究》，《世界经济》2014 年第 5 期。

[101] 金碚：《中国企业竞争力报告（2007）——盈利能力与竞争力》，
社会科学文献出版社 2007 年版。

[102] 金勇进、陶然：《中国统计数据质量理论研究与实践历程》，《统计
研究》2010 年第 4 期。

[103] 雷钦礼：《技术进步偏向、资本效率与劳动收入份额变化》，《经济
与管理研究》2012 年第 12 期。

[104] 李稻葵、刘霖林、王红领：《GDP 中劳动份额演变的 U 型规律》，
《经济研究》2009 年第 1 期。

[105] 李琦：《中国劳动份额再估计》，《统计研究》2012 年第 10 期。

[106] 李清华：《中国劳动收入份额的国际比较研究》，《当代财经》2013
年第 3 期。

[107] 李文溥、李静：《要素比价扭曲、过度资本深化与劳动报酬比重下
降》，《学术月刊》2011 年第 2 期。

[108] 李扬、殷剑峰：《劳动力转移过程中的高储蓄、高投资和中国经济
增长》，《经济研究》2005 年第 5 期。

[109] 李扬、殷剑峰：《中国高储蓄率问题探究——1992—2003 年中国资
金流量表的分析》，《经济研究》2007 年第 6 期。

[110] 联合国统计署：《国民账户体系（2008）》，http：//unstats. un.

org/unsd/publication/seriesf/SeriesF_ 2Rev5c. pdf。

[111] 梁季:《劳动报酬占比的国际比较与分析》,《经济研究参考》2012年第 45 期。

[112] 林毅夫、陈斌开:《发展战略、产业结构与收入分配》,《经济学》（季刊）2013 年第 4 期。

[113] 林毅夫、任若恩:《东亚经济增长模式相关争论的再探讨》,《经济研究》2007 年第 8 期。

[114] 刘小玄、刘芍佳:《双重目标的企业行为模型——兼论我国宏观经济运行的微观基础》,《经济研究》1998 年第 11 期。

[115] 罗长远、张军:《经济发展中的劳动收入占比:基于中国产业数据的实证研究》,《中国社会科学》2009 年第 4 期。

[116] 吕冰洋、郭庆旺:《中国要素收入分配的测算》,《经济研究》2012年第 10 期。

[117] 吕光明:《中国劳动收入份额的测算研究:1993—2008》,《统计研究》2011 年第 12 期。

[118] 祁毓、李祥云:《财政分权、劳动保护与劳动收入占比》,《南方经济》2011 年第 11 期。

[119] 钱震杰、朱晓冬:《中国的劳动份额是否真的很低:基于制造业的国际比较研究》,《世界经济》2013 年第 10 期。

[120] 任太增:《劳动份额、制度羁绊与劳动者讨价还价能力》,《改革》2010 年第 5 期。

[121] 邵敏、黄玖立:《外资与我国劳动收入份额——基于工业行业的经验研究》,《经济学》（季刊）2010 年第 1 期。

[122] 石磊、姚惠泽:《偏向型技术进步与劳动收入份额——以江苏省为例》,《上海市经济管理干部学院学报》2012 年第 3 期。

[123] 孙慧文:《我国劳动收入份额持续下降的制度解释》,《经济问题探索》2011 年第 3 期。

[124] 唐东波、王洁华:《贸易扩张、危机与劳动收入份额下降——基于中国工业行业的实证研究》,《金融研究》2011 年第 9 期。

[125] 唐文健:《中国经济增长收敛性及其机理研究》,人民出版社 2009年版。

[126] 唐文健、李琦:《中国设备投资专有技术进步的估计》,《统计研

究》2008 年第 4 期。

[127] 肖红叶、郝枫：《中国收入初次分配结构及其国际比较》，《财贸经济》2009 年第 2 期。

[128] 肖文、周明海：《劳动收入份额变动的结构因素——收入法 GDP 和资金流量表的比较分析》，《当代经济科学》2010 年第 3 期。

[129] 王丹枫：《初次分配中的劳动份额：变化趋势与要素贡献》，《统计研究》2011 年第 5 期。

[130] 王舒鸿：《FDI、劳动异质性与我国劳动收入份额》，《财经研究》2012 年第 4 期。

[131] 王永进、盛丹：《要素积累、偏向型技术进步与劳动收入占比》，《世界经济文汇》2010 年第 4 期。

[132] 魏下海、董志强、黄玖立：《工会是否改善劳动收入份额？理论分析与来自中国民营企业的经验证据》，《经济研究》2013 年第 8 期。

[133] 魏下海、董志强、刘愿：《政治关系、制度环境与劳动收入份额——基于全国民营企业调查数据的实证研究》，《管理世界》2013 年第 5 期。

[134] 翁杰、周礼：《中国工业部门劳动收入份额的变动研究：1997—2008 年》，《新华文摘》2010 年第 20 期。

[135] 吴岩：《财政分权、地方政府行为与劳动者报酬份额》，《改革与战略》2011 年第 8 期。

[136] 闫锐、田志伟：《增值税扩围对收入分配的影响——基于投入产出表的分析》，《山东工商学院学报》2012 年第 6 期。

[137] 杨俊、邵汉华：《资本深化、技术进步与全球化下的劳动报酬份额》，《上海经济研究》2009 年第 9 期。

[138] 杨泽文、杨全发：《FDI 对中国实际工资水平的影响》，《世界经济》2004 年第 12 期。

[139] 余淼杰：《贸易自由化与中国劳动收入份额——基于制造业贸易企业数据的实证分析》，《管理世界》2014 年第 7 期。

[140] 岳希明、李实、史泰丽：《垄断行业高收入问题探讨》，《中国社会科学》2010 年第 3 期。

[141] 张车伟、张士斌：《中国初次收入分配格局的变动与问题——以劳

动报酬占 GDP 份额为视角》，《中国人口科学》2010 年第 5 期。

[142] 张车伟、张士斌：《中国劳动报酬份额变动的"非典型"特征及其解释》，《人口与发展》2012 年第 4 期。

[143] 张杰、陈志远、周晓艳：《出口对劳动收入份额抑制效应研究——基于微观视角的经验证据》，《数量经济技术经济研究》2012 年第 7 期。

[144] 张明海：《中国经济的增长和要素配置的市场化：1978—1999》，《世界经济文汇》2002 年第 3 期。

[145] 赵宝：《河南省劳动收入份额的再测算——基于对自雇者混合收入的拆分》，《时代经贸》2013 年第 6 期。

[146] 赵秋运、魏下海、张建武：《国际贸易、工资刚性和劳动收入份额》，《南开经济研究》2012 年第 4 期。

[147] 赵志耘、吕冰洋、郭庆旺、贾俊雪：《资本积累与技术进步的动态融合：中国经济增长的一个典型事实》，《经济研究》2007 年第 11 期。

[148] 曾国安、黄浩、胡晶晶：《基于主体视角的国民收入分配格局研究——对中、日两国的实证比较》，《经济管理》2009 年第 2 期。

[149] 郑志国：《中国企业利润侵蚀工资问题研究》，《中国工业经济》2008 年第 1 期。

[150] 钟世川、雷钦礼：《技术进步偏向对要素收入份额的影响——基于中国工业行业数据的研究》，《产经评论》2013 年第 5 期。

[151] 周明海：《实际劳动收入份额变动的估算及其变动趋势》，《中国人口科学》2014 年第 1 期。

[152] 周明海、肖文、姚先国：《企业异质性、所有制结构与劳动收入份额》，《管理世界》2010 年第 10 期。

后　记

　　收入分配问题是政治经济学核心问题，我对这一问题的关注最早可追溯到十多年前国有企业大规模改革期间。2010 年，我主持了江苏省社会科学基金项目"江苏劳动份额下降及未来变化趋势研究"（10EYB005），开始对这一问题进行较为全面深入的研究，本书是在其研究成果基础上修改形成的，主要内容已经发表。此书付梓之际，我要把最为真挚的感谢送给论文评议人和审稿人的无私奉献，他们帮助我发现并解决了许多技术性错误。我还要感谢我的领导和同事们热情而无私的帮助，给我提供了相当优越的研究条件；我更要感谢我的爱人与女儿，谢谢他们的理解和支持。在本书的出版过程中，中国社会科学出版社经济与管理出版中心卢小生主任给予了大力支持，对他付出的辛勤劳动，在此一并表示感谢。

　　在盐城工学院学术著作出版基金的资助下，本书得以付梓，尽管全书已经画上了句号，但仍感忐忑。一因天资愚钝，二因勤勉不够，许多问题或浅尝辄止，或难以尽叙。收入分配理论体系庞杂，由于能力与水平的限制，本书在很多方面对中国收入分配的理解仍然是粗浅的，某些理解是幼稚甚至是错误的，恳请各位读者提出宝贵意见。

李　琦

2015 年 2 月 20 日

于江苏盐城